Clara von Bodman/Elazar Benyoëtz

Solange wie das eingehaltene Licht

BRIEFE
1966–1982

Herausgegeben

von

Hildegard Schultz-Baltensperger

HARTUNG-GORRE VERLAG

CIP-Titelaufnahme der Deutschen Bibliothek

Solange wie das eingehaltene Licht : Briefe 1966 - 1982 /
Elazar Benyoëtz ; Clara von Bodman. - 1. Aufl. - Konstanz :
Hartung-Gorre, 1989
ISBN 3-89191-257-9
NE: Benyoëtz, Elazar [Mitverf.]; Bodman, Clara von [Mitverf.]

Erste Auflage 1989

Umschlaggestaltung: Robert Fischer
CH-8274 Gottlieben
Druck: Maus-Offsetdruck, Konstanz
Buchbinderei: Gaupmann, Konstanz
HARTUNG - GORRE VERLAG
KONSTANZ

ISBN 3 - 89191 - 257 - 9

Inhaltsverzeichnis

GELEITWORT

Der hebräische Dichter Elazar Benyoëtz, der sich schon durch fünf Gedichtbände in Israel einen Namen geschaffen hatte, faßte 1963 als 26-jähriger einen bedeutsamen Plan. Er beabsichtigte, alle seit der Emanzipation von Juden in deutscher Sprache verfaßten und gedruckten literarischen Arbeiten ausfindig zu machen und in einem bibliographischen Werk zusammenzufassen und so den jüdischen Beitrag zur deutschen Geistesgeschichte in bündiger, abgesicherter, endgültiger Weise darzustellen und der objektiven Forschung, frei von Apologetik, frei auch von Polemik, zur Kenntnisnahme und zur wahrhaftigen Fragestellung zu überantworten. Dieses ehrgeizige Unternehmen war verführerisch und abenteuerlich; es erforderte sehr viel Spürsinn, Entdeckerfreude und ein sicheres Urteilsvermögen. Es ebnete auch den Weg zu bedeutenden Persönlichkeiten, die er für sein Vorhaben oder auch für sich selbst gewann.

Elazar fand durch seine strahlende Jugend, seinen überragenden Intellekt und seine für jeden fühlbare Herzenswärme die Gunst und das Interesse vieler Schriftsteller, die ihn wieder an andere Schriftsteller weiterempfahlen und ihm ihre literarische Korrespondenz zur Verfügung stellten. Durch seine mitreißende Begeisterungsfähigkeit gewann er insbesondere die Freundschaft einiger ausgezeichneter Schriftstellerinnen, wie Margarete Susman, Annette Kolb und Marie Luise Kaschnitz.

Auf diesem Weg und zumal auf den Spuren Samuel Lublinskis und Fritz Mauthners kam er 1966 nach Konstanz. Da erfuhr er Näheres über den süddeutschen Dichter Emanuel von Bodman (1874 - 1946), dessen Werke er bereits kannte, von dem er auch wußte, daß er mit Mauthner und mit Gustav Landauer befreundet war. So kam er nach Gottlieben, dem anmutigen Schweizer Grenzdorf, um das Haus des Dichters zu besichtigen und um Einblick in dessen Korrespondenz zu gewinnen. Es war für Elazar die Begegnung mit einem ihm noch unbekannten Emanuel von Bodman, der schon frühzeitig eine überraschend richtige Einsicht in die Situation der Juden in Deutschland gewonnen hatte, wie seine hier abgedruckte Stellungnahme zum Zionismus beweist. Aber eine noch größere Entdeckung, bei diesem ersten Besuch, war die Persönlichkeit der im verborgenen lebenden Witwe des Dichters. Clara von Bodman, geborene Herzog, aus St. Gallen stammend, von Beruf Französischlehrerin, war die dritte Frau des viel älteren Emanuel, dem sie mit leidenschaftlicher Hingabe angehörte und dem sie bei seinen literarischen Arbeiten eine wertvolle Helferin gewesen war. Sie hielt auch dem Dahingegangenen unentwegt die Treue: sie änderte nicht das Geringste an den von ihm benutzten Räumen der Wohnung, so daß diese eine Art Gedächtnisstätte bildeten. Sie sah es als die einzige ihr verbliebene Lebensaufgabe an, für die Erhaltung und weitere Wirkung seines dichterischen Werkes tätig zu sein. Schließlich vollführte sie eine glorreiche Liebestat, dergleichen in der Geschichte der Liebe kaum wiederzuentdecken ist: sie gab ihr nicht geringes Erbe dafür hin, daß eine Ausgabe der gesamten Werke ihres Mannes in zehn stattlichen Bänden herausgegeben werden konnte; für sich selbst behielt sie nur das Haus, in dem sie mit ihrem Mann gelebt hatte, und eine kleine Summe, von der sie äusserst bescheiden, ja dürftig, zu existieren vermochte.

Aus dem ersten Besuch Elazars bei ihr, der als einziger geplant war, entwickelte sich sehr schnell eine geistige Freundschaft von solcher Intensität, daß sie in nicht verminderter Harmonie 16 Jahre lang fortbestand. Schon beim zweiten Besuch hatte Elazar das sichere Gefühl, daß er in Clara die ideale Leserin und Beurteilerin seiner literarischen Arbeiten gefunden hatte, und Clara war davon überzeugt, daß ihr durch die tätige Mitwirkung am schöpferischen Werk eines viel jüngeren Menschen ein neuer Lebenssinn geschenkt worden war.

Sie adoptierte Elazar als ihren Enkel und, um sich mit ihm, dem bewußten Juden, zu identifizieren, versenkte sie sich in das Studium der jüdischen Religion, Geschichte und Gebräuche; sie feierte die jüdischen Feste mit ihm; sie übersetzte jiddische Gedichte

ins Deutsche. Ihr Verständnis seiner Arbeiten und das Einverständnis mit ihnen wurden allmählich so vollkommen, daß in Elazar das Gefühl aufkam, er dichte für Clara allein.
Elazar verbrachte während seiner letzten Jahre in Europa jeden freien Tag in Gottlieben. Aber eines Tages verließ er Deutschland geradezu fluchtartig, weil er fürchtete, sonst seine Seele zu verlieren. Er entschloß sich dazu, trotz aller Bande und obwohl die Arbeit an dem Lexikon, die ihn nach Deutschland geführt hatte, längst nicht beendet war. Die Fortsetzung dieser Arbeit überließ er seiner Mitarbeiterin.
Es war etwas Seltsames und Unerklärbares geschehen. Elazar verstand, als er Israel verließ, Deutsch nur in einem sehr mangelhaften Grade, aber er verliebte sich sehr schnell in die deutsche Sprache oder sie verliebte sich in ihn und bemächtigte sich seiner so völlig, daß er nach seiner Heimkehr anfing, in Deutsch zu denken, zu träumen und sogar zu dichten. Er allerdings empfand es immer als Unglück und Unheil, in der Sprache zu dichten, die er als die der Mörder seines Volkes betrachtete, und der eigenen geliebten Muttersprache untreu zu werden. Er war nicht imstande, so sehr er auch darum rang, sich aus der Umklammerung durch die deutsche Sprache zu lösen und seine hebräische Dichtung wieder aufzunehmen.
Da das ungleiche, aber ebenbürtige Paar nun in verschiedenen Kontinenten lebte und sich nur sehr selten die Gelegenheit ergab, einander zu sehen, war diese Liebe auf den Briefwechsel angewiesen. In der Tat ging 16 Jahre lang, bis zu Claras Tod, in unabänderlicher Regelmäßigkeit allwöchentlich ein Brief aus Jerusalem nach Gottlieben und aus Gottlieben nach Jerusalem. In ihnen erscheint Clara von Bodman als eine Frau von hoher Geistigkeit, elementarer Vitalität und echtem Herzensadel. Es ist ergreifend zu lesen, mit welch nahezu bräutlicher Erregung sie die Briefe des Freundes erwartet, mit welch jubelnder Freude sie jeden einzelnen empfängt und mit welcher Hingabe sie die den Briefen zumeist beigelegten schwierigen Gedankengedichte Elazars stu-

diert, mit heißem Bemühen immer wieder studiert. Um sein Werk voll zu verstehen, läßt sie sich von ihm in die ihr fremde Welt der modernen Lyrik einführen; lernbegierig wie ein begabtes junges Mädchen überhäuft sie ihn mit Fragen; sie erkennt ihn bedingungslos als ihren Wegweiser an; sie folgt gehorsam seinen Weisungen, aber sie widersetzt sich ihm tapfer und offen, wenn sie ihre, von der seinen abweichende Überzeugung für die richtige hält.

Wie sie, zugleich kindlich und weise, phantasievoll und besonnen, seine Welt zu der ihren gemacht hat, so nimmt auch er an den Wechselfällen ihres täglichen Lebens Anteil und steht ihr bei auftauchenden Schwierigkeiten mit seiner ganzen Persönlichkeit zur Verfügung.

Ich verbrachte von 1961 bis 1978 drei oder vier Monate des Sommers bei meinen Freunden Martha und Paul Bernays in Zürich und besuchte in den späteren Jahren Clara von Bodman regelmäßig in Gottlieben. Ich pflegte einen vollen Tag bei ihr zu verbringen. Für sie war es eine Befriedigung, mit einem nahen Freund Elazars über die Freuden und Kümmernisse, die ihr Liebling ihr schuf, offenherzig sprechen zu können, und ich war dankbar dafür, das Vertrauen und die Freundschaft dieser außergewöhnlichen Frau gewonnen zu haben.

Die Art ihrer Geistigkeit strahlte einen Zauber von Anmut aus, wie ihrem gesamten, tief ernsten und gläubigen Wesen etwas Spielerisches, Drolliges, Koboldartiges beigemengt war.

Als der älteste und vielleicht auch letzte Zeuge dieser Verbindung kann ich bekunden, daß diese hier vorgelegte Auswahl aus vielen Hunderten Briefen ein klares und getreues Bild dieser erstaunenerregenden Freundschaft darbietet.

Als Freund der Literatur darf ich meine Freude darüber ausdrükken, daß wenigstens ein Teil dieses Briefwechsels endlich veröffentlicht wird, der beweist, daß die totgesagte Kunst des Briefschreibens wieder lebendig geworden ist. Diese Kunst gewährt uns einen so tiefen wie trostvollen Einblick in die Fähigkeit des

Menschen, über Fremdheit und körperliche Gebrechen hinweg zu Wesentlichem vorzudringen und die Wahrheit zu erkennen, die in dem Aphorismus Elazar Benyoëtz' ausgedrückt ist: "Toleranz ist weniger Sache der Aufklärung als der Liebesfähigkeit."

Jerusalem, Ende Dezember 1987, Max Zweig

"Bekenntnisse verlangt niemand, aber den Mut, seine Erlebnisse in irgendeiner Form darzustellen, sollte ein Schriftsteller haben, auch den Mut zu Erlebnissen. Und da gibt es für mich keine familiären Rücksichten, oder überhaupt persönliche in solcher Darstellung oder falsche Scheu."

Emanuel von Bodman,
Kleine Schriften, GW 10,
Stuttgart 1960, S.92

Gottlieben, 16.8.1966

Werter Herr Benyoëtz,

die Briefe Landauers haben mich wieder sehr bewegt, und ich kriege heute den Gedanken an sein Schicksal und seinen schrecklichen Tod nicht aus dem Sinn. Auch nicht den Gedanken, es hätte erst später, nachdem auch mein Mann durch den leidvollen Läuterungsprozess seines Schicksals hindurchging, diese Freundschaft zu ihrer vollen Wirklichkeit aufblühen können. Landauer war wohl ziemlich älter? und hat schon viel gelitten, man spürt es. Im Alter, wenn einem dies viele "Aneinandervorbei" immer mehr aufgeht, muß einem oft der Gedanke an eine "Überwelt" kommen, ein Sein, in dem das Unerfüllte dieses Lebens seine Erfüllung findet. Liegt nicht eine Ahnung davon auf dem Antlitz des Toten? Ich lege Ihnen eine Photographie der Totenmaske Emanuel von Bodmans bei. Die Begegnung mit Ihnen und Ihrer Freundin war mir eine Freude. Als ich Ihnen nachsah, wie Sie in meiner dämmrigen Stiege verschwanden, Sie beide, die Sie "in der alten neuen Heimat" Ihres Volkes ein neues Leben beginnen, sandte ich Ihnen herzliche Wünsche nach,

Ihre Clara von Bodman

P.S. Bitte beschaffen Sie sich doch das wunderbare Buch von Ernst Ginsberg, Abschied, Arche-Verlag Zürich, 1985,- es wird Sie nicht nur ebenso bewegen und erschüttern wie mich, sondern Sie werden auch viele Hinweise darin finden, die Ihnen für Ihre Arbeit wichtig sein können.

Berlin, 23.8.1966

Sehr verehrte Frau von Bodman,

erst vor zwei Tagen bin ich von meiner Reise zurückgekehrt, nachdem ich noch in Zürich und auf dem Rückweg, einer sich verwischenden Buberspur folgend, in Wangen war. Sie säumten unterdessen nicht und waren auch die schnellere, so daß ich Ihren Brief hier schon vorfand, bevor ich dazu gekommen war, Ihnen für Ihre Hilfsbereitschaft zu danken, vor allem aber für alle Stunden in Ihrem Hause und ebenso viele in Ihrer Gegenwart: "Sie betrachtet die Hergänge ihres Hauses, daß man Brot der Faulheit nicht esse..."[1]. Was Ihren Vorschlag, die Briefe Landauers betreffend, angeht, so bin ich mit allem einverstanden, nur möchte ich bitten, nochmals die Briefe daraufhin zu prüfen, welche die inhaltlich ergiebigsten sind, d.h. welche die ausführlichsten Auseinandersetzungen mit dem Werk E. v. Bodmans enthalten, aber auch die wichtigsten Angaben zur Biographie Landauers (...). Heute kam der Ausschnitt aus der Neuen Zürcher Zeitung, vielen Dank auch dafür. Aus Ihren Zeitungsauschnitten überhaupt, vor allem aus den älteren, erhoffe ich mir noch manches. Doch hat alles Zeit, und Sie sollen sich bitte ja nicht zu große Mühe machen. Es ist mir genug, daß ich weiß, daß Sie mir gern beistehen möchten, und ein gutes Gefühl ist es auch. Ich halte mich zu diesem Gefühl insofern auch berechtigt, da der Zufall, der mich zu Ihnen führte, eigentlich die Zufälligkeit ausschloß, und dies spätestens in dem Moment, als ich die Äußerung E. v. Bodmans über den Zionismus[2] las. Das deutete ich Ihnen sogleich an und dachte, Sie könnten es wohl kaum sogleich begreifen. Daß Sie es dennoch begriffen hatten, zeigte mir ja Ihr Brief, der aus dem gleichen Wissen und aus gleicher Gesinnung entstand. Das freute mich so sehr, daß ich am liebsten nicht davon reden würde. Haben Sie diese Stellungnahme in die Gesamtausgabe mit aufgenommen? Es wäre schade, wenn sie nicht darin wäre, denn wenn sie auch mit dem Werk kaum etwas, mit Literatur überhaupt nichts zu tun hat, so zeigt sie doch, daß

E. v. Bodman zu den wenigen Einsichtigen unter den deutschen Dichtern gehörte, und das wiegt vielleicht noch mehr als Literatur. Besonders dankbar bin ich Ihnen für das Abbild der Totenmaske mit dem sie aufweichenden Lächeln, das immer aufs neue den Tod aus sich zu entlassen scheint. Die natürliche Erklärung dieses Lächelns finde ich in den Zeilen, die man ohne weiteres daruntersetzen könnte: "Von unbekanntem, doch vertrautem Grund / darf ich befreit ins Spiel des Lebens schauen."[3)]
Es mag sein, daß dieser "Grund" Landauer ebenso vertraut war, dies zu sagen, vermochte er bestimmt nicht.
Seien Sie nochmals herzlich bedankt und gegrüßt von Ihrem sehr ergebenen

Elazar Benyoëtz

Werter Herr Benyoëtz, Gottlieben, 30.8.1966

Ihr Brief ist mir eine herzliche Freude. Ich glaubte wohl zu fühlen, daß Sie sich in meiner Welt - in der Emanuel von Bodmans - wohlfühlten, aber die Bestätigung freut doch. Vielleicht erkennen sich jene Menschen unmittelbar, die sich, jeder auf seine Weise, rückhaltlos einer Sache hingeben, und fühlen sich in dem verwandten Element geborgen. - So ging's uns wohl gegenseitig. Lieb und kostbar sind mir Ihre Worte über die Totenmaske. Ja, die gleichen Zeilen aus dem Sonett habe ich selbst einmal darunter geschrieben, als ich die Photographie einem Freund meines Mannes schenkte. Und gut ist es, zu fühlen, daß auch Sie in dem "unbekannten, vertrauten Grund" verwurzelt sind - denn wie nötig haben Sie ihn, Ihre Generation, die in einer so erschütternden Zeit lebt. -
Haben Sie noch mit Ninon Hesse Kontakt aufgenommen? Sie hat nicht nur durch Hesse, sondern auch durch eigene literarisch-wissenschaftliche Tätigkeit enorm viele Beziehungen, und eben gerade in jüdisch-literarischen Kreisen. Sie selbst ist sehr in ihrer jüdi-

schen Herkunft verwurzelt. Sie schrieb mir auch, daß sie eine Kerze, die ich ihr schenkte, an allen jüdischen Festen entzünde. Sie müßte ja für Ihre Arbeit Interesse haben.
Heute schicke ich Ihnen den Aufsatz von Emanuel von Bodman über Weininger[4]. Er schrieb ihn in jener Zeit der Krise, die ich Ihnen andeutete - die Bitterkeit jener Zeit - seiner schwersten Enttäuschung an einer Frau - ist ihm wohl anzumerken, trotz allen Bemühens um Gerechtigkeit. Es ist keiner der besten Aufsätze von ihm - Ihrer Generation wohl in manchem befremdend, da sich das Verhältnis der Geschlechter so grundlegend verändert hat - aber doch wohl für Ihre Arbeit interessant? Sie betrifft doch auch die wechselseitigen Beziehungen zwischen deutschen und jüdischen Dichtern?
Die andere Beilage, die ich heute in der Neuen Zürcher Zeitung fand, über diesen Roman "Die Juden"[5] - das ist wohl ganz <u>gegen</u> die Zielrichtung des Zionismus. Natürlich wird die Blutsmischung immer vorkommen, und wo sie stattfindet, muß der lebensgläubige Sinn hoffen und erwarten, daß so auch wieder ganz besondere Werte entstehen in den Nachkommen, wie ja die Erfahrung auch bestätigt. Aber der Zionismus ist doch im Prinzip auf die Erhaltung der eigenen Art gerichtet - ja welches Volk auf der Welt und in der Menschheitsgeschichte hätte sie so streng durchgeführt wie das jüdische Volk. Was bedeuten schon diese Erscheinungen innerhalb des Hexenkessels der modernen Zivilisation gegenüber dem <u>Wunder</u>, wie das jüdische Volk in der Diaspora durch so viele Jahrhunderte seine Religion, seine Bräuche, seinen Glauben rein erhalten hat in seinen chassidischen und anderen Gemeinschaften - ja, und doch auch schon innerhalb der biblischen Geschichte.
Da hab ich noch eine Photographie von Fritz Mauthner für Sie gefunden. Und nun möchte ich Ihnen noch eine Freude machen mit dem handschriftlichen Konzept von Emanual von Bodmans Äusserung zum Zionismus.
Mit gutem Gruß, Ihre

Clara von Bodman

Emanuel von Bodman über den Zionismus, Faksimile des Konzepts

Wenn ich auch nicht Anspruch darauf erheben darf, eine
Antwort von Gewicht auf Ihre Frage zu geben, weil mir die
Kämpfe und Parteirichtungen innerhalb der Judenschaft
nicht bekannt genug sind, so möchte ich dennoch, wie Sie
es wünschen, den Eindrücken, die ich gewann, Ausdruck verleihen.
Die gegen die Zionisten abgegebene [gerichtete] Erklärung muss jeden
befremden, der die Ziele des Zionismus, auch im weiteren
Sinn genommen, zu würdigen weiss und etwas anderes darin er-
blickt, als national-jüdischen Chauvinismus. Ob nun etwa
die Zionisten die Schroffheit der Erklärung ihrer jüdischen
Mitbrüder ~~auch~~ selbst hervorgerufen haben, habe ich nicht verfolgt.
Mir erscheint aber der Inseratenteil [im allgemeinen] von Zeitungen nicht
als der gebotene Platz, solche Kämpfe auszufechten.
Inhaltlich basiert die [häusliche] Erklärung auf einem Irrtum: christliche
Deutsche und ~~j~~ deutsche Juden trennt nicht nur der
Glaube. Hier hat der Wille zur Assimilation die
Redlichkeit gegen sich selber getrübt.
Mir erscheint der Zionismus als eine ebenso edle und
mannhafte, als instinktsichere Bewegung eingeborener
und rassenstolzer Juden, die ihre Art ~~[illegible]~~ und
Kultur erhalten wissen wollen, zu einer ~~[illegible]~~ Stamm-
heimat zu kommen, in der sie Ruhe und Stetigkeit
finden. Und ich kann mir wohl denken, dass ~~sie~~ [auch]
einmal, wenn sie ihrem Ziel näher gerückt ~~sind~~ [sein werden], die
~~[illegible]~~ in den andern Ländern verstreuten und ange-
passten Juden dadurch, dass sie mit der neuen alten
Heimat ihres Volkes in Fühlung bleiben, das Gefühl
der Heimatlosigkeit ~~[illegible]~~ innerhalb fremder
Völker verlieren können, ein Gefühl, von dem sie nicht [völlig]
loskommen, auch wenn sie ~~[illegible]~~ der betreffenden
Nation ~~[illegible]~~ [als Glieder] aufgegangen sind. Sie werden die
Sicherheit haben, dass ~~[illegible]~~
~~[illegible] Land~~ ihr Volk wieder ~~[illegible]~~ einen
bestimmten ~~[illegible]~~ eigenen Land ~~[illegible]~~ [illegible]
~~[illegible]~~
~~[illegible]~~
~~[illegible]~~

Stammesbrüder in der neugewonnenen alten Heimat
in der Idee vom Qualgefühl der Heimatlosigkeit
auch befreit sein werden, das an dem sie leiden, auch
wenn sie sich ~~[illegible]~~ irgend einer Nation angegliedert...

Gottlieben, 7.9.1966

Lieber Herr Benyoëtz,

wie Sie rieten, ließ ich nur die Briefe kopieren, die entweder für die Biographie Landauers oder für das Werk Emanuel von Bodmans wichtig erschienen - so gibt der Brief vom 21.02.05 Einblick in die harten Lebensbedingungen, unter deren Druck Landauer stand; der vom 11.01.1909 aber scheint mir in die Tiefen seiner Existenz hinab zu leuchten, wie kaum ein anderes Dokument es vermöchte - welche Einsamkeit -, aber auch welche Größe überwundenen Leidens. Tragisch auch das Mißverstehen in dieser Freundschaft. Landauer sah gerade in Emanuel von Bodmans Werk und in seinem W e s e n etwas verkörpert von dieser Vision, die ihm vorschwebte - das, was er "verbindenden Geist" nannte. So schreibt er: "Sie also, der Künstler, helfen mir auf meinen Wegen mit Ihrer Kunst, und Ihre Kunst sagt mir, daß ich auf dem rechten Weg bin," und dann muß er erfahren, daß der Freund ihm auf diesem Weg nicht folgen konnte.

So unerträglich der Gedanke an den schrecklichen Tod Landauers ist - wer weiß, ob es ihn nicht vor n o c h Grausamerem bewahrte: dem inneren Zusammenbruch, wenn er hätte erleben müssen, wie eben diese Vision, für die er lebte, sich in der Realität ins Gegenteil verkehrte.

Ob solche Dinge wie der Ausschnitt aus der Neuen Zürcher Zeitung, den ich heute beilege, für Sie von Interesse sind, weiß ich nicht. Wie quälend ist in dieser Auseinandersetzung zu fühlen, wie wir alle Unbefangehnheit verloren haben - und wie könnte es anders sein, da alle Wunden noch offen sind. Wer würde ein Arg darin sehen, wenn etwa von schweizerischen "Eigenheiten" die Rede ist - oder davon, daß einer französisches Blut hat - aber auf das jüdische Volk angewendet, sind alle solche Worte so schrecklich vergiftet worden - wir haben die U n s c h u l d verloren - ja, es ist wirklich, als ob wir alle schuldig geworden seien. Wollen wir einander helfen, die Unschuld wiederzufinden?

Ich denke an den Augenblick, als Sie und Ihre Freundin noch mit mir im abendlichen Haus standen bei der Stiege, ehe Sie gingen - Sie beide l i e b e junge Menschenkinder, und mir eine warme Welle der Zuneigung zum Herzen stieg - da war sie da, die Unschuld - und die Hoffnung und Heilung. Und in I h r e r großen und sicheren Liebe zu Ihrem Volk ist auch alles neugeboren da. Und ich denke oft daran. Wollen Sie mir einmal etwas mehr von sich selbst erzählen? - Nur eben, was Sie gern wollen und können.

Herzlich Ihre Clara von Bodman

Gottlieben, im September 1966

Lieber Herr Benyoëtz,

ja, darf ich denn heute schreiben und danken, ohne Sie wieder zu erschrecken und zu bedrängen, so als erwarte ich von Ihnen Briefe und Leistungen, wofür Sie ja ganz unmöglich Zeit haben - und was mir völlig fern liegt. Wir alten Menschen können ja die Jugend, die diese schwere Zeit zu verantworten hat und unter ihrem ungeheuren Druck steht, nur mit unserer Teilnahme begleiten, mit guten Gedanken und Gebeten. Sie mit Forderungen zu belasten, wäre so sinnlos wie unrecht - denken Sie das doch nicht von mir.
Aber ich bin heute so reich beschenkt von Ihnen, daß ich danken muß. Warum sollte Ihr Brief kein rechter Brief sein, was sollte ihm fehlen? Mir ist er lieb und ich danke herzlich dafür. Und die schöne Einführung in Ihr Werk "Auf dem Weg nach Jerusalem"[6] - da ist nun alles darin, wonach ich in meinem letzten Brief fast schüchtern fragte. So ist es also, wie ich bei Ihrem zweiten Besuch zu ahnen begann - Sie sind ein Dichter. Und ich lasse mich nun langsam und in inniger Bereitschaft von der Verfasserin hineinführen in die Welt des Dichters. Und wie schön und behutsam

warnt sie, nicht zu rasch und anmaßend verstehen zu wollen, was aus einer uralten, uns unbekannten Tradition darin verborgen ist - und ich habe wohl auf die Warnung aufgemerkt, - aber dann erging mir's doch wie dem ganz jungen Elazar in der Dachstube des Rabbiners: "- ich habe gelernt nach meinem Begreifen, und was meinem Verstand verschlossen blieb, ergänzte ein wundersames Empfinden, und eine Stimme flüsterte mir zu: dies mußt du lieben -"[7]. Und ist nicht die Liebe, die sich dem ganz andern öffnet, mit der Ehrfurcht vor seinem Anderssein, ebensoviel oder mehr als die Liebe zum eigenen, in der man sich selbst spiegeln will?
Und trotz jener Warnung meine ich nun: wenn mein Verstehen nicht gar so weit reichte, mir manches dunkel blieb, so seien daran nicht die jüdischen Inhalte und verborgenen Symbole hauptsächlich schuld, sondern, daß für unsere Generation eben jede Art von moderner Lyrik schwierig ist, diese unendlich verdichtete, fast verbergende Form. Ja, mir ist jede westliche moderne Lyrik, sei's Enzensberger oder wer immer, trotz gutwilligem Bemühen ebenso schwierig - ja eigentlich schwieriger und vor allem fremder als die Ihre - denn bei diesen Ihren Gedichten, die da stehen, ist diese uns Alten ungewohnte Form nie Virtuosität oder gar Spielerei, und immer spüre ich, wie Ihre Dichtung fest in einem Unbedingten begründet ist; selbst noch in der abgrundtiefen Trauer fällt man nicht ins Bodenlose, sondern "auf unbekannten, doch vertrauten Grund" - ja, in die Identität mit dem Schöpfer, in seine Trauer - aber dann auch wieder in seine Freude - nach Ihrem so kühnen, mich so beglückenden Gedanken der Bruderschaft mit Gott - ja, mein lieber Gottesbruder, da werd ich Sie dann manchmal, wenn ich so allein abends am Fenster steh, am Himmel rennen sehen, die Sterne in die Tasche steckend, dann wird es mir da unten auf meiner Erde auch fröhlich zumut. Das ist mir doch fast das Liebste der Gedichte - nein, natürlich ist mir als Frau das Waisenkind das, was mir am nächsten steht - trotzdem Sie nun darüber lächeln.
Die schüchterne Frage in meinem letzten Brief ging ja nicht nur

nach dem Dichter, sondern vor allem nach dem Menschen, den ich - Sie wissen es wohl - so rasch liebgewonnen habe. O wie gut, daß Sie dann in der Talmudschule die guten Väter fanden, wahre Vaterschaft - an diese Stelle in der Erzählung muß ich immer wieder zurückkehren, und werde dann wieder ein wenig froh, da die gütigen und weisen Rabbiner das schutzlos ins Leben geschleuderte Kind liebevoll-streng behüteten und lenkten zu seiner Berufung.
Wollen Sie mir auch einmal eine kleine Photographie von sich schenken? Ich hätte es gern - aber nun habe ich ja so viele der Geschenke - habe Ihnen noch nicht einmal für das erste richtig gedankt, das Buch von Jerusalem[8], das Sie mir brachten, und doch ist es immer in meinen Händen - das ganze Buch ein Lied der Sehnsucht.
Vor allem die Legende "In deinen Toren, Jerusalem" und das Gedicht des Dichters Jehuda Halevi[9] lese ich wieder und wieder. Und nun ist die Sehnsucht wohl zum Teil erfüllt - aber umbrandet von soviel neuer Bedrohung. Ihr seid schon ein auserwähltes Volk, das Gott nicht zur Ruhe kommen läßt, als dürfte es nie in Behagen versinken.
Nun hat Emanuel die Heimkehr nicht erlebt. So oft, wenn ich etwas lese, was ihn so ganz besonders gefreut hätte, wie etwa dies: daß in dem von der Fremdherrschaft verwüsteten Land wieder der Wald aufgeforstet wird - wie bin ich traurig, daß er's nicht erlebte. Wie hätte er an allem teilgenommen!
Nun hab ich noch zu danken für das Natrowsky gewidmete Heft[10]. Ich wage mir gar nicht auszudenken, wie alle diese Schicksale, denen Sie nun nachgehen, auf Ihnen lasten müssen.
Aber nun für heut nur noch Dank, für alles - vor allem für Ihr Dasein auf dieser Welt, in dieser Zeit -

Herzlich Ihre Clara von Bodman

Gern hätte ich einmal die allererste Verszeile von dem Gedicht vom Waisenkind[11] von Ihnen erklärt - warum der Engel spottet?
P.S. Als ich soeben auf Seite 47 die für uns ja wirklich sehr schwierigen Auslegungen wieder las, kam es mir, daß Ihr Name Elazar ja auch mit dem Gottesnamen beginnt - so etwa wohl, wie wenn eine fromme Mutter ihren Sohn Gottlieb nennt und ihn damit Gott weiht, so haben Ihre Eltern Ihnen diesen Segen mit in Ihr Leben, in seine Berufung und in seine oft kaum tragbaren Aufgaben mitgegeben, und das macht mich froh.

Berlin, 29.9.1966

Sehr verehrte, liebe Frau von Bodman,

Ihr Brief kam gerade kurz vor Schabbat. Dies bleibt mir unvergeßlich, denn es war der schönste Brief, den ich je bekam, und ebenso das schönste Geschenk. Sie sind klug und würden meinen, man müße der Freude nicht in Worten Ausdruck geben. Doch was bleibt mir - ja, mir bleibt sehr viel - aber zum Sagen? Mein Gedicht in einem einzigen Kerzenexemplar - wie königlich. Und sollte die Kerze brennen, dann vergeht das Gedicht in Gold. Dies würde einer flammenreinen Poetik des Verschwindens docht- und dichtgenau entsprechen. Die Kerze soll aber nicht brennen. Und so lange soll das Gedicht Ihr Gold wert sein. Und so lange wie das eingehaltene Licht soll Ihr Leben währen!

Ihr Elazar Benyoëtz

Gottlieben, 10.10.1966

Lieber Herr Benyoëtz,

ich habe Sie mehr belastet, als recht ist. Aber Sie haben wohl verstanden, wie all das Aufgestaute, womit man nie fertig werden darf, mich umtrieb nach der ersten Begegnung mit einem Menschen Ihres Volkes, nach dem was geschah - des Volkes, von dem vielleicht noch einmal das Heil kommt in diese heillose Welt, nachdem es durch dies hindurchging und dann zu seinem Ursprung zurückgeführt wurde und zu seinem Eigentlichsten, zu dem es seit Moses aufgerufen ist - der Begegnung mit einem Menschen, dem es todernst ist damit - und der mir gleich so lieb wurde.
Ja, da brauchte es keine langen Umschweife, die Zuneigung war einfach da. Sie nennen das "sachlich" - und wirklich, es ist eine Tatsache, an der man ja selber nichts dazu und nichts davon tun kann - so wird wohl eher der liebe Gott im Spiel sein - viel-

leicht, weil es so sein soll, daß ich in der kurzen Lebensspanne, die mir noch bleibt, noch viel lernen soll von Ihnen und der Welt, die Sie vertreten. Ganz wichtige Dinge, die allerwichtigsten.
Ich fürchte, heute kann die Jugend nicht vom Alter lernen, eher umgekehrt. Wir sind die Generation, die das Erbe vertan, veruntreut hat, die das Böse aufwachsen ließ, während wir uns in Sicherheit wiegten - weil wir nicht w a c h s a m waren.
Und da liegt nun Ihr Aufsatz vor mir, der ein einziger Ruf zur Wachsamkeit ist[12].
Sind die Ohren noch immer stumpf, daß solche Entgleisungen möglich sind - selbst bei soviel gutem Willen. Und doch - damals, gleich nach dem Zusammenbruch, als das Furchtbare offenbar wurde, schien es, daß die Selbstbesinnung da wäre - dann kam dieser Fluch, das Wohlleben, dieser Pfuhl, in dem jeder Funke erlischt.

Und freilich ist Selbstbesinnung immer eine Sache der wenigen, nicht der Vielen - die Menge kann sie nicht durchhalten, sie sucht das Bequeme - die "Versöhnung" ohne die Stufe der Bewährung - die Selbstrechtfertigung. Wobei ich natürlich mit Menge keinen Stand meine. Drum kann die Mahnung nicht verstummen. Und ergreifender als selbst das eindringlichste Wort spricht sie aus dem Bild von Chagall, das Sie darüber setzen. Wer kann diesen Augen standhalten. Fast tut's mir weh, sie in der Zeitung so preisgegeben zu sehen, aber sie sind unberührbar in ihrem Einssein mit Gott und seinem Sinnbild und Pfand, der Thora, die diese frommen Hände halten. Wer kann im deutschen Volk den Stern darauf sehen, ohne im Innersten zu erschrecken - auch er ist unberührbar jeder Schändung. Ich habe Ergreifenderes kaum je gesehen. Mir kam vor diesem Antlitz Ihr Wort: "Glaube nicht, werde Glaube", - und das andere: "Gott gebe, daß es so zu den Menschen spreche, wie wir's meinen"[13].
Und nun auch herzlichen Dank für die Erinnerungen an Else Lasker-Schüler[14]. Ich werde mir das Herzstück abschreiben: Die

Geschichte des kleinen "Joseph" und der Hexe, und wie sie überleitet zu dem jüdischen Märchen, das wunden Flügels durch die Straßen Jerusalems wanderte.
Dank, daß sie den kleinen Elazar zu mir schickten.
Es kommen viele Kinder in dies Haus - sie kommen gern zu der alten Frau, bei der es Geschichten und Märchen zu hören und allerlei anzugucken gibt. Aber d a s Kind aus dem gelobten Land rührt mein Herz wie noch kaum eins.
Heute bekommen Sie als Gegengabe den kleinen Emanuel, der auch ein Waisenkind war - bei der Geburt mutterlos geworden. Er kommt in doppelter Gestalt zu Ihnen - morgen schick ich das "Buch der Kindheit"[15].
Ich will mich bemühen, der Gute Nachbar zu sein, der nicht viel fragt[16]. Was man noch alles lernen muß, wenn man schon so alt ist.
Else Lasker-Schüler habe ich auch einmal kennengelernt. Es war 1920 in München, bei einem literarischen Tee bei Kasimir Edschmid. Wir saßen etwas verloren in der Gesellschaft, da trat Else Lasker-Schüler herein und setzte sich sofort zu uns. Eigentlich waren alle diese Leute eingeladen worden, um Gedichte von Emanuel zu hören. Aber als es soweit war, wollte er nicht lesen. Irgendwer oder irgendetwas paßte ihm nicht. Ich muß Ihnen leider verraten, daß sein Betragen oft nicht unähnlich dem war, was man von Else Lasker-Schüler erzählte, und auch allerhand Verlegenheiten heraufbeschwor.
Nun es haben sich dann andere produziert. Else Lasker-Schüler aber sprach während der ganzen Veranstaltung nur mit Emanuel. Was, weiß ich nicht mehr, nur, daß wir drei in unserer Ecke zusammengehörten. Nachher schrieb sie eine Postkarte, auf der waren lauter Pünktchen verteilt, die sollten Küßchen vorstellen.

Das Büchlein "Die Stimme Israels"[17] habe ich mir bestellt.

Als Ihr Brief kam, den Sie am Vorabend des Laubhüttenfestes

schrieben, hatte ich gerade die Sendung vom Bayrischen Rundfunk von der israelischen Kultusgemeinde gehört. Ich höre sie oft, Freitagabend.

Mit allen guten Gedanken bei Ihnen Ihre Clara von Bodman

Berlin, 19.10.1966

Sehr verehrte, liebe Frau von Bodman,

dreifach beschämt fühle ich mich, wenn Sie sich bei mir wegen Ihrer Briefe entschuldigen: einmal, weil Sie es sind, dann, weil ich gestehen muß, daß ich Ihre Briefe freudig erwarte und schließlich, weil ich weiß, daß ich nicht so antworten kann, wie Ihre Briefe es verdienten und wie ich's auch gern getan hätte. Und dies um so mehr, da ich bis vor nicht langer Zeit ein fast leidenschaftlicher Briefschreiber war. Ich glaube sogar, nie etwas beharrlicher getan zu haben, als Briefe zu schreiben. Hätte ich nur einen Zehntel an Umfang und Zeit, die ich für Briefschreiben aufwandte, an ein literarisches Schreiben gewandt, ergäbe es eine "zehnbändige Ausgabe".
Es gab einen Minnesänger namens Süsskind von Trimberg: "Zurück zur alten Judenart!"[18] heißt es in einem der wenigen von ihm erhaltenen Gedichte, weshalb wohl er in der Manessischen Sammlung mit einem Bart und dem spitzen Judenhut dargestellt ist. Warum erwähne ich das? - Nein, Sie erraten es nicht. Weil auch ich eben zurück zum alten "Judenbart" kehrte, und damit Sie nicht erschrecken, wenn Sie bald ein Bild des Bärtigen bekommen. Sie sind also gewarnt, und wenn Sie in zehn Tagen vielleicht das Foto bekommen, ist mein Bart auch schon recht süsskindhaft.
Das aber freute mich in Ihrem Brief am meisten, wie Sie vom Lernen sprechen, daß Sie gern lernen wollen und immer auch lernen.

Auch mir scheint "Lernen" das ganze Leben und das Ausmaß seiner Unsterblichkeit zu sein. Bei mir ist das vielleicht aus meiner jüdischen Erziehung erklärbar, denn sie beruht einzig und allein auf dem Lernen. Es gibt nichts anderes im Leben eines jüdischen Juden als Lernen, das aber natürlich auf die Erkenntnis gerichtet ist, doch auch diese erfüllt sich nur im unermüdlichen Lernen selbst. Gemeint ist freilich das Lernen der Thora, die um und um gelernt werden will - die von Gott für das Leben, für das heilige, stets zu heiligende Leben Gegebene. Mit ihr ist das Leben so gemeint wie getroffen, wie könnte man sonst Leben lernen. Es bleibt aber auch sonst ein Lebensprinzip, ein Prinzip für das Leben. Denn was hätten wir anderes als Lernen, und was ist sonst so erfüllbar wie das, und was wäre beglückender als dieses?
Es ist unter Juden Ausdruck großer Bewunderung und hohen Lobes, wenn man von einem sagt: "Er kann lernen"; nicht gerade, daß er vielwissend, daß er hochgebildet ist, sondern, daß er des Lernens kundig ist, macht ihn so schätzenswert.
Wunderbar, daß Sie noch ein ganzes Schatzkästlein von alten Zeitungen fanden. Die Kostproben sind auch wirklich köstlich. Der eine Aufsatz: "Spinoza und der deutsche Geist"[19] rief in mir, gleich als ich den Titel erblickte, die Erinnerung an Margarete Susman wach. Ihr erster philosophischer Aufsatz hieß nämlich: "Spinoza und das jüdische Weltgefühl"[20]. Ich könnte beinahe sagen: hier stehe ich - zwischen diesen beiden Titeln.
Kannten Sie Margarete Susman?
Mittlerweile ist "Das Buch der Kindheit" bei mir eingetroffen. Wie sehr ich doch glücklich bin über jedes Zeichen Ihres Daseins! Seien Sie von Herzen gegrüßt von Ihrem Ihnen ergebenen

Elazar Benyoëtz

Konstanz 1966
Elazar Benyoëtz auf dem Weg zum ersten Besuch bei Clara von Bodman

Gottlieben, im Oktober 1966

Lieber Herr Benyoëtz,

Sie wissen doch, daß nicht jeder Brief nach einer Antwort verlangt - daß im rechten Briefschreiben an ein liebes Gegenüber das Gespräch sich schon im Schreiben erfüllt, daß schon im Schreiben ein Geben und Nehmen ist, die Antworten hin- und herströmen - und so werden Sie nicht denken, wenn ein Brief kommt: "Wieder ein zu beantwortender Brief und keine Zeit dafür."
Aber Sie antworten mir auf viele Fragen ohne Worte - mit Ihrem ganzen Wesen und darüber hinaus mit Ihrer Welt, mit der Sie eins sind. Sie haben am wenigsten Grund, Angst vor dem Wort zu haben, Ihr Wort ist rein, aufs neu eingetaucht in seinen Ursprung - dort wo es heißt: Im Anfang war das Wort und das Wort war bei Gott -.
Nie hätte die Angst vor dem Wort Sie dort in Ihrer Welt befallen - sondern erst in dieser, wo Sie jetzt leben - wo es von seinem Mißbrauch noch immer so tödlich verletzt ist. Aber Sie wurden als zweijähriges Kind nicht nur vor der teuflischen Vernichtung in das Land Ihres Ursprungs gerettet, sondern auch vor dieser Verderbnis. Daß das gerade an Ihnen, dem Dichter, geschah, und so Ihr Wort rein blieb und genährt wurde von uralter unversieglicher Quelle der Kraft und Wahrheit - ist das nicht ein großes Wunder?
Nun kam Ihr Gedicht zu mir, von dem ich bisher nur die letzte Strophe kannte. Es riß mir das Herz auf, weil Sie es sind, der die unsagbare Trauer darin durchlitt. Aber es ist die Trauer der ganzen Welt, die der Dichter "stellvertretend" leidet und auch noch im besonderen seines leidgeprüften Volks - und dann nahm ich es einfach <u>an</u> mich, lebte mit ihm tagelang, bis seine Musik, seine Sanftheit eins mit mir wurde, fraglos. So wie man im Leben mit einem großen Schmerz eins wird, wenn man ihn annimmt.
Welche Spannweite zwischen dieser Trauer und der Freude des "Gottesbruders" liegt, hat wohl keiner so erkannt wie Margarete Susman, und nun fiel mir ein Schreck ins Herz - es scheint aus Ihren Worten, als sei sie nicht mehr unter den Lebenden - so haben Sie

sie in dieser Welt verloren, das schmerzt mich mehr als ich sagen kann.
Nein, ich kannte sie nicht persönlich, aber im Augenblick, als Ihr Brief ankam, hatte ich ein Buch von ihr in Händen, das ich wieder las (das von Goethe und Charlotte von Stein[21]). Was Sie aber auch ihr bedeutet haben mögen, darüber haben Sie sich, so wie Sie sind, kaum Gedanken gemacht - aber ich glaube: die Freude ihres Alters!
Was ist das für ein lieber Brief, Ihr letzter - immer wieder lese ich, was Sie vom Lernen sagen - und vom heiligen, zu heiligenden Leben - dann bin ich ganz überglücklich - auch deshalb, weil ich fühle w i e freudig Sie aus dem unerschöpflichen Schatz austeilen, wie glücklich Sie selbst immer wieder im Lernen und L e h r e n sind. Dann ist das, was mir in manchem Ihrer Gedichte so schmerzlich ist, ganz darin aufgegangen - verklärt. Das ist nicht so, als wären mir nicht gerade diese Gedichte lieb, doppelt lieb, weil sie so erlitten sind - nur daß ich alles Glück des Himmels und der Erde für meinen lieben jungen Freund wünsche. - Wenn Sie mir so die Sätze aus den heiligen Schriften in Ihrem Brief niederschreiben, dann ist das gewiss nicht abgeschrieben, sondern aus dem Gedächtnis, das ganz erfüllt ist von diesem Reichtum - und ich denke es mir aus, wie es wäre, wenn Sie hier wären und Sie es mit Ihrer warmen Stimme sagten.
Und als ich mich gerade wieder an all dem freute, kam mit der Zeitung der Hinweis Werner Webers[22] auf den Dichter Agnon, der manches fast mit den gleichen Worten sagt, - ich habe mir gleich ein zweites Blatt für Sie geholt, für den Fall Sie's dort nicht bekommen. Den Dichter kennen Sie ja sicher persönlich und lieben ihn gewiß.
Und ist's nicht auch schön, was Weber dazu sagt - wie "durch das Studium der Lehre der Faden zur Gnade gespannt ist". (Man muß ihn wieder so recht gern haben dafür, den Weber, gell?).
Nun aber endlich Dank für das schöne Buch von Mallarmé[23], dies kostbare erlesene Geschenk. Ich besitze nichts von ihm, habe

auch, außer mal zufällig Verstreutes, noch nichts von ihm gelesen, nur immer ü b e r ihn - über diese fast magische Ausstrahlung seines Wesens und Wortes, was oft wie eine Sage klingt, - wenn zum Beispiel Valéry, von diesem Wort getroffen, auf zwei Jahrzehnte dichterisch verstummt.
Und das Bildchen ist wirklich in Sicht, sogar mit einem Bart drumherum, nein, der wird mich nicht stören, bin aber doch gespannt, ob es Ihr Gesicht verändert - wenn es aber so alte Judenart ist, dann, liebes Herz, muß es ganz gewiß so sein.
Darf die Kerze den Gottesbruder grüßen von seiner alten Freundin

Clara von Bodman

Berlin, im Oktober 1966

Liebe Frau von Bodman,

mein Vorhaben kann ich nicht gut ausführen, möchte die ausbrechenden Zeilen aber nicht mit Gewalt zurückhalten. Ihr guter Briefträger möge von mißtrauischen, enttäuschten Blicken verschont bleiben.
Wie ich zu Margarete Susman kam?
Ich war in den Jahren 1958-60 Lektor und Bibliothekar am Rabbi-Kook-Institut in Jerusalem und hatte vorübergehend mit deutschen Zeitschriften zu tun, die außer mir in diesem Institut keiner lesen konnte, ich selbst aber auch nur unzulänglich und mit Mühe. Eine dieser Zeitschriften, eine mit vornehmem Satzspiegel, hieß "Der Morgen" und war im Philo-Verlag, Berlin[24], erschienen: ein jüdischer Verlag mit apologetischem Schwergewicht, kurz vorm Untergang des deutschen Judentums gegründet.
Auch "Der Morgen" war nicht aus dem Geist des Morgenlandes geboren, und wer die vornehme Zeitschrift las, merkte nicht, daß es

Abend geworden war und die Macht der Finsternis sich ausbreitete. Sie erschien tatsächlich bis in die Nacht hinein. Und so brach für mich ein Morgen an und mit ihm die Paradoxie meines Lebens. "Der Morgen" heißt auf Hebräisch wortgetreu und titelmäßig "ha-Schachar", und so hieß eine hebräische Zeitschrift, die hundert Jahre vorher in Wien erschienen war und soviel bedeutete wie die Morgenröte einer neuen hebräischen Literatur und das Erwachen eines neuen jüdischen Nationalbewußtseins. An diesem gemessen war der Berliner "Morgen" ein tragischer Anachronismus; für unsereins im Israel der 50er Jahre gar nicht zu fassen. Gegeneinander und einander gegenüber hatte ich beide Zeitschriften auf meinen Regalen. Und doch hatte die Berliner Zeitschrift den grossen Vorzug des literarischen Niveaus und des unverwüstlichen Stils. Sie war mit Vergnügen zu lesen. Das war "ha-Schachar" schon lange nicht mehr. Für den Anfänger, der sich ins Deutsche allmählich hineintastete, war schon das bloße Blättern ein Labsal. Alles daran roch so angenehm nach Qualität. Bei diesem Durchblättern geschah es nun, daß ein Unverhofftes in mein Leben einbrach. Das ereignete sich im 5. Jahrgang, im Aprilheft des Jahres 1929, zwischen den Zeilen eines Aufsatzes, betitelt: "Kafka und das Hiobproblem"[25].

Ich las ihn mehr mit Ohren als mit Augen und mit allen Fingern, die ich dann nacheinander ableckte.

Hier war unleugbar der Anfang eines Verständnisses nicht bloß für Kafka, sondern auch für uns heute, die Kafka zwar nicht vergessen können, aber schon vergessen dürften, denn was vor seinem seherischen Blick aufging, ist nur der von uns gebliebene Rest. Wäre er kein Dichter, er könnte bei uns in die Schule gehen. Aber Anno 1929 gab es noch nicht einmal diesen Kafka, und keiner war da, der vermöchte, ihn auf das Hiobproblem von morgen und übermorgen zu führen, bis auf die eine, die Margarete Susman hieß. Das nämlich war der Name der Verfasserin, und ich vernahm ihn hier zum ersten Mal. Meine Reaktion auf den Aufsatz war die eines "Spätgeborenen", die Unruhe, die mich packte, schien mir selbst unzeit-

gemäß. Der Aufsatz tat längst seine Wirkung, und seine Botschaft erreichte die besten der Zeitgenossen; nur hatte ich das alles damals weder gewußt noch wissen können. Mich traf die Sichtweise und die Stimme, die da zu mir, ja nur zu mir sprach. Daß die Verfasserin Dichterin sei, stand für mich außer Frage. Ich machte mich unverzüglich auf die Suche und fand tatsächlich Gedichte von ihr in Anthologien. Es blieb nun die entscheidende Frage: lebt sie noch? Meine Nachrechnungen liefen auf "unwahrscheinlich" hinaus. Die Frau, die diesen Aufsatz geschrieben hatte, konnte, als sie ihn schrieb, nicht mehr jung gewesen sein. Die Zeitschrift selbst sprach andererseits nicht von einer Klarsicht, die ein Entrinnen und Überleben versprochen haben würde. Wer da schrieb, war dem Deutschen verfallen. Margarete Susman wäre demnach entweder von den Nazis gemordet oder vom Alter eingeholt. Ich begann mich herumzufragen und hatte bald Glück.
Mit Übersetzungen aus dem lyrischen Werk der Lasker-Schüler befaßt, stand ich in Kontakt mit deren Nachlaßverwalter, dem Dichter Manfred Sturmann. Eines Tages fragte ich ihn, ob ihm der Name Margarete Susman etwas sage. O ja, sagte er, eine große Dichterin und sie lebe in Zürich, hochbetagt und dem Erblinden nah; meine Freude war ohne Ende. Hochbetagt, dem Erblinden nah, jedoch: auf dieser Welt, ansprechbar und liebzuhaben. Ihr Geburtstag, der 85. denke ich, stand bevor. Ich säumte nicht, ich übersetzte schnell aus den von mir bereits zusammengetragenen Gedichten und ließ zwei, die mir besonders glückten, mit ein paar Zeilen als Geburtstagsgruß noch rechtzeitig abdrucken. Das war ein erster, lebendiger Gruß aus der ihr verlorengegangenen Heimat. Ihre alten, ganz deutschen Gedichte, suchte ich hebräisch zu beseelen. Das war der Anfang. Zu diesem gehörte ein Bild, das Gustav Landauer von ihr entwarf und das ich in seinen Briefen fand, ein Bild, das mir unvergeßlich bleiben sollte:
"Ich möchte Sie einer Palme vergleichen dürfen und meine damit: in Ihrem nach der Höhe und Tiefe Begehren, in Ihrem Verkehr mit den Säften der Erde, der hohen Luft und dem Licht sind Sie eine

durchaus erhabene, heroische Natur."[26]
Ich hörte von da an nicht auf, sie als Palme zu sehen und im Verkehr mit den Säften der Erde, der hohen Luft und dem Licht.
Ich hatte damals auch einen Traum von ihr: Gustav Landauer war Herr von Bendemann im Traum. Es war mein erster jüdisch-deutscher Traum, und es war auch der Traum von der ankommenden Großmutter.
Von diesem Anfang muß ich zum Ursprung zurückkehren, zu meinem Elternhaus in Tel-Aviv. Im Jahre 1944, wenige Monate nach dem Tod meines Vaters, hieß es, die Großmutter und die Urgroßmutter dürften Budapest verlassen und sie wären eben im Kommen, gerade, bald ... Mein Schwesterlein und ich - ich sehe es wie heute - wir liefen hinaus und über einen nahen Hügel. Rundherum pflückten wir "Margeretkelech" für die geliebten Großmütter, die da unterwegs zu uns waren. Allein, sie waren nicht im Kommen und trafen nie ein. Die Erwartung wurde furchtbar enttäuscht, und sie wurde zu einer tiefen, ewig klaffenden Entbehrung. Was mir von Großmutter und Urgroßmutter blieb, war nichts als diese Erinnerung an den Hügel.
Was mich beim Lesen jenes Aufsatzes so unverhofft ergriff, war das Erwachen des Lückenschmerzes und damit auch der Hoffnung auf ein Zusammenwachsen des auseinandergerissenen Gefühls. Ich war entschlossen, meine Großmutter zu finden, und also entschlossen, nach Zürich zu reisen. Als ich endlich das Dachzimmer in der Krönleinstraße 2 betrat, trat ich zwar vor die hin, die da thronte, der Boden war aber längst Heimatland und, was sich ereignete, war ja auch schon längst geschehen, bei ihr wie bei mir, bei ihr nicht weniger als bei mir. Ich habe sie gesucht, sie hatte auf mich gewartet. Sie ist mir ganz natürlich geworden, was sie mir - und nur mir war: Großmutter. Und so natürlich, von urher bestimmt und jäh wurde ich ihr Enkel. Allerdings war sie auch noch die Seherin, und ich auch der Wanderknabe. Das galt der Phantasie und dem endlosen Gespräch. Wir hörten keinen Augenblick auf, Dichter zu sein.
Das war mein spätes "Morgen-Glück", aber auch schon der Anfang

einer Reise an das Ende meiner Nacht: mit dem neuen, ebenso echten wie falschen Ahnenpaß, als Enkel Margarete Susmans und dadurch legitimiert, ins deutsch-jüdische Schattenreich zurückzukehren und das Erbe, für dessen Schwere mir die Schulter noch nicht gewachsen war, anzutreten.

Als sie gestorben war, stritten Protestanten und Juden um die Ehre ihrer Bestattung.

In der Kapelle, auf dem protestantischen Friedhof, stand der Sarg, von Blumen überwuchert und umrankt; auf der Kanzel stand Walter Nigg, ich hörte ihn von einer "Mutter in Israel" sprechen. Vor mir sank der Sarg ins Feuer, hinter mir spürte ich eisige Kälte.

Am nächsten Tag versammelten sich nur noch wenige Menschen auf dem jüdischen Friedhof. Dort steht ihr Grabstein.

Ihr Elazar Benyoëtz

Gottlieben, 7.11.1966

Mein Lieber,

oder darf ich sagen "lieber Elazar"? - Ich tu's ja schon lang in Gedanken - ich hab mich gewöhnt, an Elazar zu denken wie an einen lieben Enkel. - Da steht nun zwar in Ihrem Brief, daß der Großmuttername Margarete Susman gehört - und doch: hat nicht jeder Mensch zwei Großmütter?

Ja, wenn ich einen Enkel hätte in dem Sinn, wie es hätte sein können, wäre er nun genau in Ihrem Alter - und könnte er mir dann verwandter sein, als Sie es in Ihrem Wesen sind, und fast in jedem Wort? - Großes Glück brachten Sie in mein Leben, das sollen Sie wissen.

Nun haben's die Großmütter so, sie möchten immer etwas im Schrank oder in der Tasche haben - man muß es ihnen lassen, es ist noch

so die Freude des Alters - dies nur, daß Sie nicht erschrecken, wenn das Päckli kommt. Wenn's auch nur etwa ein Apfel oder eine Birne ist, die sie aus der Tasche holen.
Ich hatte die liebste Großmutter der Welt - in einem Spitzenhäubchen mit lavendelfarbenen Bändern, und ihre Birnen waren so gut, wie es gar keine mehr gibt. Von dem Birnbaum in ihrem Gärtchen. Wenn aber nicht Birnenzeit war, dann faltete sie etwa aus Papier ein Schifflein mit einem zierlichen Segel, das man im Brunnen hinter ihrem Häusle schwimmen lassen konnte. Weil aber Elazar in dem öden Berlin nicht einmal einen Brunnen hat, hat sich mir in den Kopf gesetzt, es soll immer eine leise Kerzenflamme bei ihm sein. Daß die mit dem Gedicht neben dem Bild von Margarete Susman stehenbleiben soll, das macht mich ja so glücklich. Nun gibt's halt hie und da zum Brennen solch eine mit einem "neutralen" Goldröckchen - und Sie müssen sich an die blauen Päckli mit dem Röslein, an denen mich meine Freunde erkennen, auch gewöhnen.

Einen lieben Gruß von der kleinen Großmutter

Gottlieben, 16.11.1966

Lieber Freund,
Ihr Brief hat sich wohl mit meinem Brief gekreuzt - ich war ja gegenüber dem schweren Ernst des Ihren ein wenig beschämt wegen den versponnenen Großmüttergeschichtlein - nun, das ist ja weiter kein Unglück, daß ich aufwache - und aufgewacht bin ich wohl durch Ihren Brief - auch ein wenig erschrocken, weil es erst schien, als hätten meine Worte, über den Zusammenhang der Wortangst mit dem Abendland, Sie beunruhigt. Aber sie konnten dies ja nur, weil sie etwas berührten, was Sie wissen. Und ist es nicht klar am Tag, daß diese Lähmung in unserer vom Glauben entleerten Welt - in der Glaube und Wahrheit nur noch in kleinen Fünklein lebendig sind - wie ein Gespenst umgeht.

Sie sagen mit so besonderer Betonung die Worte Morgenland und Abendland. Ja, daß bei uns Abend oder schon Nacht ist, das fühlen wir gut genug. Es ist mit dem Untergang des Glaubens wie mit dem Untergang der Sonne - noch ein Stündle oder zwei ist es auf der Erde noch ganz wohlig warm - und lieblicher Nachglanz ist auf rosigen Wölklein - man kann sogar noch Gedichte machen, aber dann verlöschen die Wölklein und über kurzem ist Finsternis - und bitter kalt!

Ja, warum schauen wir alle (oder halt eben, soweit ich sehe in meinem kleinen Umkreis Menschen, die mir nahstehen) - gebannt nach dem Land und dem Volk gegen Morgen, in dem ein unzerstörbarer Glaube lebendig blieb und eine Verheißung - wo sich nun nach unsagbarem Leiden und Erschütterung ein neuer Anfang begibt. Wo ein Volk zusammensteht, um unter größten Schwierigkeiten und neuer Bedrohung eine uralte Sehnsucht zu erfüllen, da ist auch das Wort lebendig und selbstvergessen, ohne Angst, nur voll Eifer, zu lehren und lernen - Fehler des Anfangs zurechtzurücken. Da ist auch im Wort das Miteinander, natürlich auch oft das Gegeneinander, aber nicht das entseelte unfruchtbare Aneinandervorbei.

So sagen Sie es ja - die Fehler, die dort geschehen, sind Fehler von Suchenden und Ringenden, nicht des Abfalls vom Geist - ihnen kann noch geholfen werden und sie brauchen Hilfe. Und für Ihre Zeitschrift wäre gewiss alle Offenheit gewesen. Nichts wie diese grausame Erfahrung konnte Ihnen enthüllen, wie unfruchtbar und verschlossen dieser Boden ist hier, wo wohl ein solches Unternehmen mit einem ganzen Geflecht von wirtschaftlichen und politischen Interessen verquickt werden muß - aber ich will nicht über Dinge reden, von denen ich nichts verstehe. Das eine liegt mir heute am Herzen, Ihnen zu sagen: daß ich mit meiner Bemerkung nicht sagen oder auch nur andeuten wollte, es sei unrichtig gewesen, daß Sie nach dem Abendland kamen - wie könnte ich mich dessen vermessen, da ich nicht einmal Ihre bewußten Gründe kenne, diese Aufgabe zu übernehmen - noch weniger die geheimen Gründe,

die das Schicksal dabei mit Ihnen im Sinn hatte, denn ich glaube, daß es im Leben von Menschen, die unter einer Berufung stehen, kaum wichtige Entscheidungen gibt, die nicht einen geheimen Sinn haben, mögen sie zunächst als Abirrung erscheinen und in Krisen führen. Im Leben Emanuels waren es die scheinbaren Irrtümer und Einbrüche, die ihn zu dem werden ließen, der er werden sollte.
Es ist doch fast wie ein Wunder, daß Sie inmitten dieser Zeit, in der alles Böse losgelassen war, aufwachsen durften in der heiligen Glaubenswelt Ihres auserwählten Volkes, genährt von ihr für alle Zeit Ihres Lebens. Da muß doch wohl das Schicksal auch die Stunde gewußt haben, da sich diese behütete Kraft in der Auseinandersetzung mit den Gegenmächten messen sollte und im Widerstand erst seine volle Kraft gewinnen. Und sollte diese Berührung mit der fremden Welt zunächst eine schöpferische Pause bewirkt haben (so deutete ich die "Wortangst") - jedes Dichterleben muß wohl einmal oder mehrmals eine solche überstehen, um einen neuen Durchbruch vorzubereiten. -
Ein großer Schmerz ist es mir , daß Sie gerade in dieser Zeit Margarete Susman in dieser Welt verlieren mußten - und auch Martin Buber! Und auch Rychner, von dem Sie im Else Lasker-Schüler-Aufsatz[27] als von Ihrem verehrten Freund sprechen.
Nun ist der Bogen schon wieder voll. Alles Liebe von Ihrer

Clara von Bodman

P.S.

17. November

Ich mache den Brief nochmal auf - eben kommt Ihre Sendung. Welche Fülle! Lange Zeit werde ich brauchen, bis ich alles so aufgenommen habe, bis es ganz mein ist. Sie können sich nicht vorstellen, wie langsam ich bin im Lesen.
Und nun habe ich auch eins Ihrer hebräischen Gedichtbändchen[28] wenigstens in Händen, als großes Geheimnis. Auch es ist dem

Freund gewidmet, der uns Ihre Gedichte in unserer Sprache geschenkt hat -

"Ich gehe hin wie ein kleiner Frühling
und trage - ein Wölklein -
glänzende Tropfen mißhofften
Glücks - "

Für heute ist mir alles überschattet davon, daß es nun so ist, daß Sie auch diesen Freund nicht mehr auf der Welt haben.

Tel-Aviv, 19.11.1966

Liebe kleine Großmutter,

es ist Zeit, Ihrem Wunsch zu entsprechen, mein Versprechen einzuhalten; weil ich aber nicht dazu kam, vor dem Fotografen zu sitzen, schicke ich Ihnen ein Bild aus dem Jahre 1963. Daß mein Aussehen sich seitdem veränderte, haben Sie ja gemerkt und behalten. Trotzdem verlangt das Bild eine Erklärung, und diese hängt wiederum mit dem zusammen, was Sie in mir zu sehen scheinen oder zu sehen wünschen. Wie sollen Sie sich auch vorstellen können, wie karg und primitiv meine Anfänge waren. Nicht nur in der eigenen Produktion, auch schon in der literarischen Bildung. In diesem Bild nun, das ich Ihnen schicke, leuchtet etwas aus jenen Anfängen auf und wird noch in den Gebärden reflektiert. Die ganze Gestikulation bezieht sich auf das Buch, das ich in den Händen habe: Rilkes "Stundenbuch"[29]. Dieses war, wie Sie wissen, "in die Hände von Lou gelegt", doch auch Nietzsches totem Gott geweiht, aus dessen einstigem Vermögen der Dichter, über eine neue Kontonummer, sein Kapital bezog. Nicht aber dies machte die Fragwürdigkeit des Buches für mich aus, sondern die Wortsüchtigkeit seiner Sprache und die Reimsüchtigkeit seiner Bilder. Aus diesem runden und wunden Punkt heraus gewann das Stundenbuch für mich eine entscheidende Bedeutung. Seine vom Reim weitgehend getragene Mystik wirkte auf mich ernüchternd. Denn eben in diesem Buch, in dem sich der Dichter als frommer Subtilitätenkrämer auf die Straße des Herrn begibt, konnte ich den Reim, von diesem selbst mitgenommen, eine gute Strecke weit verfolgen und zusehen, wie er weich und reich, leise und weise zum Rollen gebracht wird. Und das stimmt nicht einmal ganz; denn während der Dichter - in aller Demut, gegen jede Keuschheit - seine Pilgerfahrten inszeniert, übernimmt der Reim die Regie, und sehr bald - und sehr oft - ist der Dichter nicht mehr "Herr in seinem Munde". Der Reim, einmal zum Rollen gebracht, findet auch allein den Weg zu Gott und zu einem werdenden Gott um so leichter. Aus diesem Buch habe ich gelernt, daß der Reim nicht einhalten kann, was der Gleichklang verspricht, weil er selbst das Vielversprechende ist: im Suchen, im Finden und im Erfolg. Der Reim war freilich schon immer des Glaubens Rollbahn; auch war es stets der Reim, der den Ketzer mit dem Heiligenschein versah.

In der Poesie ist er das, was - über Glaubwürdigkeit und Widersinn hinweg - glauben machen will und glauben macht. In Rilkes "Aufzeichnungen des Malte Laurids Brigge" wird übrigens dieser Reimverhalt auch einmal beschrieben: "Wenn man so ein Gedicht langsam hersagte, mit gleichmäßiger Betonung der Endreime, dann war gewissermaßen etwas Stabiles da, worauf man sehen konnte." - So dachte ich bei mir, als ich 1963 "Das Stundenbuch" wieder gelesen habe, und es schien mir beinahe gerecht gedacht. Allein, im Bereich der Existenz, in dem das Urteil der Notwertung weicht, taucht die Lebensfrage der Gerechtigkeit ja kaum auf. Und möchte sich ein Dichter um ein gerechtes Urteil noch so bemühen, er bemühte sich auch dann nur darum, einen Punkt für seinen Stand zu finden. Und ich, der ich 1963 eines solchen Punktes brennender bedurfte denn je, ich fand ihn in diesem Buch nicht und doch auch dank ihm. Darum konnte es für mich von großer Bedeutung sein.

Dies war nicht mehr Sache des Urteils. Nach meiner ersten Lektüre, drei Jahre zuvor, lautete es in meinem Tagebuch: "Rilkes Stundenbuch - eine Hinfälligkeit, die sich fromm gibt, weil sie meint, Kniefälligkeit stünde ihr besser zu Gesicht. Ein Buch der gesuchten Suche ("Du siehst, daß ich ein Sucher bin"). Rilke richtet sich nicht an Gott; er richtet ihn zum erneuten Wackeln auf ("Fall nicht, Gott, aus Deinem Gleichgewicht"). Er richtet ihn nicht einmal auf, er installiert ihn. Er braucht ihn als Maß für die Vermessenheit seines Unterfangens. Es ist ein unerhörter Gott, der sich hingeben muß, damit der Dichter sich an ihm vollende. Dieser bleibt ein Wortbeschwörer ohne Gottvertrauen:

W e i l seine "Tiefen nie gebrauchter
rauschender Worte mächtig sind".

Sein Blick geht in die Tiefe, die Intention dieses Tiefgangs ist aber "rauschende Worte"; dieses Bekenntnis deckt sich wiederum mit seiner Vorstellung von der Armut: "Denn Armut ist ein großer Glanz von innen" - was dabei außer Frage gestellt wird, ist einzig - <u>der Glanz</u>.

Ein außerordentliches Buch von randvoller Leerheit.

Ein Haus, bodenlos, dachlos, aus lauter Fenstern bestehend, ohne Türen, aber voller Schlüsselworte.

Das war nun die Erklärung, die Ihnen zeigen sollte, an welchem Punkt wir "ganz natürliche" Zeitgenossen sind, und ich ebenso natürlich Ihr Enkel sein könnte, solange Sie nicht versuchen, aus diesem Punkt eine gerade Linie zu ziehen. Für meine ausgehakte Kindheit, für meine verstümmelte Jugend war ein Dichter wie Rilke nur zu geeignet, die Rolle des Verführers zu übernehmen. "Von Deutschlands bedeutenden Dichtern war niemand unbürgerlicher als er"[30] ; durch sein Verhältnis zur Frau und zum Alter war er mir aber auch "jüdisch" der nächste. Von welchem Rilke spreche ich? Die Jahre geraten mir durcheinander wie die Welten, aus denen ich komme. Für meine hier durchblickende oder schon ausgebrochene

Enttäuschung genügt es, wenn ich mir und Ihnen jene Zeilen in Erinnerung rufe, die immer noch zu den berühmtesten der modernen Poesie gehören:

"Wer jetzt kein Haus hat, baut sich keines mehr.
Wer jetzt allein ist, wird es lange bleiben,
wird wachen, lesen, lange Briefe schreiben
und wird in den Alleen hin und her
unruhig wandern, wenn die Blätter treiben."[31]

Für mich, der ich kein Haus hatte und keine Aussicht, mir eins zu bauen, wurden diese Zeilen Grundstein und Obdach einer poetischen Existenz. Wie alt mochte ich da gewesen sein? 18, 20? Und dann, nur wenige Jahre danach, mußte ich im "Stundenbuch" die Zeilen lesen:

"Wer jetzt nicht reich ist, da der Sommer geht,
wird immer warten und sich nie besitzen."[32]

Wie soll ich den Schlag beschreiben können, den mir diese "Wohlweislichkeit", diese Selbstveralberung versetzte? Mit ihr war jenes "Dach" meiner poetischen Existenz schon wieder fortgetragen.

Nun haben Sie Ihr Bild und meine Augen dazu.

Liebe kleine Großmutter, wenn ich mir nun das Bild Ihrer Großmutter vorstelle, "in ihrem Spitzenhäubchen mit lavendelfarbenen Bändern", dann bin ich froh, daß Sie jetzt an sie denken können und an ihre Birnen, die "so gut waren, wie es keine mehr gibt", denn mit Ihrem Enkel, scheint's, ist heute nicht gut Kirschen essen!

Gute Nacht kleine Großmutter,

Elazar

Elazar Benyoëtz, Stuttgart 1964

Gottlieben, 24.11.1966

Mein lieber Elazar,

als ich heute morgen aufwachte, mußte ich mich ein Weilchen besinnen, was denn das große Glück war, das mich ausfüllte - bis es mir einfiel, daß gestern der Brief kam mit dem ersehnten Bild, und daß ich nun wirklich als kleine Großmutter angenommen und eingesetzt bin - nun soll's aber auch gelten für alle Zeiten, soweit bei mir noch von Zeiten die Rede sein kann - aber im Ernst, mit allem, was ich bin und habe -- das ist nicht viel. Ich war dessen gar nicht sicher, dachte, es sei Elazar gar nicht recht so - wie er es wohl aus meinem letzten Brief sah - und wagte den Namen Elazar noch gar nicht zu sagen - nun holte ich's nach und sagte ihn gleich viermal hintereinander - Sie geben mir auch noch so nette Anweisungen dazu, hinten auf dem Bild (daß das z wie s gesprochen wird).
Und da stand es wirklich, das Bild, und Elazar lachte mir entgegen - und wie gut tut es, ihn so fröhlich zu sehen! Meinen "kleinen Frühling" - nein, an Rilke will ich lieber nicht denken, sondern mir einbilden, das Lachen gelte mir - es sieht ja auch eher belustigt aus als mokant. Ich glaube nicht, daß Sie sich sehr verändert haben - vielleicht, daß es etwas seltener in die Augen aufsteigt, das herzhafte Lachen - ? Und doch dachte ich noch dieser Tage an einen Augenblick Ihres kurzen Vorübergehens, als es so darin aufblitzte - wahrscheinlich, weil ich etwas Dummes gesagt hatte - und es ist wohl der Grund, warum in diesem Haus soviel gelacht wird - meine Gäste verlassen mich oft mit den Worten: "Nun haben wir doch einmal wieder recht lachen können". Mit dem Stundenbuch geht's mir freilich auch so. Der Mensch legt sich doch keine aparten kostbaren Schmuckstücke an, wenn er vor Gott hintritt. - Arm, und alle Eitelkeiten von ihm abgefallen - reich nur als "Gottesbruder". Nun habe ich heute morgen so einen schönen weißen Schnee geschenkt bekommen - die tiefverschneiten Nach-

bardächer rücken eng zusammen, und die Vögel schaukeln übermütig in ihrem Futterhäuschen vor meinem Fenster.

Mit vielen lieben Wünschen bei Ihnen die kleine Großmutter

Gottlieben, 7.12.1966

Lieber Elazar,

nun bin ich am Weihnachtspäckle machen - und da sollt ich's übers Herz bringen, Elazar keins zu schicken - das bring ich nicht fertig - auch wenn Weihnachten nicht zu seinen Festen gehört - und ihm gewiß in der heutigen Veräußerlichung dort in der Großstadt ganz furchtbar ist - daß er wohl, wer weiß wohin, fliehen möchte davor? -
Aber vielleicht darf gerade darum das Weihnachtshaus der kleinen Großmutter ihn aufnehmen. Hier soll nichts ihn kränken - das glaube und hoffe ich - auch nicht das Kindlein dort in meiner Krippenwelt, die ich langsam aufbaue - für mich ist's ja nicht der Messias - aber ein Licht, hervorgegangen aus dem jüdischen Volk - und einzig aus ihm, dem Gottesvolk, und keinem andern konnte es entspringen - und schlimm genug sind die Christen damit umgegangen, haben immer wieder seine Botschaft ins Gegenteil verkehrt.
So nehme ich Sie getrost bei der Hand und führe Sie durchs tannenduftende Weihnachtshaus - und Sie lächeln lieb und nachsichtig über meine vielen Schäflein und Hirten, Sterne und Englein - aber wer könnte das denn besser verstehen - welches Volk kann denn so hingegeben Feste feiern wie das jüdische - sie sind mir auch alle lieb und vertraut, seit langem durch Bubers chassidische Erzählungen[33] - und jetzt aufs neue durch das Buch von Bella Chagall[34], an dem ich mich eben s o freu' - und so glücklich bin, daß dies alles Ihre reiche Welt ist, Ihnen gehört, das ganze Leben umfaßt - und auch meines reich macht.

Und jetzt schaut vielleicht Elazar auch ein wenig mit mir in meine Krippe, die jeden Tag wächst. Da habe ich auch - in einer aus bemoosten Steinen gebildeten Schlucht eine besondere Gruppe: die heilige Familie auf der Flucht - und könnt ich sie nun anschauen, ohne an Ihre Eltern zu denken, auf der Flucht vor Herodes mit dem Kindlein Elazar - und in die Freudenbotschaft des Engels ist nun ganz innig eingeschlossen der Dank, daß sie heimfinden durften - und gerettet wurden.

Mein kleiner Weihnachtsgruß, die Rosenvase: ich hab mit dem Diamanten zwei Gräser aus unserem Ried hineingeritzt - Traumgras als Herzensweide für Elazar - vom ganzen nachtstillen Haus und

der kleinen Großmutter

Gottlieben, 15.12.1966

Mein lieber Elazar,

wodurch verdien' ich's nur, daß Gott mir in meine späte Lebenszeit noch dies Glück schenkt - meinen Enkel Elazar -

Daß Sie noch so spät, als schon fast die Nacht vorbei war, schreiben mußten - ja, das spür' ich schon länger, unter welch übergroßer Anspannung Sie leben - wie schwer ist das dem Dichter, in dem es doch ohne äußeren Druck sollte wachsen dürfen -

Da träum' ich denn wieder einmal davon, wenn's doch möglich wäre, daß Sie im Großmutterhaus, das doch dem Enkel ganz zu eigen sein möchte, ein wenig ausruhen, in der weiten Bodenseelandschaft Kraft schöpfen - oder auch arbeiten könnten. Es ist wohl ein sehr einfaches Haus, kann an Bequemlichkeiten nicht das geben wie neue Häuser - aber etwas anderes: Heimat. Und daß Sie das spüren, steht wieder im Brief.

Ach, ich weiß nicht, ob Sie's möchten. Das wissen Sie wohl, wie gern ich alles so halten würde, wie es Ihnen geboten ist. Mir zu

sagen, was ich davon nicht weiß, wäre Ihnen keine Last, da Sie so gern lehren und ich so gern lerne.
Immer wieder lese ich jene Stelle in einem früheren Brief, wo Sie von dem Gebot sprechen, das wie eine Leuchte über dem Weg ist - und der Thora, die das Licht darüber ist. Ja, das ist etwas, das mir nicht mitgegeben wurde ins Leben, und was ich zu Zeiten entbehrte: dies Gebunden- und Gehaltensein.
Meine Eltern, Kinder des Aufklärungszeitalters (beide in der ersten Hälfte des letzten Jahrhunderts geboren) waren in ihrer Gebundenheit an ihre protestantische Konfession, und auch in allem, was am Christentum Dogma ist, gelockert. Und doch waren sie keine ungläubigen Menschen. Das Alte wie das Neue Testament war immer lebendig gegenwärtig in meinem Elternhaus, und mein Vater war bis zu seinem Tod im 99. Lebensjahr ein Suchender und Lernender. Der Leitstern über seinem Leben war Spinoza. Ich hör ihn noch sagen: "Die Juden haben uns das beste geschenkt, das wir haben: Moses, Jesus und Spinoza", und wie oft sagte er das, als er im hohen Alter noch fassungslos die Katastrophe der Menschheit und des jüdischen Volkes erleben mußte.
Da erzähl ich Ihnen soviel von mir - es ist, weil Elazar alles so liebevoll aufnimmt wie kein Mensch sonst. - Von ihm weiß ich, daß er nie ein einziges unwahres Wort sagen, noch ein einziges um Haaresbreite zurechtbiegen würde - und daß ich dafür meine beiden Hände und Füße ins Feuer legen würde. Das ist genug - was er mir von sich darüber hinaus erzählen würde, ist ein Geschenk, und es ist schön, darauf zu warten.
Bilder gab's von mir viele, solange Manuel lebte - später hatte das keinen Sinn mehr, so hab ich keins von später ohne Hut. So leg ich halt das späteste aus Manuels Lebenszeiten bei - 1943. Das war also im gleichen Jahr, als das kleine Pünktchen - als der kleine Josef als unsichtbares Pünktchen in einer Ecke des Kinos in Tel-Aviv "eingemauert" saß und der Hexe begegnete.[35]
Über das Pünktchen habe ich dieser Tage nachgedacht, als ich in "Gog und Magog[36] wieder einmal zu der Stelle kam: daß in der

hebräischen Schrift zwei Pünktchen, die nebeneinander stehen, den Gottesnamen bedeuten - weil ein Pünktchen bedeutet: ein Jud und zwei Juden nebeneinander - also miteinander, im gleichen Recht der Gotteskinder, bedeuten, daß Gott in ihnen gegenwärtig sei.
So sagt auch Jesus: wenn zwei versammelt sind in meinem Namen, dann bin ich mitten unter ihnen. Und etwas nüchterner sagt einmal Jaspers: "Die Wahrheit beginnt zu zweien." Da darf man dann auch manchmal zu zweien sein über die ganze große Entfernung hinweg zwischen Gottlieben und Berlin.
Und ich dachte, ob Sie deshalb den kleinen Josef ein Pünktchen nennen? Das weiß ich nun schon, wie gern Elazar etwas in ein Wort hineinversteckt - daß man's ein wenig erraten muß. Wenn man's findet, ist's dann schön wie die allerschönsten Ostereier, wenn man sie am Ostermorgen im betauten Gras findet.
Was alles steht so in dem Gedicht von Josef - und er wird auch ganz gewiß wieder ein neues Festtagshemd von seinem Vater im Himmel bekommen.

Gott behüte Sie - Schalom

die kleine Großmutter

Clara von Bodman 1914, 1958 und 1975

Gottlieben, 27.12.1966

Mein lieber Elazar,

Ihr Buch[37] - mir mit sieben Siegeln verschlossen - und doch ist's, als wollten diese Zeichen, die geheimnisvollen, mit mir reden. Nicht viel anders muß es Ihnen mit Emanuels Buch gehen in einer Sprache, die über die Kluft, in der eine Welt einstürzte, herüberklingt. Ich weiß es, Elazar. Und nichts anderes können Sie jetzt geben als Aufrichtigkeit und den Willen, nicht Unrecht zu tun. Und Geduld, zu warten, bis sich Ihnen in der rechten Stunde manches erschließt. So, mit diesem Wissen und diesem Vertrauen, gab ich's Ihnen.
Ob Sie von den beiden Bildern, die Sie mir schenkten, Doppel haben? Vertrauter und dem Herzen näher ist mir nun das neue, dann aber wende ich mich grad wieder zum andern als Trost und Gewißheit, daß immer wieder dies Strahlende durch alle Schatten durchbricht - rein von aller Trauer - die Hoffnung über der Hoffnungslosigkeit aufgeht. Sie wäre ja nicht Hoffnung, wenn sie nicht über einer Welt der Widersprüche, der scheinbaren Sinnlosigkeit aufginge - vielleicht heißt es von ihr wie von Gott, deren Bote sie ist: du sollst Dir kein Bildnis noch irgendein Gleichnis von ihr machen - auch nicht, wann oder wie der Messias erscheint, ob in einer Weltzeit - oder ob es quer zur Zeit aufscheint in Augenblicken, wenn wir die Schechina erlösen dürfen - das bleibt Gottes Geheimnis - uns ist hier diese seine Welt anvertraut, in der sich das Gute nur am Bösen bewähren kann, das Erbarmen an der Not - Gott behüte Sie, mein lieber Elazar, und heile die Schmerzen, von denen mir das Herz wehtut - Schalom

Ihre kleine Großmutter

Gottlieben, 23.1.1967

Mein lieber Elazar,

da ist es nun vor mir, das versprochene Bild mit dem Bart! Wie oft suchte ich vergeblich, mir's vorzustellen, wenn ich meine anderen Bilder betrachtete! Ja, gewiß steht er Dir gut und hat "Stil" - aber das ist nicht so eigentlich der Großmutter-Gesichtspunkt - die bangte um das Vertraute - und das mußte erst wieder gefunden werden. Es ist alles noch da, Gottlob - aber erst langsam ließ es sich zu dem vertrauten Ganzen zusammenfügen - ich brauchte einen ganzen Tag, es war richtig "Arbeit" - aber dann war's auf einmal da, so ganz von selbst - ich h a t t e ihn wieder - Elazar. Und ging beruhigt schlafen.
Anderntags guckte ich in mein Kalenderbüchlein, in das ich abends die Taten notiere, die ich vollbracht habe - das muß ich nämlich tun, da ich alles vergesse und nicht mehr weiß, wo meine Zeit hinkam - so als wäre ich ins Bergwerk Falun versunken, aus dem man erst nach hundert Jahren zurückkommt. Und da starre ich auf ein ganz leeres Blatt, beginne mich schon zu fürchten - als ich begriff und nun halt quer über diese leere Seite meines Lebens schrieb: "Bart bewältigt - Elazar wiedergefunden."

Dein Clärle

Hamburg, 22.5.1967

Meine liebe, kleine Großmutter,

Du machst Dir wohl Sorgen, und es gibt dafür Grund genug - wenn man die Zeitungen liest! Auch ich könnte jeden Tag einberufen werden und bin freilich darauf gefaßt. Die Lage ist so ernst wie die Stunde, die ruft. Daß mich das alles nicht überrascht, kannst

Du Dir denken. Du hast mir doch zugehört, als ich Dir das Heraufbeschworene, Vorsichgehende andeutete? Du reagiertest allerdings "sentimental", wie es Dein Herz Dir befahl. Aber es ist keine sentimentale Angelegenheit, sondern eine Unausweichlichkeit mit tragischem Akzent. Es kommt v i e l l e i c h t nicht zu einem Krieg, d.h. n o c h nicht, die Würfel sind indes gefallen, die Entscheidung tritt demnach bald aus dem Dunkeln. Wenn Du an Israel denkst, denke nicht an mich, denke an die alte Erfahrung dieses Volkes, an sein ihm bevorstehendes Allein. Von allen verlassen, auf sich gestellt, aber gegen alle fremden "Elohim", so wird der Abgrund zum Festland, das Ausbleibende zum Felsen. Bete, ja, wenn Du kannst, zweifle aber nicht daran, daß Israel siegreich aus dem Kampf hervorgehen wird. Ich fühle heute diese Gewißheit und zweifle nicht eine Sekunde daran. Es ist SEIN letzter Posten. ER wird sein Volk nicht verlassen.

Es ist ein sehr schöner Tag, ich sitze an der Alster - und denke an das Rote Meer.

Als ich vor vier Jahren hier war, fand ich die Stadt nicht schön, zu meiner Betrübung, denn als Geburtsstadt Margarete Susmans müßte sie doch schön sein, und als ich's ihr schrieb, war sie selbst auch betrübt darüber. Nun tut's mir aber leid, denn Hamburg ist sehr schön, zumal da an der Alster, in der sich das Rote Meer zu spiegeln scheint und aus der eine Stimme emporschwebt: "Erkennst du noch nicht, daß Ägypten verloren ist?"[38]

Ich habe mich in den vier Jahren also gewandelt, meine Augen hängen dem Schwan nicht mehr nach, sie sehen nicht schwarz, und auch das augenblickliche Rot macht mich nicht verstiert. Aber die Ruhe stammt nicht von mir, und die Farben verdecken nur den Grund, der sie hervorgaukelte. Das Gebet, das mir heute Gewißheit schenkte, war von einem Zittern begleitet und von einem Sprachbeben.

Ich wollte Dir in jedem Fall schreiben, und noch von hier aus, weil ich nicht weiß, was mir morgen bevorsteht und ob ich noch zum Schreiben käme. Wie immer meine Lage auch aussähe, Du siehst: meine Seele steht wieder ganz am Berg Sinai, und der Geist, an dessen Wirkung ich keinen Augenblick zweifle, nimmt sie auf und läßt sie auf Gott zuströmen. Es ist schwer, diese Worte in purer Wörtlichkeit an einen Menschen zu richten. Der Fluß hier teilt die Stadt, das Meer dort teilt die Welt, die Worte teilen nur Weniges mit.

Liebes Clärle, laß Dich umarmen und bleib stark!

Dein Elazar

Gottlieben, 1.6.1967

Mein lieber Elazar,

hab Dank, daß Du mich Deine Stimme hören ließest. Ich hatte auch großes Verlangen, wie Du alles auch von außen siehst - dies undurchdringliche - denn über die Gewißheit, die wir inwendig in uns tragen, kann man ja nicht reden. - Ja, dies hat mich wohl auch unruhig gemacht, daß es so schien, von außen, als wäre die Chance einer Anfangsabwehr verpaßt, in der Israel überlegen gewesen wäre in seiner äußersten Bereitschaft. Es können wohl in diesem Augenblick nicht die Waffen sein, die die Gefahr abwenden.
Was muß "warten" für Dich bedeuten, für Dich, so jung und kraftvoll, so brennend, alle Kraft einzusetzen. Was für Wege es auch sein können in diesem verborgenen Machtkampf - h i n t e r allem ist doch nur dies Eine, daß es Gottes Sache ist.
Ich las in diesen Tagen zufällig in einer alten Zeitschrift von dem Bodenrecht in Israel: daß, so wie Moses es gebot, der Boden unverkäuflich ist - nur in Pfand gegeben - "weil die Erde des Herrn ist".
Während rings in der ganzen Welt fast alles Verderben, alles Elend und alle Ungerechtigkeit davon ausgeht, daß der Boden Spekulationsobjekt wurde, in immer wilderen Formen der Ausbeutung,

ist hier allein in diesem winzigen Fleck der Erde heiliges Land, Gottes Pfand für Gottes Volk, treulich gepflegt mit junger gläubiger Kraft, der Jahrtausende alten Verwüstung wieder abgerungen und fruchtbar gemacht - eben fallen mir auch meine 10 Bäumlein ein - *)
Ich kann den Blick nicht abwenden von diesem winzigen Fleck auf der Landkarte, die neben mir liegt - ganz in sich zusammengedrängt - dem Ort , von dem allein das Heil noch kommen kann - "Gottes letzter Posten, den er nicht verlassen kann", wie Du geschrieben hast, an der Alster -

Schabbat Schalom Dein Clärle

Mein lieber Elazar, Gottlieben, 2.7.1967

hab Dank, daß Du mir geschrieben hast in diesem Augenblick der Entscheidung - für die Wüste.
Aus Hamburg schriebst Du: "Meine Seele steht wieder am Berge Sinai." Nun bist Du's mit Leib und Seele und jedem Blutstropfen - eingefügt wie ein Steinchen - kaum kenntlich - in den lebendigen Schutzwall um Israel.
Mein Elazar, ich bin eins mit Dir - mit Deinem Entschluß für Dienst und Bewährung - war's mit Deinem Entschluß in Berlin, ohne Ausweichen. In Deinem Bereitsein ist das Entscheidende und der höchste Wert - daß Gott es dann fügte, daß dem Dichter die direkten Kampfhandlungen erspart blieben, ist Gottes Sache - und ich darf ihm wohl danken.

Gott schütze Dich weiter - und schütze Israel

Dein Clärle

---

*) Spende an den jüdischen Nationalfonds (in Emanuel von Bodmans Namen) für eine Baumpflanzung in Israel.

Gottlieben, 24.9.1967

Mein lieber Elazar,

erschrick nicht, wenn ein Brief kommt, wo ich doch vorgestern schrieb - hab halt Lust, weil grad ein übermütiger Sonnenstrahl ins Zimmer getanzt kommt - mich noch ein wenig zurückzuträumen zu jenem hellen Tag, wie wir das Waldtobel hinaus- und hinabgekletttert sind und übers Bächlein gesprungen - und wie wir dann auf dem grasigen Waldweg dahingegangen, war Manuels Schritt neben unserem, in s e i n e m Wald. Und mancher Ast zur Rechten und zur Linken hat sich wohl seiner Hand erinnert, die ihm eine Wunde heilte mit Baumharz, das er immer bei sich trug.
Genau wie Du legte er sich zum Ausruhen auf einen Baumstamm am Weg, genauso eins mit dem sonnenwarmen Holz und mit dem Summen in der Luft von den tausend kleinen geflügelten Wesen - auf dem Heimweg stand ich mit Dir, den ich liebhab, unter einem Apfelbaum, so schwer voller Früchte, daß die Äste von dem Segen bis zur Erde hingen und uns ganz umschlossen, und da dachte ich: so sollen Deinem lieben Leben die Früchte reifen - so voll und reich die Ernte - Lieber, mir war, ich fühlte sie voraus und wußte es - und dankbar fühlte ich, was Gott mir mit Dir gegeben, wie schön es ist, alt zu werden und dann aus der Welt gehn, wenn man ein so gesegnetes und geliebtes Leben zurücklassen kann - aber auch schön, noch ein Weilchen dazubleiben - dem Reifen noch zuschauen.
Du, ungestüm, wolltest sie alle haben, die Äpfel - die einen, die schon hingeschenkt im Gras lagen, und die andern, die der Ast noch festhalten wollte, und hast sie in Manuels Hütlein gesammelt - und jetzt ist das fast ein Liebesbrief geworden -

Da nimm ihn, liebe Seele,

von Deiner kleinen Großmutter

Berlin, ohne Datum
[etwa 10. Nov. 1967]

Mein liebes Clärle,

es freut mich, daß Du mit Ernst und Eifer in Kraus eingestiegen bist und Dich bei ihm sogar nach Manuel umsiehst. Ich denke, Du täuschst Dich in Deiner Vermutung nicht und findest selbst auch Manuels Sprache seiner Sache angemessen. Wir gehen, wie es scheint, immer vom Wort aus; trotzdem bleibt zu fragen: aus welchem Wort? zu welcher Sprachstunde?

In der Sprache dehnt sich unser Geist aus, im Wort macht er sich breit. In dem sich Ausdehnenden müssen sich Wort und Ding immer aufs neue zurechtfinden, um aufeinander auch weiterhin bezogen bleiben zu können.

Seinen Gegenstand treffen, kann auch heißen, ihn verrücken oder vernichten. Das Wort kann man nicht wie den Nagel auf den Kopf treffen.

Daß Kraus Manuel kannte, wäre denkbar; daß Kraus Manuel etwas hätte bedeuten können, das glaube ich kaum; ich würde sogar annehmen, daß er zu den wenigen gehörte, die sich der Faszination der "Fackel" entzogen hatten, obschon er die mit der "Fackel" korrespondierende "Schaubühne" bezog und kannte.

Manuel ging es um das Höchste, Kraus um das Letzte.

In der Presse wird das Letzte zum Höchsten, das Höchste zum Letzten.

Die Presse ist die Schaubühne der Welt, und der Journalismus suggeriert uns, wir könnten sie, die Welt, abonnieren.

Durch Karl Kraus ist die Presse zu dem geworden, was sie ohne ihn nie hätte werden können: zur Weltliteratur.

Wenn Du mich um ein Wort bitten würdest, mit dem Karl Kraus in seiner kritischen Wucht ergründet werden könnte, ich wüßte Dir kein besseres zu nennen als das folgende von Pascal: "Der Glaube, die Wahrheit unmittelbar zu besitzen, ist eine Krankheit, die dem Menschen wesensgemäß ist. Daher rührt auch, daß er stets geneigt ist, alles zu verneinen, was ihm unbegreiflich ist; während er in Wirklichkeit auf natürliche Weise nur die Lüge kennt und nur das wahrnehmen dürfte, dessen Gegenteil ihm offenbar falsch erscheint."[39]

Schabbat Schalom

Dein Elazar

Berlin, ohne Datum
[Poststempel: 1.12.1967]

Mein liebes Clärle,

dies nun ist der Brief, auf den Du so "ungeduldig" branntest - wie sehr zu Unrecht, wirst Du bald selbst einsehen und daraus Deine Lehre ziehen. Ich habe Dich angerufen, in der Hoffnung, ihn vielleicht doch nicht schreiben zu müssen. Aber auch ein Spiel der Liebe muß sich wohl "lohnen", und ich, so ungern ich Dich ungeduldig weiß und neugierig mache, kann doch nur selten schreiben. Laß ich mich aber hinreißen, muß ich auf der Hut bleiben, um nicht, wie man hier sagen würde, zersetzend zu wirken. Ich schreibe darum nicht gern von Dingen, die mich gerade bewegen, und tu das nur unter der Voraussetzung, daß auch sie, die mich bewegenden Dinge, in Bewegung bleiben, daß also keine Rührung aus der Bewegtheit folgen kann. Es fällt Dir vielleicht schwer, dies einzusehen; Du fragst Dich vielleicht, warum ich nicht auch sentimental sein dürfe. Unter einem andern Himmelsstrich würde ich mir einiges mehr gefallen lassen können, denn ganz fremd ist die Rührung, die falsche und die echte, auch mir nicht. Doch seit ich hier täglich vernehme, was nicht alles in der Welt "rührend" sei - meide ich alles Anrührende und komme nur noch unbewegt in Schwung. So gut es geht, und es geht so lange gut, bis ich mich wieder hinreißen lasse.

Während meines letzten Besuchs in Israel bekam ich einen Gedichtband[40] geschenkt, von einem älteren hebräischen Dichter, mit dem ich in meinen Anfängen befreundet war. Ich nahm das Buch dankbar an und freudig mit ins Ausland, auf eine anregende Beschäftigung hoffend. Mit dieser habe ich mich dann leider selbst um eine schöne Täuschung gebracht. Denn dieser Dichter ist wohl, wie es sich zeigte, mit Poesie begabt, hat mit der Dichtung aber nur wenig zu tun. Diese Wahrnehmung wirkte auf mich bestürzend, machte mich für eine Weile der Dichtung überhaupt abgeneigt, und diese Abgeneigtheit wurde beinahe zur Feindseligkeit gegen einen Menschen, der mir immer nur wohlgesonnen war. Kannst Du Dir, nebenbei, etwas Seelenfeindlicheres denken als ein fünfzigmaliges "Herzklopfen" auf 80 Seiten?
Nun sind die "Herzbeschwerden" der Poesie schon recht alt, und ich in meinen Jahren sollte einige doch schon ausstehen können. Da traf doch das Unerwartete ein, und es traf mich hart: In meiner Bedrängnis holte ich meine zwei letzten Gedichtbücher[41], durchsuchte sie und denk: auch bei mir klopfte das Herz 12 mal! Ich war untröstlich, 12 mal - das wäre beinahe ein Kiloherz.
In meinem Unglück glaubte ich plötzlich ein Brüllen Engelmanns zu vernehmen und eilte, wie einst leiblich, in Gedanken zu ihm. Das eine Brüllen prägte sich mir in Erinnerung ein, als ich ihm die Gedichte Villons[42] zu lesen gab: "Jedes Gedicht - ein Rettich!" Wieso denn ein Rettich? - Nun, das wird der Eingeweihte schon wissen, der seinen Mörike kennt:

...

"Lief in den Garten hinterm Haus,
Zog einen herzhaften Rettich aus,
Fraß ihn auch auf bis auf den Schwanz,
Da war ich wieder frisch und genesen ganz."

Den Anfang dieses Gedichts - "Restauration"[43] - wirst Du Dir nun selbst heraussuchen und vergnügt nachtragen können.

Vor einiger Zeit las ich wieder in Manuels Nachlaßband. Ich muß Dir gestehen, daß ich dabei schmerzlich bedauerte, Dich nicht früher - freilich ohne selbst jünger zu sein - kennengelernt zu haben. Denn je mehr und je besser ich Manuel kenne, desto schlechter erscheinen mir die Auswahlbände[44] aus seinem Werk, und zwar beide in gleicher Weise. Emanuel von Bodman wird in ihnen, wie es sein muß, in seiner gattungsmäßigen Vielfalt, aber auch, wie es nicht sein sollte, in einer Erhaben- und Gehobenheit vorgestellt; in dem, was nach altväterischen Begriffen einem Dichter Bedeutsamkeit verleihen soll - und was soll in der Dichtung der Deutschen denn noch bedeutsamer sein können als das Bedeutende? Ich hingegen hätte mich um alles Bedeutende so wenig gekümmert wie Emanuel selbst und würde ihm nur seine Blöße lassen, in der sein Wort so gut zur Deckung kommt, und das Kostbare seiner Armut ginge von selbst auf: seine Naivität, das könnerhafte Geholper, die Verunscheinbarung alles Dingfesten, die sich an der Klippe der Schablone bewegt, wie wenn er die Gefahren nicht sähe. Im Nachlaßband[45] fand ich aber Stellen genug, die mir bewiesen, daß er die Gefahren wohl kannte (siehe z.B. "Die Hekke"). Der Kern seiner Dichtung geht nur im Gegensatz zu seinem Adel auf. Es ist gewiß wenig taktvoll von mir, das zu sagen, aber wie soll ich Dir meine Überzeugung vorenthalten? Ein Auswahlband erfüllt gewiß immer etwas, sei es einen Wunsch, sei es eine Lükke, sei es einen falschen Anspruch. Auf Heuscheles Auswahl hatte ich geradezu eine Wut. Mir schien er beispielhaft instinktlos. Außerdem: Einfaltspinsel gehören in die Malerei und nicht in die Nähe der Dichtkunst.

Um Manuel auch nur in etwa näherzukommen, muß man ihn liebgewinnen. Und das ist in jedem Fall ein Gewinn und wäre auch einer für den Herausgeber. Zu einem solchen Verständnis tragen die Auswahlbände herzlich wenig bei, verzweifelt wenig auch die Ausführungen von Preisendanz, die doch Einfühlungen sein sollten.

Um auf den Nachlaßband zurückzukommen: wieviel Schönes gibt es allein in den Auszügen aus 1918! Da ist doch der ganze Manuel -

nicht nur der Dehmelbegrüßte, sondern auch schon "mein" Manuel, den ich auf Deinem lebendigen Quell erlebte und lieben lernte - : "Niemand reagiert mehr auf wirkliche "platonische" Liebe als das Kind und das Tier. Der Hahn in Rothenberg, zu dem ich sprach, wie er mit dem roten Aug' mich ansah, als ich sagte: Was bist du für ein schöner Gockel, Pipi! Und er schlug die Flügel vor Freude und Stolz."

Welch ein 'von Bodman' wäre imstande, diesen Manuel zu ersetzen. Und wenn ich nur denken muß, daß solche Perlen, von denen es in den Tagebüchern sicher viele gab, einer Bedeutungssucht zum Opfer fielen, dann tut mir das weh. Erst wenn man diese Stücke kennt, die ganz ohne Kunststreben und Absicht entstanden, bestünde die Aussicht, sich auch Emanuel von Bodman, dem Zehnbändigen, zu nähern. Mit dem Unscheinbaren vertraut, würde sich auch die richtige Optik auf sein lyrisches Werk einstellen. Es ist doch so, daß jede Schöpfung in einer Zeit stattfindet und aus einer Zeit herausfällt.
Das erste Leben einer Dichtung ist zeitbedingt, das zweite zeitbehaftet. Es heftet auch uns an die Zeit an, die an uns zum Stil wird. So erkennen wir uns dann selbst im Gezeitigten. Am Stil gemessen, wird auch der Begabteste zum Epigonen. Es kommt selten vor, daß einem Dichter seine authentische Gebärde nachgeliefert werden kann. Dies hast Du, ohne es zu ahnen, mit dem Nachlaßband für Emanuel getan, und das wäre ein Glücksfall, hättest Du besser gewußt, was Du tust.
Das Vergessene wird über Vergleiche, die aufhorchen machen, in die Öffentlichkeit gejubelt. Aber kein Lebender erinnert gern an andere, warum soll dann der tote Dichter dazu gezwungen werden? Der Vergleich mit Großen schmeichelt, verleiht aber nicht Größe.
Emanuel von Bodman war ein Baron, unverkennbar ist sein Adel, der sich - wie allerwegs der Adel - sowohl im Gewählten wie im Nichtgesuchten manifestiert. Aber ihm war auch das Erhabene nur etwas, das anziehend ist, weil es paßt. Manuel baute streng an seinem

Werk, hat sich dabei auch eine Hintertür zu diesem geschaffen, und Du, Clärle, warst weise genug, diese uns - eben im Nachlaßband - aufzuschließen. Dein Aufschluß blieb aber ohne Konsequenz. Es ist nicht gut, für die Ewigkeit ein Tageswerk zu verrichten. Für Ewiges lohnt der Tag nicht.

Auf Gerechtigkeit pochende Auswahlbände fordern Widerstand heraus. In der Kunst ist das gerechte Urteil das künstlerische. Die Zeit urteilt für sich, nicht für eine Gerechtigkeit. Und sie muß für sich sein, denn sie vergeht. Was bleibt, ist das Vor-läufige, die Poesie des Anspruchs. Der Zeit geben die Zeitgenossen das letzte Geleit. Erweckungstechniken, Belebungsmethoden gehören nicht zur Sache der Gerechtigkeit. Aber auch die Ästhetik ist nur bedingt urteilsfähig, wenn nicht ein Ästhet sie handhabt. Wenn Preisendanz sich vor Manuel stellt und an eine abstrakte Gerechtigkeit appelliert, hat er schon dagegen gezeugt, denn er sagt damit, daß das Werk Wiederbelebung verdiente und insofern tot sei.

Bei aller Freude, die mir der Nachlaßband bereitet und die ich mit Dir zu teilen suche, glaube ich doch, daß er nicht derart hätte angeschwellt werden dürfen. Es genügt, denke ich, wenn ein Mensch über sich hinaus will, man muß ihn nicht zum Überschreiten seiner Fußbreite zwingen.

Von mir fordert Manuels Werk eine Treue, in die ich mich einüben müßte. Wenn Du mir aber eine Freude machen willst, so schreibe Manuelanekdoten für mich und für mein Tagebuch, und ich will Dir dann auch einen schönen Manueltext schenken.

Schabbat Schalom, Dein Elazar

Gottlieben, 9.12.1967

Mein lieber Elazar,

zum Lohn für das wonnige Telefon von vorgestern wollte ich Dir eine Manuel-Geschichte erzählen.
So eine richtige Geschichte ist's zwar nicht, aber auch nicht eine von mir erfundene, sondern eine entdeckte, und sie wird Dich wegen dem Zusammenhang mit Else Lasker-Schüler freuen.
Wieder einmal, als ich ihr Buch[46] aufschlug, das Du mir geschenkt hast, fiel mein Blick auf die Widmung
Paolo Pedrazzini
dem Dogen von Locarno -
und wieder dachte ich, wie schon oft: Pedrazzini, Locarno - woran erinnert mich das? Und da hatte ich's!
Manuel war jeden Herbst, und auch oft im Frühjahr, ein oder zwei Wochen in Zürich, er brauchte das, sogar in den ärgsten Notzeiten hat er's irgendwie gedeichselt - und etwa vom Jahr 30 an, als es ihm zu mühsam wurde, bei Freunden in Zollikon zu wohnen und jeden Tag hineinzufahren, wohnte er in einem bescheidenen Hotelchen in einer Seitengasse in der Nähe der Limmat und der alten Holzbrükke, das hieß Hotel Locarno - und hieß nicht der Wirt Pedrazzini??? Ja, richtig, ich fand's auf einer alten Adresse. Daß Else Lasker-Schüler ihn zum Dogen erhoben hatte, kam nicht von ungefähr - ich kannte ihn nicht, aber er muß ein chevaleresquer Herr gewesen sein, das erfuhr auch Manuel. Er hatte da ein winziges Stübchen im Dachstock mit einem Dachlukenfensterle - natürlich das billigste, für ganz wenig Geld. Aber eines Tages, o Schreck, machte der Doge große Umbauten, und hinfort wurden die Dachstübchen nicht mehr vermietet, sondern das Personal dort untergebracht. Der Doge tröstete ihn: weil e r 's sei, gebe er ihm in Zukunft für das gleiche billige Geld wie für's Dachstübchen eins von den schönen neuen Zimmern unten mit Spiegelschrank. - "Nein! Nein! Nein!" niemals könne er in einem Zimmer mit Spiegelschrank arbeiten, sondern nur in dem gleichen Stübchen oben - da habe er

jeden Morgen auf dem Dach die Möwen von der Limmat gefüttert, konnte zur alten Holzbrücke hinüberschauen, und überhaupt könne er Veränderungen nicht vertragen. Seufzend sagte der Doge: "Nun, so muß halt der Kellner in das feudale Zimmer mit Spiegelschrank ziehen." Aber Manuel mußte es jedes Mal ein paar Tage vorher melden, damit der Kellner bequem umziehen konnte. Manuel war's zufrieden, und der Doge hat von ihm trotz dieser Veranstaltungen nie einen Pfennig mehr verlangt.
Man kann sich ausrechnen, wie nobel er sich oft gegenüber Else Lasker-Schüler erwiesen hat - gesegnet sei sein Andenken!
Sie hat sich ihre Dogen, ihr Theben - ach, das meiste aus der Phantasie ergänzt - wie tief verwandt war sie da Manuel.
Jetzt mußt Du noch das Gedicht von Manuel "Die alte Holzbrükke"[47] lesen, in Band 2, Seite 238 (entstanden 1930). Die alte Brücke, in deren Nähe Manuel wohnte beim Dogen von Locarno - sie wurde leider abgebrochen, aber gottlob erst nach seinem Tod - und weil Du vielleicht solche Holzbrücken nicht kennst, leg ich Bilder solcher Brücken bei, von innen und außen - es hallt und braust wunderbar in ihnen. Hörst Du's?

Leilah tow

Dein Clärle

Gottlieben, 27.12.1967
Chanukka 1967

Mein lieber Elazar,

ich kam Montagabend heim von meinem schönen Weihnachten bei Mausi, und da lag das Päckle bereit, auf das ich mich so gefreut hatte, und auf einmal kam mir dann in den Sinn, daß ja auch Chanukka am Vorabend beginnt, und sobald der Ofen ein wenig warm machte, hab ich mich bereit gemacht, mein erstes Chanukkalicht

angezündet und das Päckle aufgemacht.
Und nun hab ich Dich ganz da, denn so ist es, wie der letzte Aphorismus sagt: "Du bist in jedem Wort vertreten."[48] O, Elazar, die schönsten sind die ersten! Aber ich gehe die Wege zwischen ihnen hin und zurück, und auf einmal schlägt einer die Augen auf, den ich vorher kaum beachtet hatte, der noch wie ins Gras gedrückt war, und jeder ist ein Geschenk - und ich denke mir: der kam ihm vielleicht in Gottlieben auf der Wiese hinter der Badeanstalt, wenn er mit geschlossenen Augen in der Sonne lag - der da am Roten Meer, mitten unter seinem Volk - der in der zur endgültigen Erlösung befreiten Stadt - und ich frage auch die Mesusah unten an Deinem Zimmer, ob sie mir sagen kann, welcher vielleicht in ihrer Obhut gewachsen ist - an seinem Tisch am Fenster - oder träumend in seinem Urgroßmutterbettlein. Manchmal möcht ich Dich halt auch schrecklich gern fragen können, wenn ich einen nicht recht verstehe - wie den von der Treue (eine unmögliche Selbstverständlichkeit) - wie das gemeint ist - aber man braucht auch nicht alles sofort zu verstehen, dann geh ich halt weiter zum nächsten. - Wie freut mich der vom "Geworfen-sein" - nein, genau da, wo Gott uns hingestellt hat, sind wir an seinem Ort[49]. Ich war ein wenig betroffen, als Du neulich in einem Brief sagtest: "Nur was man ganz ist, hat man". - Es handelte sich um Deine Zugehörigkeit zum Judentum - denn ich bin ja nirgends ganz zugehörig, aber ich habe mich ja nicht willkürlich da hingestellt - an den Rand der Konfession, so wie ich aufgewachsen bin, da meine Eltern sich schon von ihrer Konfession gelöst hatten, nicht weil sie unfromme Menschen gewesen wären, sondern weil sie manches als unecht und verheuchelt empfanden. Und genauso, wie es mir gefügt war, so war ich dann bereit für Manuel, so daß ich jeden seiner Gedanken verstand und wußte, noch eh er ihn aussprach. Er selbst ist ja einmal - es war während seiner Ehe mit Blanche - aus der Kirche ausgetreten. Später schien ihm das doch zu abrupt, auch undankbar für vieles, was das Christentum uns schenkte, und er hat das später unauffällig rückgängig gemacht. Preisendanz fragte

mich: "Wie hat er das denn bewerkstelligt?" Ich: "O, er hat einfach wieder Kirchensteuer bezahlt." Preisendanz rutschte fast unter den Tisch vor Lachen über die Verbindung von Kirchensteuer und Konfession - aber wie sollte er's anders machen. Für eine reumütige Rückkehr in den Schoß der Kirche war keinerlei Veranlassung, denn die Distanz blieb bestehen. Aber weder Manuel noch ich lebten in einer "herrenlosen Welt". Und, Elazar, ich glaube auch, so wie ich geführt wurde durchs Leben - und ich fühle mich immer geführt - so war ich nicht nur bereit für Manuel - sondern auch für das, was Du mir geschenkt hast und immer schenkst - heut wieder so viel. Aber davon will ich jetzt nicht reden. Schabbat Schalom

Dein Clärle

Wenn Du Dich je mit Manuels Dramen beschäftigen wirst - dann hätte ich den Wunsch, daß Du zuerst "Die heimliche Krone" und dann "Der Gral"[50] liest, ich bilde mir ein, daß Du auf diesem Weg am ehesten den Zugang finden könntest.

Gottlieben, 14.1.1968

Mein lieber Elazar,

es ist gewiß keine "Ungerechtigkeit", wenn Du mich als zugehörig zu Israel sehen kannst, sondern das Höchste und Liebste, was Du mir schenken kannst. Wirklich hab ich am Schabbat mit Dir das erlebt, was ich noch nie in einem christlichen Gottesdienst erlebte, die volle Zugehörigkeit, auch da, wo mir noch vieles unbekannt ist. - So kannst Du auch Manuel g a n z verstehen, ohne seine Dramen zu kennen, wenn Du weißt und fühlst, wie wichtig sie für i h n waren. So können wir einen Menschen, den wir lieben,

auch in den uns abgewandten, unbekannten Seiten umfassen.
Ich verstehe völlig, daß Du die Dramen jetzt nicht lesen kannst. Du darfst es nicht einmal - der Dichter darf nur die Nahrung aufnehmen, die er zum eigenen Schaffen braucht, muß alle andre, die ihn nur belastet und stört, unerbittlich von sich weisen. So hat Manuel, der keine Fähigkeit zum breit hinfließenden Roman hatte (im Gegensatz zur knappen Novelle, die wieder dem Dramatischen verwandt ist), nie einen Roman gelesen.
Aber glaub nicht, daß Manuel, weil er Dramatiker war, deshalb weniger ausgesetzt und ausgeliefert war. Er war ja weniger Dramatiker als Tragiker, und der nimmt den Stoff nicht aus der Welt, sondern aus sich selber - auch er hatte nur sich selbst. Aber Gott liebt die Ausgesetzten, sie sind seine liebsten Kinder, und in der Stunde, wenn die Not am größten ist, schenkt er ihnen den Traum und im Traum die Rettung. So wie Josef: ausgesetzt nicht nur in Ägypten, sondern in der Fremde der Welt, sogar seines bunten Rocks beraubt - aber von Gott nicht vergessen. Wie ausgesetzt war Wittgenstein[51]. - Hab Dank für die Auszüge, sie haben mich sehr bewegt - ich will versuchen, einmal etwas von ihm zu lesen - fürchte aber, ich werd's nicht verstehen.
In dem Schopenhauer-Buch interessiert mich manches brennend, aber nichts ist mir soviel wie der Brief von Hugo Bergmann[52] - das wiegt mir ganze Bücher auf. War er Dein Lehrer?
Du fragst, ob Jesus mein Gott sei - da kann ich nur wie H. Bergmann sagen, daß ich keinen Gott habe als Gott selber. Ebenso unverständlich ist mir, daß er "Gottes Sohn" sei - in einem andern Sinn als alle Geschöpfe Kinder des Schöpfers sind - nur daß er diese Gotteskindschaft besonders innig angenommen und gelebt hat. Manuel sagt dazu: "Er, Gott, hat der Söhne mehr als Sterne." Gerade, daß Jesus so ganz Mensch war, macht ihn für mich zu einem Bruder - weil er alles, was zum Menschen gehört, erfahren und erfüllt hat: von der Versuchung in der Wüste, dem Wandern mit den Jüngern, bis zur Todeseinsamkeit in Gethsemane, als die Jünger schliefen und nicht bei ihm standen, mit ihm wachten und

beten wollten in seiner tief-menschlichen Verzagtheit - und zuletzt das Opfer des Todes, das wir alle bringen müßen. Darin liegt für mich etwas vom Geheimnis "stellvertretenden Leidens". Ich meine aber, auch jeder wahre Dichter lebt so in einer Weise alles Leid und alle Freude des Menschen "stellvertretend".
Damit wollte ich Dir nur sagen, was für m i c h die Gestalt Jesus bedeutet, denke doch nicht, ich wolle sie D i r aufdrängen. Du hast sie doch nicht nötig, hast genug andere Brüder Deines Volks als diesen, in dessen Namen ihm soviel Unrecht geschah, auch wenn er selbst nichts dafür kann.
Ich spüre wohl, daß Dich irgend etwas in meinen Briefen gestört und irritiert hatte - wenn Du mir sagen könntest, worin es liegt (ich weiß es wirklich nicht), dann könnt ich's vielleicht ändern - wenn Du's nicht kannst, dann mußt Du's halt ertragen. In Deinem Brief spür ich, daß es nicht so schlimm ist.

Dein Clärle

Berlin, 13.2.1968

Mein liebes Clärle,

Du bist bei mir, ich bin bei Dir: in Gedanken, bei guten, bei trüben - allerwegs, wenn sie momentan auch zögern, über die Papierbrücke hinüberzugelangen.
Im Laufe dieses Monats werden einige Kleinigkeiten von mir im Druck erscheinen. Für die Frankfurter Allgemeine Zeitung soll ich Engelmanns Buch über Wittgenstein[53] besprechen. Mögen meine Worte so angemessen wie gemessen sein.
Ein einziger Satz Wittgensteins, an Engelmann adressiert, ein unscheinbarer, dadurch gekennzeichnet, daß er mit nicht weniger als fünf Ausrufungszeichen versehen ist: "Wie gern möchte ich Sie sehen und sprechen!!!!!"[54]
Diese sich nachsätzlich kennzeichnende, hin-ausrufende Einsamkeit

steht - wiewohl an ihrem Ort in einem fast übermütigen Zusammenhang - in Wittgensteins gesamtem Werk bruderlos da; und sie ist hier - ihrem Ansatz so weit nachsetzend - eine zweifach gerichtete.
Es gibt heute kaum einen Menschen, der diesen "Satz" ganz verstehen könnte, es sei denn

Dein Elazar

Gottlieben, 2.5.1968

Mein lieber Elazar,

was für einen langen Brief hast Du mir geschrieben, über den ich viel, v i e l nachzudenken habe. Und ich muß also Scholz dafür dankbar sein?
Aber nun zum wichtigeren Teil Deines Briefes. Glaub nicht, daß ich ein einziges Wort leicht nehme. Nun ist wohl an den Fehlern, die ich machte, nichts mehr zu ändern. Hättest halt bei mir stehen sollen damals vor 22 Jahren, aber da warst Du noch ein Kind. Kleiner Josef! wie die Zauberin im Kino sagte. Lieber kleiner Josef - ganz tapfer, aber noch kein erfahrener Ratgeber - Sohn des Ratgebers: Ben-Yoëtz.
Und ganz kannst Du wohl heut auch meine Situation von damals nicht überblicken, Dir vor allem kaum eine Vorstellung von meiner totalen Unerfahrenheit machen. Manuel, der längst allen literarischen Beziehungen fernstand, hatte mich auch in die wenigen, die etwa noch bestanden, nicht eingeweiht; das lag an unsern äußern Nöten, die mich ganz in Anspruch nahmen. So blieb mir dann nichts übrig, als zu forschen, wer etwa noch lebte, der früher über Manuel schrieb und w o .
Die letzten Veröffentlichungen und Besprechungen darüber lagen 25 Jahre zurück. Schon diese Adressen zu ermitteln, war schwierig. Ich kannte keinen der Schriftsteller oder Journalisten persönlich. Auch noch zu ermitteln, wie sie moralisch die Feuerprobe

dieser Jahre bestanden hatten, wäre wohl nicht leicht gewesen im Chaos jener Jahre. Aber ich gestehe, es kam mir gar nicht in den Sinn. Daß dies ein Fehler war, hast Du mir nun klargemacht - daß es keine Ehre war, Elsters Namen neben Manuels zu sehen. Du hast wohl schon recht, daß ich zu einseitig von dem Gedanken besessen war, ich müße so dem Werk auf den Weg zu den Menschen helfen. Gewiß nicht, weil ich die Ehre und den Wert eines Werkes darin sehe, daß es in der Zeitung gelobt wird. Selbst wenn ein Werk vernichtet würde, bevor ein einziger Mensch von ihm wüßte, nur Gott allein, wäre nichts von seinem absoluten Wert abgestrichen. Nun ist ihm aber doch dieser zweite Weg vorgegeben - zum andern Menschen.

Und nun ist der liebe Preisendanz, der 20 Jahre neben mir stand, treulich, auch so gut er konnte, tot.

So kannst Du denken, Lieber, daß dies nun kein so heiterer Brief sein kann.

Deshalb habe ich doch den 20. Jahrestag von Israel freudig mitgefeiert. Ich finde den Artikel in der Neuen Zürcher Zeitung dazu so schön in seiner Schlichtheit und Klarheit - ja, da braucht es keine großen Worte, das strahlt alles von tief innen und gegen alle Bedrohung.

Daß Manuel die Staatsgründung nicht selbst erlebt hat, es war zwei Jahre nach seinem Tod!

Deine Anregung, die Reclam-Ausgabe an die Universitätsbibliothek in Israel zu schicken, geht mir ständig im Kopf herum. Das würde ich aber nicht selbst schicken, Zeller soll's tun, es macht sich besser. Du kannst Dir denken, wie wichtig es mir ist, die Ausgabe in Israel an wichtiger Stelle zu wissen.

So weit kam ich vorgestern mit diesem Brief, daß Dein zweiter ankam, der köstliche Tachlesbrief, der mir ein Labsal war - Tachles, weißt Du, wie mich Tachles freut? Über dies alles nur zu beginnen, wag ich gar nicht, sonst wird dieser Brief so lang - drum im nächsten von Tachles und heut nur noch einen Gruß von

Deinem Clärle

Gottlieben, 16.5.1968

Mein lieber Elazar,

schon eine lange Weile hat der Mann den Himmel wieder zusammengerollt und gesagt: "Gott segne Euch"[55] - Schluß der Vorstellung. Aber ich sitze immer noch mit angehaltenem Atem, die Augen voller Bilder - den Worten nachhorchend, den verstandenen und den unverstandenen - und waren nicht die unverstandenen die schönsten?
So saßen wir als Kinder noch lange auf den schmalen Holzbänken des Zaubertheaters, nachdem Kasper sich verabschiedet und der kleine Vorhang sich geschloßen hatte, dachten nicht ans Aufstehen, horchten den Worten nach - und waren nicht auch damals die unverstandenen die schönsten? Und wenn wir dann doch gemahnt wurden, den Nächsten Platz zu machen, war es halb ein Schweben, halb ein Taumeln und Stolpern, mit dem wir den dämmrigen Raum verließen, aus dem Traum in die Alltagswelt kehrten. Sei nicht entsetzt über den Vergleich - es war ja lautere Seligkeit auch damals, und auch ein Himmel, der für uns aufgerollt.
Sag, ist in dem Zusammenrollen des Himmels auch ein Anklang an das Zusammenrollen der Thorarollen?
Und so wundersam der Schluß war, so zauberhaft der Anfang. Als Rina mir schrieb, daß nun das Buch in der neuen Fassung nicht mehr in einzelnen geschlossenen Gruppen geordnet sei von einzelnen Themen, dachte ich etwas erschrocken: wie soll das werden, die Hunderte von meist kurzen Sätzen ohne Gliederung, ohne die Ruhepausen und ohne das Belebende wieder in einen ganz anderen Raum mit anderen Farben zu treten?
Nun waren wir schon mitten im Spiel: ich sage blau und Ihr sagt violett - und wenn Ihr die Augen schließt, ist alles verschwunden. Wie habt Ihr das nur gemacht! Ein Gedanke leise zum nächsten leitend, und immer im rechten Augenblick eine Überraschung.
Ich glaube, auch ein bißchen davon zu verstehen, ich durfte Manu-

el auch die Gedichte ordnen helfen und wurde auch gelobt dafür. Nun halt ich's in Händen - noch einen kleinen Augenblick des Abschieds, denn nun muß ich mich für eine Weile von ihm trennen - bis es in seiner neuen Gestalt zu mir kommt.

Dein Clärle

Gottlieben, Ende Mai 1968

Mein lieber Elazar,

Du fragst, wie mir das Jesus-Buch von D. Flusser[56] gefalle - ja sehr und je länger, je besser.
Ich ging etwas zaghaft dahinter - ich habe von jeher eine Scheu vor Diskussionen über Jesus - auch Unbehagen, das, was mir teuer ist an seiner Gestalt, mit Vorstellungen aus dem christlichen Dogma zusammengebracht zu sehen, die mir unverständlich sind. Aber in diesem Büchlein ist mir nichts im Weg, im Gegenteil, da wird vieles weggeräumt, was mich stört. Sag, ist der Autor Jude? Nach allem, was er sagt, und was er w e i ß , würde ich's annehmen. Und müßte nicht gerade ein Jude "die urjüdische Gestalt Jesu" wie Buber ihn nennt, am tiefsten verstehen? Es ist so schön, wie er seine Erscheinung ganz ohne Bruch aus dem Judentum herauswachsen läßt, so wie es sich aus seinen Anfängen bis zu der Epoche von Jesus weiter entwickelt und differenziert hat, so daß alles schon vorbereitet ist - und er tut das, ohne von dem Einmaligen von seinem Leben und dem Klang seiner Worte etwas abzustreichen. So berichtigt er die Behauptung, daß Jesus im Widerspruch zum Gesetz gestanden habe und weist in den Beispielen, die dafür angeführt werden, nach, daß es sich um keine Übertretungen handelt, sondern um sozusagen erlaubte Ausnahmen. Und wenn hier von seiner "Sohnschaft" die Rede ist, dann ist nichts Widernatür-

liches gemeint, wodurch Jesus zum Gott gemacht werden soll, sondern auch andere Menschen und Propheten seiner Zeit haben ihre Nähe zu Gott so ausgedrückt. Und wir alle beten seither: "Vater unser".
Der Verfasser scheint auch nachzuweisen, daß nirgends aus den Evangelien mit Sicherheit hervorgeht, ob Jesus sich wirklich für den Messias hielt - oder eher für einen Propheten. So war mein Vater überzeugt, daß dies erst später erfunden wurde, um den Machtanspruch der Kirche zu begründen. Und sehr freute mich der Satz über Jesu Tod: "Jesus hat weder mythisch noch spitzfindig aus alten Texten seinen Tod ausgeklügelt und dann ausgeführt ... er rang mit seinem Tod bis zum Ende."
Ja, nichts wäre seinem Wesen fremder als Spitzfindigkeit. Er hat sein Schicksal auf sich genommen aus Gottes Hand - wie andere Märtyrer, nicht gesucht und "inszeniert". Er hat vor dem Tod gebangt wie jede Kreatur und die Furcht überwunden - so stärkt er uns noch in der Todesstunde, "der große Bruder".
Du fragst noch, wie mir das Buch vom Standpunkt des Stilistischen gefallen habe - ich habe das Gefühl, das sei dem Autor nicht so wichtig - er schreibt mehr so ohne Umschweife (tachles?), ein paarmal unterlaufen ihm wohl Ausdrücke, die mich stören - die der Sache, das heißt Jesus, nicht angemessen sind, so wenn er sagt: "... unsere Zeit scheint besonders geeignet, sein A n l i e g e n!!! zu verstehen" - dies Wort und ähnliche kommen ein paarmal vor.

Schabbat Schalom

Dein Clärle

Berlin, 5.6.1968

Mein liebes Clärle,

wenn Liebe ein Verständnis auch erübrigt, ist sie darum doch ein besseres Verständnis nicht, auch könnte sie nur selten ein solches ersetzen. Die Liebe gibt uns zu verstehen, ist selbst ein Verstehen nicht; oft wird sie ein schwer zu umgehendes Hindernis auf dem Weg zum Verständnis, weil sie, kaum versieht sie sich, zu einem dreisten, unbedingten Wohlwollen wird.

Daß Wohlwollen ein Bedachtsein auf sich ausschlöße, ist eine Erfindung der Schmeichelei; doch hat auch Schmeichelei ihre Rangordnung, und das Wohlwollen gehört durchaus zu ihrem Adel. Eine Veredelung der Eigen- und Selbstliebe über das Wohlwollen kann, müßte man denken, nur willkommen sein. - "Ich will für dich das Beste...". Nur kannst Du, Beste, für mich wollen? Bestenfalls doch nur m i t mir, vorausgesetzt, Du wüßtest, was ich will, in welcher Richtung, zu welchem Preis.

"Ich will für Dich..." kann nichts andres bedeuten als "mein Wille geschehe". Das "für Dich" täuscht über das "ich will" hinweg und setzt das "Beste" als für sich denkbar und für andere erfahrbar.

Es hat mich gefreut, daß Du Dich über unseren Erfolg freutest, wenn dieser auch kein endgültiger ist. Es mag seltsam klingen, wenn ich nun sage: ich fürchte, diese Freude mit Dir nicht ganz teilen zu können, und dies, weil ich eben fürchte, Du liebtest mich zu sehr, um mich so weit verstehen zu können. Eine Liebe solchen Grades ist ein förderndes Hindernis. Man könnte zwar glauben, Dir stehen gute, ausreichende Vergleichsmöglichkeiten zu Gebote, mir wollen sie indes von nur beschränkter Gültigkeit scheinen. Deine vergoldende Sicht mit dem weich bewimperten Augenaufschlag läßt Dich viel Hartes übersehen: zu Deinem Glück - oder unerheblich erscheinen: zu meiner Betrübnis. Es sind oft mir wichtige Dinge, die Du so nicht einzuschätzen weißt. Vom "allgemein Jüdischen" in mir abgesehen, gibt es noch einen Punkt, den

Du schwerlich begreifen kannst: meine Beziehung zum außen, bis hin zum Äußersten, ist nämlich eine lose oder eher noch eine gestörte. Ich suche noch immer das Tor, mied aber schon als Kind die Öffnung. Mehr als ein Türspalt war nicht willkommen, und dieser dünkte mich schon Erfolg genug. Es scheint, daß mir das Eintreten in die Welt mehr sein sollte als das Überschreiten ihrer Schwelle. Wäre es Dir nun verständlicher, wenn ich sage, daß ich keinen Wert auf Erfolg legen, daß ich Meinungen überhaupt nicht achten kann, wenn ich sie auch zur Kenntnis nehmen muß, um sie zu Gedanken zu gerben und aus dem wie Leder Zähen ein Hauchdünnes zu machen. Kurz, mich freuen "gute Worte" nicht. Diese Einstellung gibt mir nicht nur zu denken, sondern auch zu leiden. Denn, wie erkläre ich sie, ohne mich dabei verständlich zu machen. Letzteres wäre mir ein Greuel.

Ich muß an meiner Eigenart bilden, damit ich mich unter keinem Umstand zu einem "Eigenartigen" bestimmen lassen müßte. Ich möchte dabei auch Zuschauer meiner im Entstehen vergehenden Eigenart sein. Dies würde ich Dir nicht sagen, und doch erübrigt sich das zu sagen nicht, weil ich Dich liebe. Ein Seufzer wäre sonst Ausdruck genug. Diese Liebe verpflichtet Dich aber nur zu einem: daß Du das Unmögliche möglich sein läßt und nicht auf den Gedanken verfällst, mir Trost spenden zu sollen, als wäre mein Fall nur traurig und nicht beklagenswert. Also bitte nicht sentimental.

Die Bibliographia Judaica ist ein wichtiges Werk, das in seiner Wichtigkeit immer weiter wachsen wird. Die Idee dieses Werkes erfuhr durch mich ihre Bestimmung und konnte also nur von mir ausgehen und zum Antrieb werden: trotzdem weiß ich bei mir, daß ich mich diesem Werk nicht hätte hingeben dürfen; daß hierin Lebensplan und Lebensweg wie gegen einen höheren Ratschluß sich verschlungen haben. Der Preis wird in jedem Fall ein sehr hoher sein. Wenn ich mich trotzdem freue, so dann doch nur eitelhaft darüber, daß aus meinem Nichts ein nicht mehr zu Verneinendes entstand. Das klingt mir selbst zu edel, und edel kann nur die Anschauung bleiben, nicht das Antastbare, das sich auch selbst

begreifen will.
Es freut mich also doch, daß ich in nächster Zeit einigermaßen nach meiner Herzenslust arbeiten könnte, ohne mich irgendwie fügen zu müßen. Die nächsten vier Jahre werden zeigen, wohin sich mein Leben füglich neige, und was ich wert bin. Dann müßte ich den Schritt zurück wagen, der kein Rückschritt mehr wäre: in den von mir verlassenen Raum zurück, zu jenem festen Boden zurück, auf dem ich das Schwanken lernte.

Dein Elazar

Gottlieben, 9.8.1968

Mein lieber Elazar,

viele Male bin ich nun den Weg durch das ganze Buch[57] gegangen, vom Anfang bis zum Ende, daß mir jede Wegbiegung und jeder Ausblick vertraut ist - und wie er unaufhaltsam durch die ersten Kapitel auf "Dein Thema" zugeht, so daß es dann stellvertretend nicht nur für die "paar Gedanken", sondern für den Grundzug von Annette Kolbs Wesen dasteht: für die Ehrfurcht vor jedem Wesen und jedem Volk in seiner Besonderheit und Einzigkeit - für das leidenschaftliche Eintreten und die Solidarität mit allen Verfolgten. Und dann führt der Weg durch das Thema hindurch, bis zu dem Schlußsatz: "Dein Land ist schon mein Land geworden."
Nun muß ich die Blätter schön zusammenlegen und Abschied nehmen - da ist mir doch, als wär's ein Stück von mir. So komm und wende noch einmal mit mir Blatt um Blatt - da: schon das allererste Wort - das hat mich gleich ganz umschlossen, - der Abschied, der kein Abschied war, weil sie mit Dir geht, "treu vom ersten Tag an" - und bei dem Spiel "ich bin ich" kam es plötzlich in voller Klarheit über mich, warum und wie sie Deine Schwester ist - in diesem Deinen "nur-Du-Selbst-sein-Können". Das schwerste Spiel!

Auf einmal, durch sie hindurch, war mir Dein Wesen so klar wie nie zuvor.
Ähnlich in dem Zitat von dem "Gebundensein, dem Todesband, das uns an alle Endlichkeiten knüpft". Ist's nicht auch etwas Ähnliches, was Du meintest neulich, im Brief: "sich umarmen, ohne sich zu nahe zu treten" - was auch Philine im Wilhelm Meister meint mit ihrem "Wenn ich Dich liebe, was geht's dich an."
Und so habt Ihr wohl (wie es in dem Zitat aus dem "Exemplar" heißt) einander "die größte Wohltat" erwiesen: euch zu "durchschauen". Solange "die guten, die adeligen, die einander kennenden, einander stützenden Menschen" zusammengehören, ist das Leben gut - und wenn so ein Wort mir nachklingt, dann muß ich oft die Seite nochmal aufschlagen, um zu sehen, ob's denn von Dir ist oder von ihr.
Und nun haben Annette und ich noch eine andre gemeinsame Liebe: zu Josef, dem Sohn Rahels - aber es ist ja die gleiche.
So, wie ich als Kind sein Bild aufgenommen hab im Erzählen meiner Mutter und der Lehrerin in der "Biblischen Geschichte", so blieb es in mir bewahrt. Oft sagte ich scherzend, er sei meine erste Liebe gewesen. Einmal trat meine Mutter an mein Kinderbett und fragte mich, warum ich nicht schlafe, und ich sagte: "Weil Josef so allein ist in der Grube." Sie hat mir's später erzählt. Erst im letzten Jahr als mir Deine Verwandtschaft mit ihm aufging, habe ich seine Geschichte, die wunderbare, wieder gelesen - und wieder und wieder das Wiedersehn mit Benjamin.
Und wie hat mich die Gegenüberstellung von Annette mit Margarete Susman bewegt.- dies "bei ihr fühlt man sich klein und mehr werden". Und da die Stelle von Annette "uraltes Pergament, aber unter Jugendschutz"!
Und ihre Fülle, wie sie "kramt", sei's in Handtaschen oder Erinnerungen, unerschöpflich! Nun habe ich mir als letztes - vor dem kurzen Abschied, eh die Blätter als Buch zurückkommen - jene Seiten aufgehoben, wo Deine Hand die Schwester so zart geleitet bis hinein in das letzte Erlöschen, ihren kurzen Schlaf bewachend -

dies Wegsinken "bis zu der Wurzel, die sie nicht mehr ist", aber nun nicht mehr im Spiel "ich bin ich" - sondern im tödlichen Ernst - und wenn sie wiederkehrt aus dem kurzen Schlaf, ist's der leise Druck Deiner Hand, der sie noch einmal willkommen heißt in dieser Welt.
Lieber, ich glaube, wenn einmal die Todesstunde zu mir kommt, möcht ich, daß die Worte dieser Seite mir ganz gegenwärtig und bei mir wären - unvergeßliche Worte, mein Lieber, schön wie Sterne und tröstend wie Sterne.

Dein Clärle

Gottlieben, 27.9.1968

Mein lieber Elazar,

darf ich noch ein wenig mit Dir reden an diesem Schabbatabend zwischen Rosch Haschanah und Jom Kippur - da fühle ich stärker als sonst, wie reich mein Leben beschenkt wurde von allem, was ich durch Dich erfahren und ahnen durfte, und möcht Dir auch danken, ja, kaum je so wie in diesen Tagen. Wohl gibt's in jedem Menschenleben Zeiten der Einkehr - etwa in der Begegnung mit dem Tod - oder in der Liebe - oder auch in Schuld und Reue - aber wenn er sich selbst überlassen bleibt, vergißt der Mensch oft, lebt nur so dahin - und bleibt ungesegnet. Aber die heilige Ordnung, in die das Leben des jüdischen Menschen eingebettet ist, löst ihn so in steter Wiederkehr aus dem Versinken, nimmt ihn bei der Hand, sagt zu ihm: "Siehe, die Zeit ist da zur Umkehr". Ich darf nun teil daran haben, wenn auch nur "als ein Gast" - als ein "Ohew Israel" -

Ich lebe sie, diese Zeit, ganz mit Dir, bitte von ganzem Herzen, daß sie Dir gesegnet sei, Dich mit neuer Kraft erfülle - Dich den

Weg finden lasse, beides zu erfüllen: Dein Judentum und Dein Dichtertum - beides zu vereinen - das eine, das die Einordnung - das andere, das die Ausnahme und Freiheit fordert - für beides bist Du erwählt, mög Dir das Wunder gelingen -

Dein Clärle

Tel-Aviv, 16.1.1969

Mein liebes Clärle,

der Feder entfremdet, muß ich bedauern, keine Maschine zur Hand zu haben: soviel Anregendes hast Du mir geschrieben, und soviel davon wird uns nun leider entgehen müssen.
Gegen Deine Auffassung von der Ehe als Sakrament habe ich nichts einzuwenden, allein dieses bedeutet die Heiligung der Ehe, nicht die der Liebe. Ich denke es mir so: der Bund wird mit aller Liebe von der Liebe weg dem zugewendet, vor dem er eben geschlossen wird: in Gottes Namen, auf daß Liebe für sich namenlos werde.
Sprichst du also von der Ehe, so sprichst Du von der Liebe nicht; nicht mehr. Ehe ist ein Knotenpunkt. Der Knotenpunkt der Ehe ist ein Scheideweg der Liebe. Einzig in der Ehe findet Liebe ihr annehmbares Ende. Auch so betrachtet, wäre die Ehe ein Sakrament.
Was soll ich Dir nun zu Manuel sagen? Es dünkt mich fast kindlich, wenn Du heute noch meinst, seine "einzige Abirrung" entschuldigen zu müssen. Manuels Fall war schon darum ein ganz anderer, weil er seine Mutter verlor, noch ehe er sie besaß. In diese unausfüllbare Lücke sollte eine einzige Frau treten. Du wärest diese einzige, doch wurdest Du die dritte. Dein Kommen war der Segen seines Lebens und ein rundes Clärleglück, aber kein Ehefrühling. Manuel war schon mehrfach gebrochen, und die Frauengestalten, die er floh oder in Dramen zu bannen suchte, zogen unentwegt durch seine Brüche ein und aus.

Mit Dir gesehen und gesprochen, war Eure Ehe ein Glücksfall; schon darum möchte ich sie von meiner Betrachtung ausschließen.
Das Problem der Ehe ist nicht die Fragwürdigkeit der Liebe.
"Ein Haus in Israel erbauen" ist, besonders in dieser Zeit, für uns Überlebende eine schöne Aufgabe, gewiß auch eine ernstere als Bücher schreiben. Hölderlin meinte zwar: "Was aber bleibet, stiften die Dichter", doch ein "Haus in Israel" wird nicht gestiftet, es kann nur gegründet werden. Und es bleibt nur, was leibt.
Allein, ein Haus bedarf nicht nur seiner Grundfesten, es braucht auch Tür und Fenster und D u r c h z u g. Das nun ist der "springende Punkt", der Punkt, der Dich aufspringen macht. Ja, Clärle, wenn Gott nicht Eva, sondern Clärle dem alten Adam zugelegt hätte, dann wäre Monogamie ein Stückchen Paradies und die Schlange ein fürsorgliches Kindermädchen. Du sollst mich darum aber auch nicht falsch verstehen: weder Vielweiberei noch Mehrehe würden mir frommen, denn auch in allen Frauen könnte ich nur die eine lieben, die nicht zu ehelichen ist. Die Frau ist mir die einzige Begreiflichkeit im Leben.
Im Gegensatz zu Manuel habe ich eine Mutter, die mir das Leben einmal schenkte und dreimal rettete (physisch, moralisch, sprachschöpferisch). Es ist wohl der Grund, weshalb ich von der Frau den höchsten Begriff, vor ihr die größte Achtung habe.
Aber ich hatte keinen Vater und habe darum kaum einen Begriff vom Mann. Und das wiederum ist vielleicht der Grund, weshalb mir das Naheliegende immer wieder entrückt und mir zuweilen noch das schönste Verhältnis beziehungslos erscheinen will. Ich muß die mir begreifliche Frau intellektualisieren, damit sie ihren Mann, den mir unbegreiflichen - stellt.

Schabbat Schalom

Dein Elazar

Gottlieben, 3.6.1969

Mein lieber Elazar,

so sehnlich ich der Botschaft entgegenharrte, nun kann ich's kaum fassen.
Hab Dank, daß Du sie mir auf dem schnellsten Weg gegeben, mit mir geteilt hast. Sie kam gleichzeitig mit Deinem Brief vom 29. Auf ihn antworte ich später, gell, hab jetzt für nichts anderes Raum in mir als für Immanuels Leben, unseren Immanuel. Kann nur ganz bei Euch sein, nur fühlen, was Gott gegeben hat, nur danken.
Neben mir ist die Bibel aufgeschlagen bei der Verheißung Abraham. Wohl seid Ihr jung, nicht alt wie Abraham und Sarah, aber das Wunder, das Gott an Euch gewirkt hat, ist das gleiche und sein Bund mit Euch um Immanuels Leben immer neu.
Nun blickst Du, mein Elazar, in die schöne Gotteswelt mit zwei neuen Augen, den seinen und den Deinen zugleich - aber jetzt sind sie noch gar nicht weit offen für sie, die seinen, jetzt ist in ihnen noch der Schein von dort, woher er kam.

Gott segne und behüte Euch

Deine kleine Großmutter

Gottlieben, 15.6.1969

Mein lieber Elazar,

wenn ich auch schon lang gewußt habe, wie groß und heilig das Zeichen des Bundes ist - nun erst ist es soviel mehr als ein bloß-es Wissen, da es unser Immanuel ist, der Gott angelobt wurde, nun erst ist es ein Wissen, das ins tiefste Innere gedrungen ist - und was es in D e i n e m Leben bedeutet, mein Elazar, daß Du erst an diesem Tag ganz Vater wurdest unter allen Vätern Deines

Volkes bis hinauf zu Abraham - auch Du nun erst ganz aufgenommen. Und eine große Ruhe kam über mich, die Gewißheit, daß dies nun der ewige Grund ist, in dem "Existenz und Leben" eins sind - von denen Du mir noch aus der tiefen Nacht Deiner Krise geschrieben hast, wie Du zwischen ihnen zerrissen warst - wohl wirst Du immer neu um ihr Gleichgewicht kämpfen müssen - jedem sein Recht zu geben - aber willst Du etwas anderes als kämpfen - ?

Und dann kam Dein Brief, gerade auf Schabbatanfang - geschrieben an dem "einzigen Tag im Gestirn und auf Erden" - hast Du mir je ein größeres Geschenk gemacht als diesen Brief, in dem Du diesen Tag mit mir geteilt hast, vom kurzen leichten Schlag und dem Bad der Heiligung, bis alles erfüllt war.

Hab auch Dank, daß Du mich mit Dir in die kleine Synagoge nahmst, in der der kleine Elazar mit seinem Vater gebetet hat, in der Du einmal mit Immanuel beten wirst.

Und jetzt will ich nur noch zuhören, wie es in Dir klingt - einmal wird es ein Lied.

Deine kleine Großmutter

Gottlieben, 12.11.1969

Mein lieber Elazar,

die Kämpfe, die Du aufs neu bestehen mußt, schau, ich ahne sie wohl, Manuel hat sie - er mit seinem weichen Herzen - ebenso hart und unerbittlich gegen die Vorstellungen und Zwänge seiner Familie, seines Standes ausfechten und durchsetzen müssen - sie bleiben keinem schöpferischen Menschen erspart. Wir wissen heute nichts mehr von der Mutter, den Brüdern und Schwestern des Propheten Elija - wohl hätten sie ihn auch lieber als angesehenen Beamten gesehen, - aber es war die fremde Sunamitin, die dem heimatlosen eine "bretterne Kammer oben in ihrem Haus mit Bett, Tisch und Leuchter"[58] bereitete, wenn er bei ihr vorbeizog, weil sie in ihm den Mann Gottes erkannte. Und was ist der Dichter, wenn nicht ein Mann Gottes - mag er als Mensch noch so viele Schwächen haben.

Der Regen rauscht ums Haus und ich schicke durch die dunkle Regennacht einen dankbaren Gruß zu der Sunamitin[59] in der Gerechtigkeitsgasse.

Deshalb stehen die Gebete Deiner Mutter doch bei Dir, helfen und schützen Dich - und dennoch stärkt Dich ihr makelloses Vorbild, auch wenn Deine Aufgabe eine ganz andre ist als sie zu sehen vermag - Deine eigene.

Bin noch weidlich müd vom gestrigen St. Gallertag - so von Laden zu Laden - Du siehst es wohl an meinem Durcheinanderbrief. Der Paniker hat den ganzen Tag seine Siebensachen mit Mausis Hilfe schön beisammenbehalten. Erst am Schluß, als ich in Tägerwilen ausgestiegen war, merkte ich, daß ich meine Handtasche - die mit dem Geld - liegengelassen - ich wollte in den fahrenden Zug springen, der Kondukteur riß mich zurück - aber - o Wunder, eine Hand reichte mir die Tasche heraus, was für einem Engel die Hand gehörte, war nicht mehr auszumachen, aber sobald ich wieder Stimme in meinem erschrockenen Hals hatte, schrie ich dem schon um die Ecke schwänzelnden Zug nach: "Danke viel, viel mal".

Friedi, die mich gleich danach anrief und der ich's noch immer schlotternd erzählte, sagte bloß: "Das warst Du Deinem Stil schuldig, nachdem den ganzen Tag nichts passiert war."
Lieber, darf ich diesen Sudelbrief überhaupt so abschicken?

Dein Clärle

Gottlieben, 16.3.1970

Mein lieber Elazar,

es ist ein strahlender Morgen, mein Zimmer voll Sonne, so wie ich Dich manchmal sah, ganz von der Morgensonne umflossen, hoch aufgerichtet gegen Osten im Gebetsmantel, während ich leise Dein Frühstück richtete auf dem Tisch.
Nun will ich Dir etwas vorlesen, was ich grad in den Erzählungen von Agnon in "Im Herzen der Meere"[60] gefunden hab, von den "vier Altern im Menschenleben" - "Eine Woche - die Woche der Geburt, da der Neugeborene wächst und im wesentlichen noch unvollendet ist, und dementsprechend wird er auch bis zu seinem zwanzigsten Jahr von den diensttuenden Engeln nicht bestraft. Eine Woche - die Woche der Jünglingszeit bis zum vierzigsten Jahr, die die Auslese unter des Menschen Jahre sind, in denen seine Kraft wächst. Eine Woche - die Woche des Alters, da er schwächer und schwächer wird und eine Woche für die Greisenzeit, da seine Tage und Jahre sich vollenden, bis er abberufen wird und stirbt. Aber die im Lande Israel leben, sind nicht Tote zu nennen, sondern sie stehen am Fuß des Thronsessels ... und wenn der Tag manchmal finster wird - sie erschrecken nicht und beginnen nicht zu schreien, denn sie wissen, daß all dies nur von den Wolken her kommt, die ausfahren, sich die Kinder Israels aufzuladen und sie nach Jerusalem zu bringen ..."
So siehst Du auch, daß ich Dir in meinem letzten Brief die "Jüng-

lingsjahre" zu knapp bemessen habe, Du bist noch mitten in ihrem Werden und Wachsen. Und wenn auch die "diensttuenden Engel" etwas strenger mit Dir verfahren als mit dem "Wanderknaben", so ist auch dies nur zum Heil und Segen.

Aber nun hast Du den Gebetsmantel abgelegt, und das Frühstück ist auch fertig.

Gesegnet sei Dir dieser Tag und alle Tage Deines Lebens,

Deine kleine Großmutter

Tel-Aviv, 5.5.1970

Meine liebe Clärle,

wann immer ich, abseitsmüd, erwache, steigt mir das um mich Herumliegende in den Sinn, steigt mir in den Kopf und riecht nach Gottlieben. Und wenn ich dann noch gar in einem Buch versinke, wähne ich mich in Manuels Arbeitszimmer oder bei Dir auf dem Sofa und zwischendurch auf dem Dachboden - so heftig, stark und peinlich süß packt mich die Sehnsucht, als wär ich nicht hier, als wäre Gottlieben mein Garten der Erkenntnis, ein aufbrechender Gottesacker, nach dem meine Seele Ausschau hält. Schon beängstigend, wie wenig fest ich auf dem Boden hier stehe - und wie wenig schwankend auf dem Dachboden dort. Mein Schwankpunkt, auf dem ich verzaubert stehenbleibe. - Mit welcher Wollust wäre ich Dichter jetzt! Und sei es um den Preis eines Ausrufungszeichens. Ich habe meine Finger bereits wundgeschrieben und kann's doch nicht lassen: verurteilt, das Vollendete, das ich verachte, mit allen sieben Sehnsüchten zu begehren. Ein so verrätseltes Leben, wie es sich mir aus dem eigenen spiegelt, ist wohl außerordentlich - aber schön?

Ich lasse diesen Brief offen - solange habe ich dann Aussicht; oder weniger lang, wenn ich einen Brief von Dir vorgefunden habe.

Dein Elazar

Gottlieben, 17.12.1970

Mein Elazar,

nun ist das Wunder geschehen, in dem Augenblick, da ich fast verzweifeln wollte - o nicht, daß ich auch nur einen Augenblick den Glauben daran verloren hätte, aber es zerriß mir das Herz, als Du im letzten Brief schriebst, Du seist Manuel vergleichbar gewesen, als Du als Dichter lebtest, jetzt nicht mehr. Da war es vor ein paar Tagen, als mir schien, nun sei es nicht länger zu tragen - da sagte ich plötzlich Deinen Namen so vor mich hin: "Elazar, Gott ist eine Hilfe". Und da war mir, nun müßte das Ende der langen, langen Prüfung nicht mehr fern sein - vielleicht ganz bald - aber ich ahnte noch nicht, daß es eben geschehen war. Und nun ist Dein Brief da.
Und nun höre ich Deine Stimme in Deiner Sprache, die ich nicht verstehe und doch verstehe, höre die Gedichte, die ich nicht verstehe und doch verstehe und ein Bild steht mir vor Augen: In Manuels Bergheimat, hoch über Preda mitten in der zerklüfteten Felsenwildnis, ist die Quelle, der Ursprung der Albula, des Albulaflusses, hoch schäumt sie empor mit wilder unbändiger Gewalt, und rund um sie, ständig von ihrer Gischt besprüht, breitet sich mitten in den starren Felsen eine Matte von Bergblumen, ein kleines Paradies, ein Frühling.
Und nun weißt Du es auch wieder, was ich an Manuels Seite gelernt

und schmerzlich erfahren habe - und was Du in der langen Not fast vergessen hast: daß diese Pausen, auch wenn sie für den Dichter kaum zu tragen sind, dennoch nötig sind - ja, daß in ihnen das Wichtigste geschieht, seinem Wissen und Wollen entzogen - daß nur aus ihnen der Durchbruch zu neuem Anfang geschehen kann.

Dein Clärle

Tel-Aviv, 1.1.1971

Mein liebes Clärchen,

es sind nicht die Ketzer, die den jeweiligen Heiland ans Kreuz schlagen, die Gläubigen sind's, die ihn dort hängend brauchen. Ob Fleisch geworden oder nicht - das Verkörperte ist es allemal. Und was vermöchte schon ein Mensch - ob Fleisch, ob Wort geworden - anderes zu verkörpern als den Wunsch des Menschen. Und worin sähe sich ein Mensch lieber verkörpert als im Gegenwärtigen, im Unsichtbaren.
Es gab nun wieder Weihnachten, im Schatten der Leningrader Prozesse. Das Verkörperte zwischen Christbaum und Kreml.
Aber Dein "Bethlehem" - wie sollte es mir nicht lieb sein, es ist doch die weithin bekannte "Gottlieber Krippe", selbst die drei Könige - in all ihrem Reichtum von Deiner Hand prachtgestickt, reißen alljährlich aus Deinem Zauber aus und "Jerusalem sie lassen stehn/und eilends fort zur Krippe gehn." Die königlichen Morgenländer fühlen sich gut in Deiner milden Zone, bei Deinem brummenden Ofen. "Gott laß uns auch nicht werden hart", sagen sie, und eilends wie sie gekommen sind, kehren sie aus ihrem alten "Stirb und werde" in Deine Handarbeit zurück.

Dein Chanukka-Geschenk traf noch rechtzeitig, gerade am achten Tag ein. Manu wollte sofort die Mechanik studieren, mit einem

Mein lieber Elazar

einmal haben wir Weihnachten zusammen im Bodmanhaus erlebt. Nun kommen die drei Königlein zu dir, um Dich an meine Krippe zu erinnern und an mein ganzes Weihnachtshaus, in dem du mich gesund gepflegt hast.

Dein Ästle

Handumdrehen ... ein Glück, daß ich zur Stelle war und autoritativ genug, um ihm dieses Studium noch verbieten zu können. Er ist nämlich musiktoll; kaum daß er aus dem Kindergarten zurückkommt, eilt er zum Grammophon: "Bach! Bach!" oder "(Mus)ika!". Dann legt er selbst die gewünschte Platte auf, sitzt zwei bis drei Minuten still (was sonst keine Macht vollbrächte), legt seinen Finger auf den Mund, daß alles rundum innehalte - und hebt an zu dirigieren. Im übrigen versteht er alles, spricht alles nach und läßt hie und da, zu meinem Staunen und zu seinem Schrecken, einen fertigen Satz fallen. Er weiß, was immer er sagt, und weiß auch, was immer er will; und was er immer will, ist essen und "ika".

Um die Jahrhundertwende herum erschienen einige "Menschlichkeitsbände" - "zum Besten der Verfolgten", Opfer der Pogrome in Rußland, etc., da hatten dann brave Dichter eine Gelegenheit, ihr Mitleid zu versifizieren. Einer dieser Dichter hieß Edwin Bormann. Aus einem verschollenen Sammelband[61] hole ich für Dich seine "Kinderszene" heraus, als Geschenk an Deine Krippe, die in Gottes Schutz steht und nicht unter dem Kreuz.

Morgen zum Geburtstagsfeste
Lädt sich Kätchen kleine Gäste:
Anni Hoffmann, Suse Beyer,
Minchen Walther, Doris Schreier,
Evchen Müller, Elsa Strauch -
"Kommt denn das Rebekkchen auch?"-

"Was, Rebekkchen Silberstein?!
Juden lad' ich niemals ein.
Gabst du in der Schul nicht acht,
Daß sie Jesum totgemacht?"

"Unser Lehrer meint das ja;
doch es sagt mir die Mama,
(und die weiß doch vielerlei):
Silbersteins war'n nicht dabei!"

Schlichte Kinderseele, du,
All mein Herz es lacht dir zu.
Besser wär's um sie bestellt,
Zöge siegreich durch die Welt
Deine Friedensmelodei:
"Silbersteins war'n nicht dabei!"

Mit dieser Friedensmelodei sag ich "daj" und mache Schluß.

Schabbat Schalom — Dein Elazar

Gottlieben, 19.6.1971

Mein lieber Elazar,

ich muß Dir doch erzählen, daß die Schwalben wieder über meinem Schlafzimmer genistet haben. Seit Manuels Tod blieb das Nest leer, nun haben sie es schön wieder ausgebaut und wohnen drin, und das erste, was ich am ganz frühen Morgen hör, noch halb im Traum, ist ihr zärtliches Gezwitscher, freut mich so!
Ach Lieber, ich hab noch so einen Hunger zu lernen.
Hab heut, eben, am Radio so manches über Walter Benjamin gehört, möchte das alles, alles lesen. Wenn ich gern noch ein Weilchen leben möcht, so ist es außer Dir, daß ich noch soviel lernen möcht. Soviel Reichtum, der daliegt, bereit für mich - aber es ist leider alles, wie in ein Loch hinein, in mein Vergessen, am andern Tag weiß ich nichts mehr. Aber im Augenblick bin ich glücklich, und dann bist Du da und freust Dich mit mir

Dein Clärle

Gottlieben, 17.3.1972

Der Segler

1

Benütz den Wind,
Solang er dein Segel schwellt!
Wenn seine Flügel gesunken sind,
Kannst du lang hintreiben durch die Welt
Allein auf deinen Willen gestellt.

2

Stell deine Segel ein
auf jeden Wind in der Welt -
Und du bleibst dein
Dem Herrn aller Winde gesellt![62]

Mein lieber Elazar,

ist das nicht ein gutes Wort, das Manuel Dir sagen will zum Flug in ein ganz neues Jahr - so manche Dinge, die er sich selbst immer sagte, sagen mußte, sagt er nun Dir.
Ja Lieber, segle nun frei hinein - leicht und frei wie die Schmetterlinge.
Mit ihren Namen, die Du gern wissen willst, ist's so eine Sache: die allerwenigsten haben deutsche, volkstümliche, bildhafte Namen - nur gerade die auffälligsten - sondern nur die wissenschaftlichen lateinischen. Die Menschen können sich halt nicht ruhig über einen Schmetterling beugen wie zu den Blumen im Gras, sie lang betrachten und einen Namen ersinnen. Er blitzt auf am Waldrand und im Nu ist er entschwunden - über alle Wipfel hinweg oder tief

geduckt unterm Laubwerk - und es kann Jahre gehen, bis Du einen ähnlichen wieder siehst.
Auch von denen in Deinem Kästchen haben nicht alle einen deutschen Namen. Die, an die ich mich erinnere, hab ich Dir da gemalt und den Namen dazu geschrieben. Dann ist da auch noch rechts unten der "Bläuling", ein wenig schief leider - ich hab nicht gewagt, ihn nochmal zu berühren und grad zu richten. Den kennst Du, den hab ich nicht gemalt. Das "Rote Ordensband" - Du wirst es schon erkennen nach meiner Zeichnung - ist der Falter, den wir gejagt haben in jener abenteuerlichen Nacht in der Pappelallee im Wallis - wir zwei Strolche zwischen den Zigeunern und der Kantonspolizei, von denen ich neulich bei Keshet erzählte. Ja, sie sollen Dir alle ein wenig Abenteuerluft zuwehen, Nahrung für den Dichter. Da ist kein einziger wohl in Manuels Schmetterlingssammlung[63], der nicht seine eigene Abenteuergeschichte hätte - die wußte nur er und behielt's für sich.

Dein Clärle

Bodman - Haus in Gottlieben

Clara von Bodmans Stübchen

Emanuel von Bodmans Arbeitszimmer

Im Treppenhaus

Gottlieben, 28.5.1972

Mein lieber Elazar,

wieder eine Woche - und wieder ein Brief von Dir, der sie mir überbrücken hilft, die stete Wunde der großen Entfernung - diesmal gar begonnen mit Manus kleiner Hand in Deiner großen, das fremde Werkzeug in seiner kleinen Faust und ganz eifrig, mit seiner Sawta zu sprechen durch die geheimnisvollen Zeichen, die seines Abba Blumen sind, in seiner Erde zu wundersamem Blühen kommen, die ersten, die er malte, waren für Sawta Clärle. Aber von Dir wird er sie bald bewußt, einen um den andern kennenlernen - und weil Du es bist, der ihn einweiht, wird er sie in ihrer ganzen Heiligkeit erfahren - so wie er - weil Du es warst, der ihn lehrte - am Schabbatabend, neben Dir auf dem Stuhl stehend, tief andächtig Dir den Weinsegen nachspricht - so sehe ich ihn nun, im Kämmerle auf Deinem Schoß an Deinem Tisch sitzend das Wunder des Alef erfahrend, Zeichen und Laut. Und da wird mir bewußt, was für ein größer Tag es ist für ihn und für Euch mit ihm, wenn dieser Brief Dich erwartet, wenn Du heimkommst zu Schabbat - ja am Schabbat wird er sein, sein dritter Geburtstag.
Etwas ganz anderes, so scheint mir, will nun beginnen, wenn die drei ersten Lebensjahre erfüllt sind: das erste Ahnen, das erste Erwachen des Geistes - und welches Glück für Dich, mein Elazar.
Meinen Geburtstagsbrief mußt Du Manu halt übersetzen. Hoffentlich ist der Ball gekommen - hier ist er noch gemalt,

Dein Clärle

Tel-Aviv, 10.7.1972

Mein liebes Clärle,

ich sollte schon lange in Jerusalem sein, bin aber hier sitzen geblieben, wie gebannt durch meine Beschäftigung mit der Abschrift der Aphorismen. Je weniger ich sie billigen will, desto teurer werden sie mir. Schon sind sie mir, im Wortumdrehen zum Inbegriff meines äußeren Lebens geworden. "Und süße Früchte werden aus den herben", ob nur für mich, zur Selbstkost? Ich will nicht ins Große und muß mich nicht bescheiden; ich meine, nicht viel: ein Buch, das man liebt, nicht weil es beflügelt, sondern weil es auf unlästige Weise begleitet, nur leise mahnt, nur zwischendurch belehrt, von Trost nicht spricht, Bedeutung nicht verleiht, Sinn nicht beteuert, Ich und Selbst nicht sucht und nur Gefallen findet.
Das ist so leicht geschrieben wie gesagt, allein, es muß auch leuchten. Nun habe ich wenig Zeit, und diese hat nur wenig für mich übrig. Ganz auf mich gestellt, fühle ich meine Hinfälligkeit, diesem Gefühl verfallen auch die Worte. Nicht viele bewähren sich in ihrer Zähigkeit und nur wenige erweisen sich als lichtecht. Was ich bei alledem zum Strahlen bringen könnte, ich könnte es nicht ohne Dich. Das Wort, das mir gehört, habe ich gehoben; Du mußt mir nun helfen, es zu halten, immer höher, bis es im Glanz des Unscheinbaren stehen und bestehen kann. Ich verlasse mich auf Dich, denn du hast die Liebe, und die Liebe erweckt meinen kritischen Sinn. Du bist ja durch mich auch kritischer geworden, das hast Du mir wiederholt bewiesen, zuletzt mit den nachträglichen, erneuten Streichungen in Sahadutha.
In Z'fat gedenke ich demnächst eine hebräische Ausgabe vorzubereiten. Wie immer sie am Ende auch ausfiele, niemals würden sich beide Ausgaben decken können. "Zu jeder Sprache gehört eine andre Zunge und ein andrer Mensch", sagt Hippel. Das trifft auf das Denken in seinem Sprachgewand zu, nicht auf den Gedanken in sei-

ner natürlichen Gewandtheit und seiner fremden, nur anheimelnden Anmut.

Der Hebräer in mir bringt allen Eifer auf, das durch mich deutsch Gedachte zu widerlegen, während mein Deutsch sich standhaft genug erweist, den eifernden Hebräer zu fixieren und ihm mit einer fast jiddischen Geschmeidigkeit zu widersprechen. Diese Widersprüche oder genauer Selbstwidersprechungen sollen mein Werk im Deutschen ausmachen. Eben vernehme ich die Stimme meines augenblicklichen Gewährsmannes, Theodor Gottlieb Hippel, und glaube ihn auch zu sehen, wie er sich vergnügt die Hände reibt; hat er doch schon gesagt: "Der beste Lateiner bleibt ein Deutscher, wenn er Deutsch gedacht hat. Cicero würde ihn für keinen Landsmann halten."

Ich war gerade in eine seltene Abwesenheit geraten, da ich dem Zitat nachgehen wollte und dabei meine Augen schloß. Während ich das tat, wurde ich Zeuge einer Verwandlung: der Lateiner stieg aus dem Satz heraus und ein Hebräer trat an seine Stelle, und wo Cicero gerade Protest erheben wollte, zeigte sich das licht- und würdevolle Antlitz Goethes. Goethe! Wenn ich auch Lateiner wäre, ich vernähme bei diesem Namen: Urpflanze, West-östlicher Divan, Lied der Lieder, Weltliteratur. Dahin bin ich also geraten, und gern wäre ich geblieben in der so anschaulichen Abwesenheit. Wie lange kann man aber bei der Betrachtung der Urpflanze wachträumend bleiben? Ich legte die Worte zurück, und da ich das tat, streifte der junge Goethe an mir vorbei, und - Wunder über Wunder! - in überwältigender Plötzlichkeit stand vor mir Isachar Falkensohn Behr im fahlen Licht seines Buches: "Gedichte von einem polnischen Juden"[64]. In der Art seines Auftauchens schien er mir sagen zu wollen: betrachte mit deinen heutigen Augen jene berühmte Rezension meines Buches, auf ihre letzte Konsequenz hin, und Du fändest im Urgoethe Hippels alten Cicero.

Du siehst, Clärle: wohin ich auch versinke, ich bleibe immer auf dem Boden der Bibliographia Judaica. Allein, als ich vor genau 10 Jahren auszog, mir aus Urnen, Grabsteinen, Archiven und Literatur <u>meine</u> Antwort auf die "Frage der Fragen" zu holen, ließ ich mir nicht träumen, daß ich sie eines Tags, Jahre nach meiner Heimkehr, von meiner eigenen Haut würde abziehen können.

Dein Elazar

Gottlieben, 16.7.1972

Mein lieber Elazar,

ja, das vermöchte es wohl zu werden, wie Du sagst: ein Buch[65], das man liebt, ein Buch, das begleitet, das manchmal belehrt und mehr noch trösten könnte.
Es hat wunderbare Sachen darunter und gerade solche, die dem Ganzen eine neue Note geben.
Ein Aphorismus, der mich ganz fasziniert, ist der: "Feie Deinen Körper, damit Du vor ihm gefeit bist."
Das Verb "feien" gibt es nicht, ist Deine "Sprachschöpfung", aber ich meine, das tut ihm keinen Abtrag, im Gegenteil?
Im Lexikon fand ich unter "gefeit": "siehe Fee" - und dort steht dann: "auf der Nebenfigur Fei beruht das Partizip gefeit: von Feen beschützt". Da wir nun mitten im deutschen Märchen sind - fast in der Magie - meine ich, statt des Wortes Körper lateinischen Ursprungs wär vielleicht das Wort Leib deutschen Ursprungs fast schöner - also "Feie Deinen Leib"; mir würden die drei "ei" hintereinander gefallen - oder stören sie Dich? tönt fast wie eine Beschwörung - ich bin ganz verliebt in diesen Spruch.
Einer der mir liebsten, teuersten: "Was vermöchtest Du mir denn zu geben?" - "Mein Wort, meine Hand!"
Ja, ich glaube wohl: aus jeder Not vermöchten sie mir zu helfen, Dein Wort, Deine Hand - im Leben und im Sterben.
Gott segne Dein Schaffen, ich bete Tag für Tag, Stunde für Stunde darum

Dein Clärle

Mein lieber Elazar, Gottlieben, 25.8.1972

es war ja schon fast ein verzweifelter Kampf um das Wort für Margarete Susman[66], der sich in Deinem letzten Brief spiegelt. Ich hab aber doch deutlich das Gefühl, es liegt nun alles bereit in Dir, was Du und nur Du zu sagen hast, und es war nur wie eine letzte Angst vor dem Gelingen der letzten Zusammenfassung, was Dich so beklemmte. Aber, wenn ich mich täusche, und Du es doch nicht in dieser Weise unter solchem Zeitdruck schaffen konntest - gell, das weißt Du doch selbst, daß nicht dieser Geburtstag das wichtigste ist - wie weit, weit weg Margarete Susman nun diesen zeitlichen Dingen ist. So schön es wäre, für sie in ihrer wahren Heimat zu zeugen, auf die in den letzten Jahren ihres Lebens, als sie das Hiob-Buch[67] schrieb, ihre blinden sehenden Augen gerichtet waren und ihr ganzes Innere - dazu wirst Du noch genug Gelegenheit haben. Aber daß Du, den sie lieb hatte, nun in einer ganz neuen - und doch der alten - Weise wieder mit ihr zu leben begannst und fortan leben wirst, daß sie in einer bisher ungeahnten Weise in Dir lebendig und wirksam ist - ist das nicht das kostbarste Geschenk für sie?
Für Dich aber konnte es nichts Segensreicheres geben in dieser entscheidenden Zeit als dies neue Ringen um sie und mit ihr, nichts, das Dich mehr stärken und stählen könnte, Dich sicherer auf Deinen Weg weisen; und fast ist es so, als ob es ihr Wille wäre.
Und zu mir kamen nun diese letzten Aphorismen in all ihrer Fülle zurück, fast noch überwältigender als vor zwei Wochen, da sie zum ersten Mal kamen. Oft liegt es doch wirklich nur an meiner Schwerfälligkeit, daß mir einer nicht sofort eingeht, sondern erst nach Tagen. Ich frag mich dann auch oft, inwieweit ein Aphorismus auch ein wenig dunkel und vieldeutig sein darf - sein Sinn nicht grad obenauf zu liegen braucht. Es gibt auch in Sahadutha solche, die ich nicht ganz verstehe.
Schabbat Schalom

Dein Clärle

Tel-Aviv, 14.1.1973

Mein liebes Clärle,

ich befinde mich in einem traurigen Zustand - Ablenkung suchend. Die vorige Woche habe ich damit zugebracht, eine Rezension der Max Brod-Bibliographie[68] irgendwo unterzubringen; dies würde mich genötigt haben, die Rezension zu verfassen. Habe ich aber nötig, eine Brod-Bibliographie zu rezensieren? Verfasser von Rezensionen zu sein? Rezensionen unterzubringen? Ich habe das alles nicht nötig, allein ich brauche Ablenkung. Endlich ist mir gelungen, zwei Zeitschriften für Brod zu interessieren. Als dies erreicht war, verlor ich alle Lust dazu. Der Ablenkung bedürftig, machte ich mich daran, auf einen Artikel, den ich zufällig las, eine Entgegnung zu schreiben. Das hat mich die Nacht hindurch und auch noch tagsüber beschäftigt. Entgegnen lenkt ab, macht Spaß und kann, wenn abgedruckt, Eindruck machen. Ob meine Entgegnung abgedruckt wird? Immerhin, ich tat etwas, worüber meine Not vergessen war. Ich spürte sogar eine leise Befriedigung. In Zufriedenheit wähnt man sich in dem Gefühl, etwas getan zu haben, während man im Grunde nur damit befaßt war, sich irgendwie zu beschäftigen.
Es wird nicht ausbleiben, fürchte ich, daß ich mein(en) Brod verdiene. Außerdem ist mein Tagebuch verschwunden, und es gibt seit zwei Wochen Leben ohne Eintragung. Ich bin gezwungen, Worte wie Vögel abzuschießen, auf der Straße liegenzulassen. Ich sehe weiße Unterwäsche auf einer Richtschnur hängen - ein dunkler Zusammenhang. Ein Fenster, das sich nach außen öffnen sollte, fällt, mit weiten Flügeln, in mein Zimmer ein.

Schabbat Schalom,

Dein Spleendarius

Gottlieben, 17.2.1973

Mein lieber Elazar,

ich bin vorgestern infolge einer Bewußtseinsstörung die ganze untere Treppe bis in den Hausgang gestürzt, wo ich bewußtlos liegen blieb. Auch nachdem mich Frau Singer und Fräulein Conradi heraufgetragen, blieb ich lange bewußtlos. Ich war direkt aufs Aug gefallen, und als ich endlich zu mir kam, war ich in Angst um das Aug, weil ich gar nichts sehen konnte, und es schien, als ob das viele Blut direkt aus dem Aug herauslief. Aber mein Freund der Augenarzt ist dann sofort gekommen und sagte, das Blut käme aus dem Augenlid, das einen Riß bekam, der dann wieder zuwächst, das Aug sei unverletzt - es ist mein gutes Aug, das andre hat ja den grauen Star.
Der Arzt kam dann auch und sagte, es sei kein Schlaganfall gewesen, sondern eine Zirkulationsstörung im Gehirn, weshalb ich gefallen bin und so lange bewußtlos war - auch jede Erinnerung der letzten Tage ausgelöscht. Die kommt aber allmählich nun wieder.
Wenn Du mich sähest, würdest Du schon ein wenig erschrecken: das Aug ganz zugeschwollen, die ganze linke Hälfte in den grellsten Farben von Grün, Blau, Violett, und so aufgeschwollen, daß niemand dahinter ein menschliches Angesicht vermuten könnte. Ich mußte laut lachen, als man mir den Spiegel vorhielt.
Das ganze Knochengerüst tut auch noch weh, aber es ist nichts gebrochen, so bin ich wirklich gnädig bewahrt geblieben, wie durch ein Wunder. Da Du eben so lieb besorgt nach meinem Ergehen fragst: da hast Du es nun ausführlich und bist froh, daß ich ohne einen ernsten Schaden davonkam, gell. Ja, mit allen Herzenskräften bete ich, daß der gleiche Schutzengel, der mich behütete, auch Deine Seele durch all die Zeit der Wirrnis und Prüfungen hindurchgeleitet. Zur rechten Ruhe wirst Du nicht kommen, bis Dir die Gelegenheit gegeben wird, Deine Sache und Dein Recht selbst zu vertreten hinsichtlich Deiner Konzeption einer Bibliographia

Judaica[69] bei der Deutschen Forschungsgemeinschaft.
Will Dir nur noch sagen, daß ich gut gepflegt werde, nicht nur von Gertrud Conradi, auch von Frau Singer, der Guten ist es arg in die Knochen gefahren, als sie mich wie tot am Boden liegen sah, blutüberströmt, ich kann mich kaum ihrer Guttaten erwehren.
Aber nun Schawua tow,

Dein Clärle

Jerusalem, 23.5.1973

Mein liebes Clärle,

nun bin ich mit dem Manuskript[70] so weit. Dreimal habe ich's bearbeitet und so viele Male ist es mir, in befremdlicher Weise, nähergerückt. Als müßte ich's gewahr werden, ohne es wahrnehmen zu dürfen. Nun ist es aus seinem Versteck heraus, obschon es sein mir zum Antlitz gewordenes Gesicht nicht ganz enthüllt. Es läßt sich immerhin sehen und ich kann mich damit zeigen. Es wird auch Deiner würdig sein. Solange es aber nicht in Satz geht, kann es noch besser werden. Damit es besser werde, müßen immer wieder Aphorismen ausscheiden. Im Satz geben die Worte sich ein Stelldichein, im Buch ein Stelldichaus.
Ein Satz auf dem Weg zu seinem Ausdruck, zu Papier gebracht, für sich Guckloch und Einsicht; im Buche aufgeschlagen - Schaufenster. Das nackte Wort, das vertraute und begehrte, kommt nun in Betracht.
Wenn Du das Manuskript wieder liest, achte darauf, ob es Dich die früheren Fassungen vergessen macht. Das wäre das Zeichen, daß mir ein Buch glückte. Mir will scheinen, als wäre jedes Wort Lockfutter für das nächste. Steige ich vom Buchanspruch zum Aphorismenband herab, bleibt auch dann zu sagen: Der Aphoristiker darf nicht vielversprechend, der Aphorismus nicht vielsagend sein. Ein

paar Worte sollen nicht mehr sagen, als sie jedem in den Mund legen, nicht mehr, als sie in jedem in Erinnerung rufen können. Ein paar Worte müßten nur zueinander gehören: so ansehnlich wie anschaulich. Es ist ein bescheidener Wunsch, doch geht er nicht oft in Erfüllung. Der Aphoristiker weiß von den Worten nur so viel zu sagen, daß sie etwas in Erinnerung rufen. Was? Die Antwort darauf erfolgt von selbst, wenn ein Wort das andere gegeben hat. Ein Mensch, der zu seinen Gefühlen nicht stehen kann, wirkt bald als klug und wird leicht weise. Einen derart erweisten Menschen bezeichnet man zu oft und zu gern als Aphoristiker. Würdest Du diese Behauptung genau nehmen, müßtest Du denken, daß ich vielleicht kein Aphoristiker bin. Das bin ich vielleicht auch nicht.

Nun laß das Manuskript, wie man sagt, "auf Dich wirken". Einige Fragwürdigkeiten hängen mit dem Aufbau zusammen. Obschon ich mich bemühte, kam ich über 3 Bögen (48 Seiten) nicht hinaus, dabei habe ich doch übersehen, daß auch Titel, Motto und Widmung auf ihre Seiten kommen müßen. Dieser Umstand könnte mich zwingen, das Buch zu bereichern. Auf diese Aussicht hin, lege ich Dir eine weitere Aufstellung bei mit der Bitte, nur das unmittelbar auf Dich einwirkende anzustreichen. Alles in allem glaube ich, durch meine konzentrierte Arbeit ein Niveau erreicht zu haben, das ich nicht unterschreiten möchte. Nicht jedes Wort wiegt schwer, nicht jedes leuchtet ein; nichts desto weniger würde ich auf Bedeutendes und Glänzendes gern verzichten. Lächelt Dich ein Wort aber an, so laß es doch passieren. Leider kann ich Dir hierfür nicht mehr als eine Woche einräumen. Lies darum zuerst das Manuskript. Sobald ich vom Verlag Bescheid bekomme, will ich es ihm zustellen. Und dann hätte ich wieder andere Sorgen.

Schabbat Schalom

Dein Elazar

Gottlieben, 25.5.1973

Mein lieber Elazar,

wie bin ich froh, daß Du nun mehr Hilfe von Zweig fandest als Du erwartet hast - i c h hab's nicht anders erwartet. Er ist mir so vertraut, sein ruhiger, liebevoller und doch unbestechlicher Blick, und gerade das hast Du doch nötig gehabt.
Hat er nur Dein neues, so sehr reduziertes Manuskript gesehen, das alte nicht? Ich fürchte es, - hätte fast gehofft, daß er vielleicht noch einiges, was Du so radikal ausgeschieden, gerettet hätte.
Es ist schon so, wie Du sagst, daß jede Änderung nicht nur das Ganze, sondern sogar den einzelnen Aphorismus verändert.
Von den Aphorismen, die Du mir heute abgeschrieben hast, sagst Du selber, bis meine Bemerkungen dazu zurückkommen, hättest Du wohl bereits die meisten davon wieder ausgeschieden - ich glaube es auch fast oder liegt's an mir, daß ich keine "gute Stunde" habe, daß mir nur wenige davon eingehen wollen?
"Ohne Humor läßt sich weder glauben noch zweifeln", gefällt mir sehr gut.
"Kleine Menschen haben keine großen Fehler", scheint mir auch gut.
"Nicht jeder verdiente, vergessen zu werden...", ist das nicht zu selbstverständlich?
Die beiden Vorurteile - nun versteht man ja unter Vorurteilen gerade das voreilig festlegende, abschließende Urteil, das jeder weitern Folgerung und "denkerischer Leistung" einen Riegel vorschiebt. Aber vielleicht kann gerade ein Aphorismus einmal zur Umkehrung einladen? - "Vorurteile - Vorarbeiten der denkerischen Leistung".
"Die Einseitigkeit im Liebesverhältnis: nur der Liebende entwikkelt sich". Da würde also vorausgesetzt, daß in einer Liebesbeziehung immer einer vorwiegend der Liebende - der andre der Geliebte wäre, - wird das klar?

"Kitsch - das Entgegenkommende". Ich glaube, das ist gut.
"Der Körper ist nicht bloßer Mitläufer...". Mitläufer gefällt mir nicht so.
"Man kann lang und länger bei gutem Humor bleiben, aber nicht bei guter Ironie". Ich bin nicht ganz klar, ob es sich da um das Verhalten gegenüber Humor und Ironie in der Dichtung handelt - in diesem Fall würde ich statt "bleiben" vielleicht "verweilen" setzen? - oder ob es einfach bedeutet, daß man selber länger "bei gutem Humor bleiben kann" so etwa im Sinn wie "bei guter Laune" -.
"Es ist Zeit..." - vielleicht versteh ich das "analphabeten" nicht richtig, ist es ein Wortspiel, analpha-beten? Dann würde mich das im Zusammenhang mit beten stören.

So, da hab ich alles hingeschrieben, so gut ich's versteh, ohne Scheu, denn Du weißt - ich wollte nur, ich könnt Dir besser dienen.

Bis dieser Brief zu Dir kommt, steht uns ein frohes Fest bevor - unser Manu wird vier Jahr alt. Und Du unterbrichst Dein fieberhaftes Schaffen für einen Tag voll Spiel und Freude. Sag, wirst Du ihm auch zeigen, wie er den Kasper handhaben kann? Den Daumen in den einen Arm, den Zeigefinger in den Kopf, den Mittelfinger in den andern Arm - ich will ihm nach und nach sämtliche Kasperlifiguren schicken.

Ich schrieb ihm seinen Brief extra, er muß doch auch einen von der Post bekommen.

Schabbat Schalom

Dein Clärle

Gottlieben, 19.10.1973

Mein lieber Elazar,

auf Schabbatabend ist das Buch, Dein Buch, unser Buch zu mir gekommen - zu mir allein.
Noch hör ich Deinen Jubelruf, als die Fahnen auf Schabbatabend zu uns beiden kamen - und so wiederum ein paar Wochen später der Umbruch - nun bist Du weit fort, weit von aller Freude, weit von allen Gedanken an das Buch. Ich wagte lange nicht, das Päckle aufzumachen - D e i n e Augen müßten zuerst darauf ruhen - und nur Deine Hand dürfte es in meine geben, das wunderbare Geschenk. Zitternd legte ich's aufs Klavier.
Erst als es Zeit war, meinen kleinen Schabbattisch zu richten, die Kerzen anzuzünden und auch wie immer den Wochenabschnitt bereit zu legen - da kam es mir, welch seltsames Zeichen es war, daß es wieder auf Schabbat kam - und gerade auf diesen Schabbat mit dem ersten Wochenabschnitt vom 1. Buch Moses. Da stieg mir auf, was in Deinem Tagebuch gestanden hatte, "daß das erste Buch Moses Dein Kindheitsparadies sei - und vielleicht Dein Paradies überhaupt". Und so dachte ich: Einer muß es doch empfangen, wenn es, das Büchlein, ans Tor von deinem Paradies kommt, während Du selbst und das Land in der Hölle des Krieges seid. Nur die Schabbatlichter und die Bibel waren auf meinem Tisch, als ich es an mich nahm - stellvertretend für Dich. - Ganz mein wird es erst, wenn Du es mir aus Deiner Hand in meine gibst.

Nun liegt es da im Schein der Schabbatlichter, schön ist's, von einer erlesenen Einfachheit.

<u>21.10.1973</u>

Und inzwischen geht ein Tag nach dem andern vorüber, schwer von Entscheidungen, und Du in ihrem Strom und ich mit Dir auf allen Deinen Wegen,

Dein Kamerad

Gottlieben, 25.11.1973

Mein lieber Elazar,

ich möchte beide Hände um das neue Licht legen, daß kein Wind dran rührt. Aber er könnte es nimmermehr auslöschen, "das neue Leben", denn Du nimmst ja alles hinein, das Helle und Dunkle und die Stürme, das Vergangene und Gegenwärtige - ja sogar das Künftige ist mit umschlossen in Deinen "Minuten der Unsterblichkeit"[71]: Es ist ja auch mitten im dunkelsten Sturm des Krieges in Dir erwacht, "das neue Leben". Wohl mag es nicht wenig Sturm und Wolken geben in den nächsten Wochen - oder Monaten? - auf dem so schweren, dornenvollen Weg zum Frieden - denn wohl scheint es oft, als stehe Israel so verlassen als je. Mächtige Staaten kriechen vor stinkigen Ölprotzen, daß es ein Ekel ist. Aber wie viele, viele Menschen weiß ich, die nur umso inbrünstiger für Israel beten.

Wenn doch das geliebte Büchlein Dir noch viel belebende Ströme zurücksendet von Menschen, die es lieben.

Ich will Dir morgen noch 10 als Luftpostpäckle schicken. Du wirst sie sicher nötig haben, bis dann die andern kommen, die ich mit gewöhnlicher Post schickte. Denn es ist ja begierig, das Büchlein, gerade auch in Israel mitzuhelfen - auch wenn dies durch die deutsche Sprache begrenzt ist - Brücken zu schlagen über die Lücke, den Unterbruch der Beziehungen, der durch Dein langes Fernsein entstanden ist. Ich bin drum immer so glücklich, wenn ich in Deinen Briefen sehe, wie sich neue Fäden knüpfen, wie Deine letzten Veröffentlichungen aufhorchen lassen, wie die Lücken sich schließen, und Du wieder mitten darin bist im Kreis und seinen belebenden Wechselwirkungen. So glücklich bin ich darüber, weil mich schon manchmal mit Grauen die Angst gestreift hat, Du könntest wie so manch andre Verwandtschaft mit Manuels Wesen und Lebenslauf auch dies wiederholen, daß Du wie er Dich selbst ausschließest von den fördernden Strömen und Gegenströmen.

Siehst Du, so begann es bei ihm: nach seiner langen schweren Krise nach der Scheidung, mit dem Unterbruch von 5 Jahren, nicht nur jeder Veröffentlichung, sondern auch aller Kontakte. Als er wieder leise anknüpfen wollte, mußte er fühlen, er war vergessen, war außerhalb geraten. Statt, daß er nun versuchte, dies einzuholen, reagierte er gekränkt, mit Empfindlichkeiten, die ursprünglich gar nicht in seiner Natur lagen. Eine kleine Verschiedenheit in den Ansichten genügte, und es hieß: "Mit dem Mann will ich nichts zu tun haben", oder zum Beispiel wollte der eine nur den Lyriker, der andre nur den Dramatiker in ihm gelten lassen: statt von jedem zu nehmen, was er zu geben hatte, verscherzte er sich alle beide. So versperrte er sich nicht nur den äußeren Weg, die Auswirkung, er schnitt sich auch von dem befruchtenden Kontakt ab.

Natürlich hast Du heute eine schärfere Kritik, als sie der Wanderknabe hatte, dem sich gerade deshalb Tür und Tor öffneten. Wenn der Blick schärfer wird, beim gereiften Menschen, sieht er auch überall die Grenzen, jeder Mensch hat sie - wenn wir sie überspringen, führen sie auch wieder ins Offene und eröffnen ungeahnte neue Wege. Ach, Du brauchst so sehr neue Menschen, denn der Tod lichtet von selbst die Reihen.

Und was für ein Jammer, daß nun eben der Dichter Auden gestorben ist, dem Du doch noch wolltest das Buch schicken, ja, um eine Äußerung bitten. Ich las manch Schönes von und über ihn in der Neuen Zürcher Zeitung.

Wie sehr ich selbst der Ratschläge bedürfte, wirst Du glauben, wenn ich Dir sage, daß in vier Tagen, an diesem nächsten Freitag, der große fürchterliche Tag ist, da ich den ganzen Nachlaß Zeller übergebe fürs Schillermuseum. Ich habe zum Glück keine Zeit, mir auszudenken, wie namenlos beraubt wir, das Haus und ich, sein werden. Du siehst ja den Paniker deutlich vor Dir, wie er auf's neu mit zitternden Händen in allen Fächern und Schubladen hantiert und wurstelt. Es erwies sich aber als nötiger, als ich ahnte, und außerdem muß ich nun eben die Sachen zusammensuchen und zusammenstellen für die kleine Ausstellung, die er machen will -

muß ich alles mir aufschreiben, was alles ich ihn fragen, ihm "nahelegen" will.
Ich schrieb auch Reclam, bat ihn, sich mit Zeller in Verbindung zu setzen, ob sie miteinander die "Presse" einladen wollten zu der Eröffnung. Reclam schrieb mir umgehend, recht freundschaftlich, meinte aber, er glaube nicht, daß Zeller einen "Presseempfang" arrangiere - es tönte so, als wollte er mich warnen "verlangen Sie nichts von Zeller, was über das Maß hinausgeht, das er sich vorgenommen hat, Sie können nur Ihre Beziehung zu ihm stören". Nun, sachte probieren werd ich's doch noch. Himmel nocheinmal! d a s kann er doch! -
Nach dem Telefon mit Zeller, als seine nervöse, etwas geschäftsmäßige Stimme bloß noch in Fetzen um mich herumschwirrte, zitterte ich so an allen Gliedern, konnte stundenlang nicht aufrecht stehn, ohne mich an der Wand zu halten.
Nun muß ich nur heillos aufpassen, daß ich mich nicht aufs neu erkälte, wenn ich in dem eiskalten Arbeitszimmer wurstle, aber bis jetzt hat die "Genesung" gehalten, und wenn Du armer Soldat, der heimkommt, um sich die Glieder auszustrecken, stattdessen diesen Monsterbrief lesen mußt, dann hat Dein Paniker die Sache hinter sich, denn so gegen Abend am Freitag will Zeller abfahren - mit allem, was mein Leben ausmachte - dann komm ich zu Euch - dann kann ich nur noch erschöpft in Eure Arme sinken

Schabbat Schalom

Dein Clärle

Gottlieben, 29.5.1974

Mein lieber Elazar,

zunächst, daß Du Dich nicht sorgst: ich habe die Operation - sie dauerte 1 1/2 Stunden, ohne Narkose, aber mit Spritzen - gut hin-

ter mich gebracht und bin gottlob daheim. Es war erst vorgesehen, ich sollte sechs Tage im Krankenhaus bleiben, aber nachdem der Arzt hörte, daß ich nicht in einer Krankenkasse bin, wollte er mir die enormen Kosten ersparen und ließ mich heim. Muß nun eben weiter hin und her zum Verbandwechsel und weitern Behandlungen, aber so kann ich wenigstens Deinen letzten Brief beantworten und die 10 Seiten Aphorismen[72], so gut ich vermag.
Leider habe ich von den letzten Aphorismen, die ich noch am Vorabend der Operation Dir zurückschickte, keine Abschrift. Nun sind bei den Aphorismen von heute manche von jenen, in neuer Fassung, und ich kann sie nicht vergleichen.
Ich bedauerte in der Fassung von vorgestern, daß E R nicht in der Mitte des Satzes war - (es begann: Er wartet) - so daß nicht das großgeschriebene <u>Er</u> d e u t l i c h auf Gott hinwies, so daß ich einen Augenblick erwogen hatte: "Weil Er wartet, vermögen wir zu erwarten."
Nun, in der heutigen Fassung ist dies erfüllt, das "Er" ist in der Mitte, nur würde mir hier viel besser gefallen "W i r erwarten, daß Er warte. Das ist u n s e r e Hoffnung", also die heutige etwas verändert?

Dann auf S. 10 "Das Leben endet wie es beginnt, im Erwachen", es hieß vorgestern so ähnlich: "...ein Schlaf auf Erwachen, so wäre auch der letzte nicht anders denkbar". Leider kann ich mich gar nicht mehr darauf besinnen - kein Wunder, nach allen Betäubungsmitteln, die ich bekam seither. Dieser heute, wie oben nun klar und prägnant, ist darum wohl schon die beste Lösung - die andre war geheimnisvoller, vielleicht schaust Du sie auch nochmal an.

Nun das Schwierigste und Wichtigste, auf S. 4 - im Bezug darauf wohl schreibst Du, ich werde vielleicht nicht alles begreifen - daß Du aber zufrieden bist, "wenn ich dies und das glaube und verspüre". Ja, ich verspüre wohl in dem letzten Spruch "Sprache macht..." und in der anschließenden Erklärung das unergründliche

Geheimnis vom Baum der Erkenntnis - das mit der Sprache zusammenhängt, die zugleich das Bindeglied mit Gott ist - zugleich Anmaßung und Sünde, während das sprachlose Tier keine Sünde kennt und noch ganz in der Schöpfung ist. Mit mir ist es wohl so: ich weiß, daß ich von Gott getragen bin und daß i c h i h m verantwortlich bin, ihn selbst mit einem Gedanken von Verantwortung zu verbinden, wäre mir fern. Aber der Spruch muß nun so stehen, wie er da steht, gleichviel, ob er verstanden wird: "Sprache macht die Schöpfung zur Welt, den Schöpfer zum Gott, für diese Welt verantwortlich" - er mag manchem eine Ahnung geben.
Ich bin sehr glücklich, daß Dir ein so wunderbarer Satz geschenkt wurde.

Und nun ist es Zeit, daß ich meinen dicken eingebundenen Schädel auf mein Kopfkissen lege, er ist sehr müde, tut aber nicht mehr weh.

Gute Nacht
Dein armes Clärle

Ich bin nochmal aufgestanden, weil mir, als ich so still dalag, doch aufging, daß Deine neue Fassung doch schöner ist: "Wir erwarten, daß Er wartet - das ist unsre Hoffnung".
Die auf der Rückseite meines Briefes standen, von denen Du keine Abschrift hast: "Für seine Gedanken kann man sich nicht entschuldigen" - "Trost - ein verhinderter Heilungsprozeß" - "Leere Worte warten auf Erfüllung".

Mein lieber Elazar, Gottlieben, 1.8.1974

an Deinem kleinen Freund, dem Clärle, könntest Du heut keine Freud haben, Du tätst grad davonspringen, wenn Du mich sähst - das Gesicht dick verschwollen mit dunkelvioletten, schwarzen Flecken von Blutergüßen im ganzen Gesicht, an Armen und Beinen, bin so bös gefallen mitten auf dem holperigen Feldsträßlein zwischen Kreuzlingen und Tägerwilen - muß gestolpert sein, und es schleuderte mich mit hartem Aufprall weit nach vorn auf die spitzen Steine, - war zuerst ganz betäubt, bis ich wieder meine Sinne zusammen hatte, wußte auch nicht, woher all das Blut kam, bis ich merkte, daß ich außer den Wunden auch noch einfach Nasenbluten hatte von dem Aufprall, dann rappelte ich mich in die Höh und merkte, daß alle Knochen ganz waren - dachte einen Augenblick: "Zurück nach Kreuzlingen und ein Taxi" - aber das war auch ziemlich weit - und so von oben bis unten voll Blut und Dreck unter die Leut - so las ich meine verstreuten Siebensachen, die Einkäufe, zusammen und wankte weiter in Richtung Gottlieben - kam an einem alten Bauer vorbei, der da ein Unkrautfeuerlein machte, der kam entsetzt auf mich zu "aber Fräueli, was ist Ihnen denn geschehen, sind Sie so bös gefallen?" und er nahm mich einfach in die Arme - "und wohin müßen Sie denn noch so laufen?" "Nach Gottlieben." - "Aber können Sie das denn auch?" - und mit einem etwas besorgten Seitenblick auf sein Feuer: "Soll ich mitkommen?" "Nein, nein, ich kann schon" sagte ich und ging ganz getröstet weiter - das gibt es halt doch nur unter den einfachen Leuten, daß einen einer grad so in die Arme nimmt vor Erbarmen, ein fremder Mensch - so auch die Frau Singer, die mich durchs Fenster dahertaumeln sah, herunterstürzte und mich einfach aufhob und hinauf trug.
Heut ist mir wieder soweit ganz wohl, hab überall schöne Verbände, die mir die Singer machte - hoffentlich sind die schwarzen Beulen im Gesicht weg, bis Du kommst, das soll ziemlich lang gehen.

Lieber, der Brief kam langsam voran, weil mir doch vom gestrigen Schock noch ein bißchen benommen und mein Zeigefinger der rechten Hand verstaucht. Darob ist's nun doch Schabbatabend geworden, Zeit, ein paar Blumen für mein Schabbattischlein heraufzuholen und die Kerzen zu richten. Und, so aus der Ferne - wag ich doch jedem von Euch einen Kuß zu geben, obschon die Sawta eher einem Pavian gleicht, aber die gute Fee wird sie auch wieder aus der schlimmen Verwandlung erlösen.

Schabbat Schalom
Dein Clärle

Gottlieben, 9.8.1974

Mein lieber Elazar,

heute hatte ich eine große Freude: Niki (von Möggingen) schrieb mir neulich, er habe bei einem Fest einen Herrn aus Friedrichshafen getroffen, der habe ihm erzählt, es sei dort ein alter Friedhof aufgehoben worden - und in eine Anlage verwandelt - dabei habe man ein altes Bodman-Grab geschont, stehen lassen und in die Anlage einbezogen - ich schrieb, das könnte doch das Grab von Manuels Mutter sein, sie möchten sich bitte näher erkundigen, worauf sich Moni (Nikis Frau) gleich nach Friedrichshafen aufmachte, das Grab fand, es ist wirklich das von Manuels Mutter - es stehe vor einem alten mächtigen Baum, und noch viele alte schöne Bäume daneben. Ich bin sehr glücklich darüber.

Schabbat Schalom

Dein Clärle

Gottlieben, 19.12.1974

Mein lieber Elazar,

die Feier* am Sonntag war reine Freude - für alle. Wie hast Du mir gefehlt, daß Du Dich hättest mitfreuen können - ich glaube, Gottlieben wäre Dir dadurch noch mehr "zur Heimat geworden" (wie Du neulich sagtest), dadurch, daß es seinen Dichter so schön feierte. Schon der Raum war wunderschön - der oberste große Saal des Waaghauses, den ich noch gar nie gesehen hatte, mit seinem herrlichen mittelalterlichen Dachgewölbe sehr festlich - angefüllt mit nahen und auch ferneren Freunden - auch sämtliche Bodmänner - alt und jung - waren wieder vollzählig da.
Der Gemeindeammann hielt die erste Ansprache - ihn haben wir ja heranwachsen sehen, Manuel hatte ihn als Bub am liebsten von allen Gottlieber Buben - das Schöne war ja eben, daß die Gemeinde als solche die Feier veranstaltete - vom Gemeinderat beschloßen - und dadurch das ganze Dorf Anteil hatte. Dann Musik - dann die Rede von Dino Larese, der ganz außerordentlich schön und warm gesprochen haben muß, alle die ihn hörten, auch Anspruchsvollere, waren ganz begeistert davon - meine Ohren haben's nur dem Klang, nicht dem Sinn nach auffassen können, aber die ganze Wärme spürte auch ich - dann wieder Musik - dann Rezitation und Lesung einer Novelle durch eine sehr gute Schauspielerin - dann nochmal Musik. Anschließend Besichtigung und Führung durchs weihnachtlich geschmückte Dichterhaus. Viele Gäste hatten eben, da inzwischen die Mittagszeit überschritten war, heimgestrebt, so daß das Gedränge in den Räumen des Bodmanhauses nicht gar so groß war, wie ich gefürchtet hatte - grade so recht - nachher folgte im untern Saal des Waaghauses noch ein festliches Bankett, an dem

* Feier zum 100. Geburtstag Emanuel von Bodmans in Gottlieben

alle Mitwirkenden, die Gemeinderäte und sämtliche Bodmänner teilnahmen (alle von der Gemeinde eingeladen), das zog sich bis in den späten Nachmittag hin, da gab es noch viele Reden, auch Vetter Johannes hielt eine - die Bodmänner waren überhaupt tief bewegt, daß die Schweizer ihren Dichter so feierten. Wie müde war ich, als alles vorüber und ich in meiner Sofaecke kauerte, brauch' ich Dir nicht zu sagen, aber ganz glücklich, das glaubst Du mir.
Gestern schellte dann das Telefon den ganzen Tag, weil alle meine Freunde mir kundtun wollten, wie beglückt sie noch dauernd den ganzen Tag waren über die einzigartige Wärme und Spontaneität dieser dörflichen Feier. Es war auch alles so unerwartet, so unverhofft - um die Konstanzer Feier hab ich gekämpft - von dieser ließ ich mich einfach beschenken. Gleich werden meine Gäste kommen (so jeden Tag jetzt) -

Schabbat Schalom
Dein Clärle

Gottlieben, 10.11.1975

Mein lieber Elazar,

schau, ich kann nicht anders, auch wenn Du meine Antwort gleich abwehrst - Du bist ich.
Auch wenn Du recht hast, daß ja alles gesagt ist in dem Spruch, in den der ganze Brief mündet - einer dieser Sätze, die so gut und tief nur sein können, weil sie aus einem innern Kampf hervorgehn: "Wer das Einfache nicht tun kann, muß das Außerordentliche leisten."[73]
Er steht für mich so groß da wie der andere: "Der Geist ist nicht aktiv, das ist seine Wirkung."[74]
Lieber, ich glaubte mich schon ein paarmal von Dir mißverstanden,

wenn Du mir nicht zutrautest, an diese Wirkung zu glauben, in sie zu vertrauen - daran zu glauben, daß jedes Dichterwort - wie auch jede große Tat - seinen Wert in sich selber hat und daß Gott tausend Wege weiß, durch die es neu erstehen kann, gegen die alles nichtig ist, was wir selbst für seine äußere Wirkung tun können. Du hättest tausendmal recht, Dich dagegen zu wehren, wenn ich Dich in eine hektische Aktivität drängen wollte, eine rasche Drucklegung zu erzwingen. Aber es ist ein anderes, wenn ein Buch so rund und voll in sich zusammengewachsen und in sich vollendet ist, sich in aller Gelassenheit nach der Möglichkeit umzuschauen, einen Verlag dafür zu finden und die paar Beziehungen dafür zu nutzen, die sich ergaben - wie Du ja getan hast. Ein anderes wär's, es zu erzwingen zu versuchen, wenn die Zeitumstände ihm allzu ungünstig wären - dann könntest Du es mit der gleichen Gelassenheit der Zukunft vorbehalten - nachdem Du getan und versucht hast, was Du dem Dank dafür, daß es Dir geschenkt wurde, schuldig bist. Und hab keine Angst, jedes Wort, das Du darin über den Glauben sagst, hat Gott Dir eingegeben.

Und glaubst Du nicht, daß auch die Propheten, nachdem sie Gottes Botschaft verkündet und ausgerichtet hatten, in sich eine Leere fühlten - dann gingen sie in die Wüste, daß Gott sie wieder fülle und sie seine Stimme neu hören - vielleicht ist "die Wüste" nur ein Bild für diese Leere, sie ist nur ein nötiger Durchgang.

Ich habe auch nie gefürchtet, daß Manuels Werk verloren gehen könnte, meine einzige Furcht war, daß ich der Verantwortung für das mir anvertraute Gut nicht gewachsen sei - aus dieser Unsicherheit heraus hab ich wohl oft mehr zuviel als zuwenig getan. Ich fühlte mich aber immer in Gottes Schutz, der mich vor allzu großen Fehlern bewahren würde.

Nun ist auch das vorbei, die Fehler mit eingerechnet.

Dein Clärle

Tel-Aviv, 30.1.1976

Mein liebes Clärle,

wie soll ich Dir für Deinen panisch angstvollen Brief danken? Du hättest Dir doch nur e i n m a l notieren sollen, daß Du mich hundertmal beschworen hast, das Büchlein um Gottes Willen nur ja mitzunehmen! Ich durfte Gottlieben nicht verlassen, ehe ich das Büchlein einsteckte, damit Du beruhigt bist - und wie dankbar wolltest Du mir dafür sein. Und nun - nun hast Du den Dank geerntet. Bitte, mache nur nicht zuviel Ordnung bei Dir. Ordnung wäre wohl das Paradies, Ordnungmachen ist aber Deine Hölle. Was Du in Ordnung bringst, bringt Dich aus der Ruhe. Es ist leicht gesagt, ich weiß; ich sag's auch zur eigenen Beruhigung, denn ich habe noch in Erinnerung Dein jammervolles Suchen und mein Entsetzen darüber. Nun sei doch beruhigt.

Daß Dir Franz Rosenzweigs Verdeutschung des Jehuda Halevi[75] wenig zusagen würde, habe ich befürchtet.

Worte lassen sich übertragen, Sprache läßt sich nicht übersetzen. Wo es um Sprache geht, da geht's hart auf hart.

Was wir von Rosenzweig empfangen, ist weder übersetzt noch übertragen, ist auch nicht nachgedichtet, sondern verdeutscht. Denn eben nur verdeutscht - und nicht im übertragenen Sinn, kann Jehuda auch im Deutschen ha-Levi, der Levite, sein. Der Sinn seiner Gedichte, besonders seiner Zionslieder, läßt sich nicht übertragen, sondern n u r verdeutschen. Das versteht sich aus der ebenso großen wie fragwürdigen Übersetzungstradition des 19. Jahrhunderts nicht von selbst, und von daher rührt auch Dein Unbehagen. Rosenzweigs Verdeutschung ist eben g e g e n diese Tradition gerichtet. Das 19. Jahrhundert, in seiner zweiten Hälfte zumal, ist für den Fragenkomplex "übersetzbar - Übersetzung" ein entscheidendes, ist an Talenten das reichste und - durch den Goetheschen Begriff von "Weltliteratur" beschwingt, durch eine politisch verfolgte Emigration schon damals "gefördert" - auch das entdeckungsreichste. Das 19. Jahrhundert dauerte, auch über-

setzungsgeschichtlich betrachtet, bis zum 1. Weltkrieg.
Übersetzungen, Übertragungen, Nachdichtungen: man liest sie meist mit Vergnügen, selten mit Gewinn; man weiß: dieses Vergnügen läßt sich gleich- und regelmäßig, öfters unter verschiedenen Namen wiederholen: Freiligrath, Heyse, Geibel. Diese stehen für ihr Jahrhundert und können dafür geradestehen: bedeutend, vielsagend und wertlos, weil poetisch vergleichgültigend.
Was Rosenzweig machte, läßt sich nicht wiederholen. Er gab im Deutschen dem Hebräischen nicht nach. Er machte sich große Gedanken und keine leichte Arbeit.
Wir begehren, das Fremde kennenzulernen, wollen aber zugleich ins Vertraute gezogen werden. Doch nur derjenige Übersetzer verdient unser Vertrauen, der das Fremde vor uns schützt und als Nichtvertrautes zugänglich macht. Dem Gedicht, nicht unseren Lesegewohnheiten müssen wir folgen. Erst durch eine solche Folgeleistung wäre entfremden möglich.
Unser Gewinn ist nicht im Gedichteten (der Übersetzer dichtet nicht), sondern im Übersetzten. Jede Übersetzung hat ihre Vorlage schon einmal vernichtet. Das könnte andererseits auch bedeuten: mit derartigen Leistungen will man gerade nicht auf ein Fremdes verweisen, sondern an seine Stelle treten.
Jeder Übersetzer gibt sein Wort und bleibt diesem treu.
Ein Übersetzer ist kein Dichter, wenn er nicht Nachdichter ist; oder aber er ist Nachdichter und insofern kein Übersetzer.
Kann der Reim nicht aufgegeben werden, so darf er doch auch nichts verdecken. Was auf den Reim gebracht wird, will auseinandergesetzt werden. Gerade in diesem Punkt hat uns das 19. Jahrhundert, in seiner Übersetzungspraxis, ein fragwürdiges Erbe hinterlassen.
Geht man nun an ein Gedicht als Philologe, Sprachdenker und keuscher Liebhaber heran, dann ist "Rosenzweig" das Ergebnis.
Wenn eine große Liebe gerade keusch genannt wird, so nur, weil sie sich weder zeigt noch sehen läßt. Eine solche Liebe ist die Rosenzweigs zu Jehuda Halevi. Seine Arbeit an jedem Wort, seine

Briefe um diese Arbeit, seine Noten zu einzelnen Gedichten sind Zeugen dieser Keuschheit und lassen das, was sich nicht sehen läßt, groß erscheinen. Hier ist alle Deutung - Liebes e r k l ä- r u n g.
Jeder Übersetzer vernichtet seine Vorlage und erhebt zugleich den Anspruch, deren hinterlassene Spur zu sein.
Ich weiß nicht, ob mir nun gelungen ist, Dir einen Begriff von dem zu geben, was hier für "Rosenzweig" steht, nachdem seine Bemühungen bei Dir auf Widerstand stießen. Doch war meine ursprüngliche Absicht eine andere, und diese möchte ich nicht verfehlen: Dir ein Stück jüdisch "ergriffenes Dasein", ein Herzstück jüdischer Poesie näherzubringen. Ich werde es mit anderen Übersetzungen versuchen und gleich mit einer rühmlichen - also nachrühmlichen - Ausnahme aus dem Ende des 19. Jahrhunderts beginnen, mit Seligmann Hellers "echten hebräischen Melodien"[76].
Mit ihm war übrigens auch Rosenzweig bereit, eine Ausnahme zu machen.
Soviel, Clärle, steht uns - nicht zu versäumen! - noch bevor. Auf keinen Fall will ich aber versäumen, Dir das für Dich Überraschendste mitzuteilen: Rosenzweigs Buch ist in seiner ersten Auflage, 1924 bei W ö h r l e , zu gleicher Zeit mit Manuels Werken erschienen!

Schabbat Schalom

Dein Elazar

Gottlieben, 7.5.1976

Mein lieber Elazar,

ich hab nicht mit den Auszügen weitergemacht, die Woche, da ich noch auf weitere Weisung dazu warte, hab lieber mich bemüht, mit den Hausarbeiten voranzukommen, um dann, nachher für die Briefe

die Zeit frei zu haben. Dein Zimmer ist nun blitzsauber und wartet auf Dich. Und gestern, als letztes - das Arbeitszimmer. Nachdem alles wieder eingeräumt war, hab ich "den Kanzler" wieder an seinen Platz neben das Büchergestell gestellt - Du weißt doch, daß Manuels Hauptstock[77], mit dem er sich "beriet", der Kanzler war - ein ganz schlichtes, schlankes Stöckle aus Weichselholz, das einen feinen Duft hat. Ein andrer Stock hieß der "Feldmarschall", den er mehr in äußeren Dingen zu Rat zog, dann war da noch der "Herr Baron", ein eleganter Stock mit einer Elfenbeinkrücke, den ich später Preisendanz schenkte - dann das gewöhnliche Fußvolk der Stöcke, in den Schirmständern. Aber nur der Kanzler hat seinen Platz im Arbeitszimmer - kennst Du ihn? Ich hab ihn auch eben gefragt, ob mein Lieber gesund ist, ihm nichts fehlt.
Schabbat Schalom

Dein Clärle

Gottlieben, 19.5.1976

Mein lieber Elazar,

ich bin im Augenblick schwer betroffen vom Tode von Vetter Johannes, dem Oberhaupt der Familie, dem Majoratsherrn. Morgen fahre ich zur Beerdigung nach Bodman. Mir ist, ich fühle erst jetzt so ganz, was mir eigentlich Vetter Johannes bedeutet hat. Er war es ja, dem ich mit dem Haus einen Teil von Manuels Vermächtnis übergeben habe. Ich denke an den Augenblick zurück auf dem Notariat in Tägerwilen, als wir einander die Hand gaben und in die Augen sahen, nachdem wir den Vertrag unterschrieben.
Er war in all den Jahren immer verläßlich in großen und kleinen Fragen, ritterlich um meine Wünsche besorgt, ein Edelmann durch und durch. So hast Du ihn nun nicht kennengelernt - ein Besuch

war auch in den letzten Jahren kaum möglich, er ist schon lange schwer krank gewesen, wurde immer schwächer und seine Frau ebenso - er läßt sie vollkommen hilflos zurück. Dabei waren sie beide mehr als 10 Jahre jünger als ich. Lieber, so kann ich Dir heute nicht viel sagen.

Dein Clärle

Mein lieber Elazar, Gottlieben, 2.1.1977

heut hat mein Herz einen grausamen Schlag bekommen. Ich bin nach der Kälte der letzten Woche zum ersten Mal wieder das Rheinwegle gegangen heut abend, - und zu meinem großen Schreck war die Hälfte der herrlichen Bäume, die Manuel am letzten Tag seines Lebens gerettet hat (ich hab Dir's schon manchmal erzählt, und Du kennst sie auch gut, die Bäume) gefällt. - Immer jeden zweiten in der Reihe haben sie geschlagen - und nun frag ich mich bang: Ob sie wenigstens die andern leben lassen? - Und auf der anderen Seite des Wegleins, ach, da ist das Holz ihrer stolzen Leiber hoch aufgeschichtet. - Nun sind die Riesen gefällt, geschlachtet. Sie waren doch ganz gesund, so frisch im Laub wie je, das Land dort gehört der Gemeinde Tägerwilen, die haben's getan. Nun kann ich sie meinem kleinen Urenkel, Deinem Manu, nie mehr zeigen, wenn er endlich einmal kommt - die stolzen Riesen, wie oft hab ich sie ihm in Gedanken gezeigt.
Ich habe eine anstrengende Zeit, unaufhörlich Besuch. Und wenn mich auch jeder freut, bin ich nun doch ein wenig erschöpft. Immer wenn ich die Vorbereitungen in der kalten Küche mach, und danach die Teller und Tassen wieder wasch, denk ich dran, wie tapfer Du, mein Morgenlandsohn, der doch gar nicht für die Kälte geboren ist, das alles so wacker gemacht hast, in Manuels altem Mantel.

Und nun nur noch dies: daß ich mich inzwischen vergewissert hab, daß wenigstens die übriggebliebenen Bäume stehenbleiben. Ob sie wohl um ihre Kameraden trauern, mit deren Wurzeln die ihren tief in der Erde verflochten waren...

Leilah tow

Dein Clärle

Mein lieber Elazar, Gottlieben, 7.1.1977

seit Jahren hab ich mich gewöhnt, D e i n Neujahr mit Dir zu feiern, nicht nur, weil es Deines ist, sondern weil mir das jüdische Neujahrsfest in seinem großen Ernst soviel mehr bedeutet, als die oberflächliche laute Art, wie in westlichen Landen der Tag begangen wird. Manuel freilich hat ihn stets in tiefer Besinnung erlebt - ich durfte dann wohl im Laufe des Abends ein wenig zu ihm ins Arbeitszimmer kommen und er hat etwas vorgelesen, dann aber in der letzten Stunde und wenn die Glocken das neue Jahr einläuteten, wollte er ganz mit sich allein sein.
Schwerer zu beantworten, in Worte zu fassen, ist die Frage, was im alten Menschen tief unter dem Tagesgeschehen, dem verdeckenden, vorgeht. Ich muß da an ein Wort meiner Mutter denken, die mehr als einmal sagte: "Man spricht soviel von der Abgeklärtheit" des Alters - aber ist es nicht vielmehr die Müdigkeit, das Nachlassen der Kräfte, die das bewirken - indem der Mensch heftiger Gefühle gar nicht mehr fähig ist?"
So ehrlich und wahr diese Worte waren, sagen sie doch nicht alles, scheint mir. Es ist doch, mein ich, an Stelle der absterbenden Kräfte nicht einfach ein Nichts - sondern vielleicht, einem selber kaum wahrnehmbar, ein Wachsen in andern Bereichen - so ähnlich wie bei erblindeten Menschen andre Sinne, etwa der Tastsinn, sich stärker ausbilden.

Lieber, ich kann Dir nur sagen, daß ich wohl das Gefühl des Schwächerwerdens, vor allem des Stillerwerdens habe - auch in allen geistigen Erlebnissen, aber nicht das Gefühl der Leere. Das Fassungsvermögen ist geringer, aber das Gefühl der Erfüllung durch das Wenigere, das man noch aufzunehmen fähig ist, das ist wohl das gleiche. Und wenn da keine Befriedigung über große Leistungen mehr möglich ist, so gibt es dafür die kleinen Befriedigungen, wenn man irgendeine Arbeit, sei's im Haushalt, vor der einen ein wenig bangte, doch noch bewältigen kann - alle Tage erlebe ich das, und muß dann nur immer staunen und mich wundern, wie vieles sich ganz ohne eigenes Zutun ergänzt und ausgleicht. So etwa, daß ganz natürlicherweise, einfach weil man alt ist, viele Menschen mit ihren Kümmernissen zu einem kommen, das war von altersher so, und wenn dann einer ein wenig gestärkt und mit neuem Mut von uns geht - ja, dann ist der eigene Mut auch wieder gestärkt und das Gefühl, daß das Leben doch einen Sinn hat. Nun ist ja mein Leben und mein Schicksal kein gültiges Beispiel, sondern wohl eins der glücklichsten, die es geben kann. Wie erfüllt ich durch mein Leben mit Manuel war, weißt Du wohl. Dann hatte ich meine selbstverständliche Aufgabe, die mich aufrecht hielt - und kaum hatte ich sie schlecht und recht, so gut ich's eben verstand, erfüllt, da schickte der liebe Gott mir Dich und Du ließest mich teilnehmen an Deinem reichen Leben und Schaffen.
Das war mehr ein Wunder als etwas anderes, und dies Gefühl des Wunders, des Staunens darüber nimmt immer zu - es ist vielleicht die Fähigkeit, die an Stelle der andern, die absterben, tritt - und Du magst sie vielleicht Glauben nennen. Daß dies alles nicht in Selbstzufriedenheit ausartet, dafür sorgen die eigenen, eingeborenen Fehler und Schwächen, die nicht kleiner werden, gegen die anzukämpfen nötiger als je ist - dafür sorgt mit plötzlichem Schreck der Gedanke an jene, die es nicht so gut haben; an Menschen, die unvorstellbar leiden - auch Tiere - auch Bäume - dies läßt sich nicht beruhigen.
Nun bittest Du mich auch, Dir zu erklären zu versuchen, wo meine

Hemmungen, meine Grenzen sind, wo ich so oft nicht m i t kann mit Deinen Gedanken. Ich glaube nicht, daß es "Duden" ist - eher das Wortspiel, das ich so oft gar nicht merke. Nun hast du mich wohl vieles gelehrt - einsehen gelehrt, wie oft diese Entsprechungen tief hineinleuchten in Zusammenhänge. Aber noch immer kann ich da nicht mit, wo sie nicht aus dem Sinn oder einer gemeinsamen Wortwurzel entstehen, sondern in einem für mich zufälligen ähnlichen Klang. Als Beispiel etwa in diesen neuen Blättern die Stelle über Buber: "...er antwortete ihm verdutzt"[78]. In dem Wort verdutzt - verblüfft - haben die Buchstaben d und u nichts mit "Du" im Sinne von ich und du zu tun, sie folgen hier nur zufällig aufeinander. Ich würde den Spruch sogar viel eher gut finden, wenn es das Wort verdutzt im Sinne von verblüfft gar nicht gäbe, so daß man dann das du im Ver-du-tzt eher herausfinden könnte - abgesehen davon, daß mich verdutzt im Sinne von verblüfft grade in Beziehung zu Gott stört. Aber ich weiß nicht, ob ich Dir an diesem Beispiel erklären konnte, was Du wissen willst.

Schabbat Schalom

Dein Clärle

Tel-Aviv, 13.2.1977

Mein liebes Clärle,

läuft mir ein Gedanke voraus, zieht mir alle Müdigkeit nach, und ich finde keinen Schlaf. Das geht so weit, daß selbst die Träume mich einholen müssen; dann sehen sie allerdings wie meine Gedanken aus. Einem solchen voreiligen, vorauslaufenden Gedanken bin ich nun zwei Nächte hindurch auf den Fersen gewesen. Auf dieser nächtlichen Spur wäre ich beinahe bei Dir angelangt. Der Gedanke, er schien bei Dir einleuchten zu wollen.
Jede Zeit hat ihr Zeitwort, in dem sie sich begreift.
Ein Gedicht wendet sich an die Zeit, die es richtet. Und: Ein

Gedicht richtet sich an die Zeit, die es wendet.
Das Gedicht, das Dich in Deine Zeit einführte, dehnte sich längst zum Leben aus. Was im schonungslosen Jetzt gezeitigt wird, hat in Dir keine Entsprechung; und wär's für Dich auch gedacht, es könnte für Dich nicht gezeitigt sein. Auch das Jüngste müßte für Dich vordatiert werden. In meiner frühen Dichtung gab es derlei Vordatiertes für Dich, so konntest Du auch bei mir Deine Freude haben. Die Freude bleibe Dein wie meine Zeit; doch "Ohne Datum" ließe sich nie wieder ein Gedicht meiner Quarzuhr entnehmen.
Nun ist es aber doch so, daß man das Neue nicht wollen kann, sondern nur immer das Andere. Das Neue ist der ausgedehnte Augenblick der Ver-Änderung.
Wie sieht es in der Dichtung aus und wie bei mir?
Das Können erschöpft sich im Gekonnten.
Die Kunst verachtet das Können, dem sie entstammt, und besteht in glänzender Verachtung.
Was ist das Wort, in dem aller Anfang und selbst der Ursprung zum Ansatz werden mußte?
Bislang kreiste meine Poetik um Wort und Satz, nunmehr kreist sie um Wort und Ansatz, um das Wort als Ansatz.
Ich finde das Wort für die Sprache, das Wort für das Wort finde ich nicht.
Was ist das Wort? Es ist, was ich an ihm habe und was ich mit ihm vermag, aber auch, was es über mich vermöchte.
Was ist Sprache? Die sich uns schrankenweise schenkende Unendlichkeit. Von dieser Frage ausgehend, kann nichts beantwortet werden, doch so manches aufgezeigt. Um das Nachweisen dessen, was sich zeigt, lohnt sich der neue Ansatz, das erneute an-Denken.
Würdest Du mich aber gestern gefragt haben, was ich eigentlich wolle, meine Antwort wäre gewesen: die Sprache aus der Welt schaffen, damit die Welt erneut zum Wort kommen kann.
Ich brauche meine Bodenlosigkeit wie Du Dein starkes Wurzelwerk.

Schabbat Schalom

Dein Elazar

Gottlieben, 17.2.1977

Mein lieber Elazar,

da kommt nun Dein großer Expreßbrief - mein Lieber, so viele Fragen, daß eine ganze Menschheit bis jetzt nicht ausreichte, sie zu lösen - weil sie vielleicht unlösbar bleiben müssen, um fruchtbar zu bleiben.
Natürlich habe ich Canetti[79] bekommen, Dir auch geschrieben, daß ich schon viel darin las - hab dann aber die Lektüre eine Zeitlang unterbrochen, weil ich bei Manuel die Tagebücher von Hebbel fand - lese natürlich beide immer im Hinblick auf Dein Tagebuch, dafür kommt das von Canetti mehr in Betracht als Veröffentlichung eines noch Lebenden. Was mich bei Canetti etwas ermüdet, warum ich's für ein Weilchen weglegte, ist seine fast maniakalische Auflehnung gegen den Tod, den er "abschaffen" will. Ich suche soviel als möglich aus beiden zu lernen, möchte Dir aber lieber ein andermal darüber schreiben, wenn ich auch noch weiter in der Lektüre bin.
Ich bin heute auch im Kopf nicht so gut beisammen, bin heftig rücklings gefallen, auf Rücken und Hinterkopf - und noch ein wenig durcheinandergeschüttelt, falle jetzt überhaupt so viel wegen Schwindel.
So will ich versuchen, Dir auf Deine Fragen zu antworten - über den großen Wandel, der sich nun im Verhältnis der Geschlechter vollzieht zu Formen größerer Freiheit - eine Form oder Formen werden ja wohl erreicht werden müssen, da ja doch in der Gemeinschaft von Mann und Frau die Zukunft, das Leben begründet ist, und sie können nicht von heute auf morgen, sondern nur allmählich sich bilden durch Anpassung. Und wenn es darauf zielen soll, daß die Ehe nur so lange Berechtigung hat, solange jeder Partner in ihr seine Lebensbedingungen findet, so kommt es da wohl auf den Akzent an, wie Du sagst, - ob er nur auf das "Angenehme" gelegt wird - also das Spannungslose, Bequeme.

Siehst Du, ich habe soeben in Gedanken die Ehen meiner sämtlichen Freunde, Bekannten, in die ich einigermaßen Einblick habe, durchgenommen und zu meiner eigenen Verwunderung keine einzige "unglückliche" gefunden, mit der Ausnahme von N - in jungen Jahren - jetzt, im Alter, sind sie innig verbunden - aber das ist wohl zu teuer erkauft. In allen andern scheint mir's, je länger ich's bedenke, doch so, daß die Partner sich durch die natürliche Anziehung so gewählt haben, daß sie einander ergänzen und fördern. Daß es auch in jeder dieser Ehen Spannungen gibt, ist wohl gewiß, aber Spannungen sind doch auch nötig, daß ein Verhältnis fruchtbar wird.

Nur das noch möchte ich Dir sagen zu Deinen Fragen, wie ich über die große Wandlung zu größerer Freiheit denke: Immer war ich bis ins Innerste überzeugt und gewiß, daß Du in jeder Deiner Freundschaften das Beste wolltest auch für's andre; daß Du nie getäuscht, nie falsche Versprechungen gemacht und stets tief bemüht warst, das andre zu fördern. Drum konnte ich mich ja auch nur so von ganzem Herzen mitfreuen an der Freude und der Belebung, die Dir diese Freundschaften schenkten. - Wenn dann trotzdem manches "nicht gut ausging" - so liegt das im Problem begründet und im Charakter des Einzelnen.

Schabbat Schalom

Dein Clärle

Jerusalem, 25.2.1977

Mein geliebtes Clärchen,

nicht nur Du, auch ich selber habe mit mir viel Mühe; kaum ein Wort, das nicht zehn- und zwanzigmal aufgeschrieben, abgeschrieben, ausgeschieden und wieder aufgenommen würde. Und wie oft läßt ein Wort mich fallen!....

Meine letzten Auseinandersetzungen mit Dir erwiesen sich indessen als ergiebig. Macht man sich Luft, öffnen sich Fenster. Du verstehst ja, daß ich ab und zu gegen Dich sein muß; Du bist dabei nicht das Ziel, aber die Richtung. Darum darfst Du Deinen Widerstand doch nicht lockern. Durch ihn sehe ich mich von Zeit zu Zeit genötigt, mir selber gegen den Strich zu gehen, d.h., Deinem "Leser" entgegenzukommen und - was mir noch schlimmer ist - mich zu erklären.

Ich will Dir gestehen, in Augenblicken schriftstellerischer Arroganz will mir scheinen, daß Du Deine schönsten Zeiten nur darum haben konntest, weil Du zwar in eigener Stimmigkeit, aber nicht in sprachsinnlicher Entsprechung lebtest. "Zu rein von Augen, um Böses anzusehen" tauchtest Du in die Dichtung, sanft von ihr überschäumt. Und während ich mir zu vergegenwärtigen suche, was Du einst gewesen und so lange geblieben bist: "die tanzende Flut" - ergreift mich ein Schmerz und packt mich die Wut. Wie soll ich Dir je gerecht werden können? Ich weiß und kann's beschwören: Dir geht nichts über die Dichtung. Fragte man Dich aber, was Dichtung sei, Du verstündest die Frage nicht. Dichtung, würdest Du sagen, das sind die Gedichte, die ich liebe. Und wahrlich, eine trefflichere Antwort könntest Du nicht geben. Daraufhin blieben jedoch alle Uhren stehen. Das weißt Du im Herzen ja auch, denn wolltest Du zu mir mit der Postkutsche kommen, es wäre nicht zu machen, auch dann nicht, wenn Du alle Zeit dafür hättest. Und dies nicht nur darum, weil es Flugzeuge gibt.

Wenn ich dann aber wieder aus meinem Trauma erwache, erscheint mir sein Grund so tief wie das sich hineinbohrende Wort. Meine Unzugänglichkeit ist auch meine Unzulänglichkeit, denn was mir Existenzweise ist, das war und blieb Dir reinste Glückserfahrung. Du kannst meine Dichtung nicht gut verstehen, weil ich Dein Glück so schlecht begreife.

Ein Mensch, in Friedenszeiten ganz und unerschütterlich verwurzelt, das ist das wahre Märchen unserer Zeit - und Du bist es leibhaftig. Dein ganzes, heiles Wurzelwerk, tief im Friedensboden mit einem ganzen Dichterwerk verschlungen. Ich dagegen - ja, was bin ich dagegen? - Ein Scherbenspieler.

Dein Elazar

Gottlieben, 24.3.1977

Mein lieber Elazar,

wenn ich heute zurückblicke auf die zehn Jahre, seit Du in mein Leben tratest, dann scheinen sie mir wie ein Spiegel, in dessen Rahmen sich Dein Bild verwandelte und dennoch sich treu blieb.
Es war damals, als Du Deinem dreißigsten Geburtstag fast ein wenig bang entgegenblicktest, als einem wichtigen Ereignis, als bedeutete er den Abschied von der ersten Jugend. So hat es mich damals tief bewegt, daß Du von Berlin zu mir kamst, um den entscheidenden Tag mit Deiner kleinen Großmutter zu verleben. Vielleicht hat Dich auch unbewußt danach verlangt, ihn im Haus eines Dichters zu begehen, in dem ähnliche Kämpfe ausgetragen wurden, wie sie auch Dir bevorstanden. Es war dann auch während dieser Tage, daß ich tiefere Einblicke gewann, wie sich in Dir jener ewige Kampf des Dichters darstellte zwischen den Anforderungen des Lebens und denen der Dichtung.
Zunächst schien das Problem, an dem so manches Dichterleben scheiterte: die materielle Sicherung des Lebens mit der schöpferischen Tätigkeit zu vereinen, nicht allzu schwer zu lösen: die Aufgabe, die Du Dir gestellt hattest, der Du mit soviel Eifer dientest, schien Deine schöpferische Kraft nicht zu lähmen. Um so leidenschaftlicher zeigte sich Dein Widerstreben gegen andere menschliche Bindungen: Ehe und Vaterschaft, die Dir als unverein-

bar mit Deinem Dichtertum erschienen. Dies nun konnte bei Deiner großen Jugend der Zukunft überlassen bleiben, obschon mir schon damals schien, durch dieses Widerstreben könntest Du Dich von Lebensquellen abschneiden, ohne die auf die Dauer auch die Dichtung in Gefahr geraten könnte, zu verarmen.
Wie ganz anders zwei Jahre danach: und hier begann nun ein zunächst noch völlig verborgenes Wunder: was sich erst als eine heillose Verstrickung darstellte, die Deine ganze bisherige Vorstellung Deiner Existenz als Dichter in Frage stellte, gegen die sich Dein Freiheitsdrang mit aller Macht aufbäumte, Dir Dein Leben bis auf den Grund erschütterte, - gerade darin zeigte sich, noch tief verborgen so wie das Samenkorn im Dunkel der Erde - nur erst ganz leise sich ankündigend mit Manus Geburt, - in Deinen Briefen von seiner Geburt und Beschneidung - damals aber noch kaum wahrnehmbar: eine Rückbindung an ein jüdisches Leben, ohne die vielleicht Deine Dichtung ihren Nährboden mit der Zeit verloren hätte. Deutlich wurde mir dies erst bei meinem ersten Besuch bei Euch in Israel, als ich zum ersten Mal mit Euch dreien Schabbat feiern durfte, als ich wunderbar erlebte, wie nun Dein Leben und Schaffen in diesem Urgrund jüdischen Lebens verwurzelt war.
Und wie strahlte nun eine neue Sicherheit aus Deinem Wesen - sie gründete darin, daß Du der Entscheidung nicht ausgewichen warst. In ihr ist der Jüngling zum Mann geworden.
Wenn ich nun wie in einem Spiegel Dein Bild zu Beginn dieser 10 Jahre der Entscheidung vorüberziehen lasse und es vergleiche mit dem von heute, dann scheint mir der wesentliche Unterschied: das unruhige Suchen im Ausdruck des Jünglingsbildes - immer in Erwartung einer Inspiration von außen - im Gegensatz dazu im Bild des gereiften Mannes von 40 Jahren der Ausdruck des Horchens nach innen, auf den Grund des eigenen Lebens. Auch sehe ich in dem frühen Bild noch Züge einer rasch entzündlichen Reizbarkeit und Ungeduld - die nun einem Ausdruck von Gerechtigkeit weichen mußte.
Nun aber darf eines nicht vergessen werden, was am Tor zum 40.

Lebensjahr steht: der Sieg, den Du im Laufe dieses Jahres errungen hast über die Abhängigkeit von der Zigarette.
Jetzt erst ist er vollkommen gewonnen, wo die letzten Hemmungen von Dir abgefallen sind, die noch mit dem Entbehren verbunden waren - erst heute, wo Du mir schreiben kannst: "Ich werd für jedes Leid reichlich entschädigt durch die in mir immer neu erblühende Sprache."
Ja, ich fühle es, wie noch kurz vor Deinem Geburtstag dieser neue schöpferische Durchbruch geschah, - und vielleicht äußerte er sich gerade in jenen deutschen Gedichten, die in einer der Tagebuchsendungen erschienen, vor denen ich so kläglich versagte. Aber dies alles gehört ja gar nicht in Dein Portrait.

Innig bei Dir,

Dein Clärle

Gottlieben, 11.5.1977

Mein lieber Elazar,

neue Tore haben sich Dir aufgetan, Gärten, wo an jeder Wegbiegung neue Schönheiten und Abenteuer locken. Und da nimmst Du mich bei der Hand und führst mich mit hinein, läßt mich teilhaben, soweit ich es vermag, an den köstlichen Funden, gibst Dir Mühe, mich ihre Schönheit sehen zu lassen und dabei in Dein Gesicht zu schauen, wie es ganz neubelebt ist von diesen Freuden.
Wenn sich auch in jede Freude der große Schmerz mischt, daß diese ganze blühende Welt so jäh verschüttet ward, daß die Menschen nicht mehr leben, die diese Sprache sprachen - vielleicht nur noch in kleinen Gemeinden in Israel und Amerika, aber auch die im Verklingen - aber um so größer die Aufgabe, für dies Erbe einzustehen, helfen, die Schätze zu heben und zu bewahren.
Das Platengedicht[80], so wie Du es mir aufgeschrieben hast in beiden Sprachen, ist ein Geschenk für mich - ein verheißungsvol-

les. Ich versuche mir vorzustellen, wie denn wohl im "Städtel" das Leben von diesen Dichtern, die diese Übersetzungen geschrieben haben, mag verlaufen sein. Nun vielleicht nicht viel anders als etwa das von Chagall - wohl kaum ohne Berührung und Auseinandersetzung mit europäischer Kultur; so wie Chagall nach Paris, mögen sie nach Wien oder Berlin gekommen sein. Warum mir diese Sprache so teuer ist, hat verschiedene Gründe - weil sie so rein das jüdische Gemüt ausdrückt, aber auch, weil sie manche Verwandtschaft mit dem Schweizerdeutsch hat. So wie die Juden, im Mittelalter aus Deutschland vertrieben, das Mittelhochdeutsch Walters von der Vogelweide treuer verwahrten in der Ferne, so auch die Schweiz in ihrer Ablösung vom Reich. Wir können die Minnesänger und sogar das Nibelungenlied mit Leichtigkeit lesen, und so mutet auch alles, was im Jiddischen aus deutscher Quelle stammt, mich so innig vertraut an in seiner Treuherzigkeit. Und wenn ich Dich vom Tonband jiddisch sprechen höre, dann ist mir, als sei erst das Deine richtige Stimme, Dein richtiger Tonfall, und jedes Wort, das Du jiddisch sagst, entzückt mich, nicht allein Neschomele. Auch grammatikalische Ähnlichkeiten - wie etwa zum Beispiel "tfile <u>ton</u>", so würden wir auch sagen "sie t ü e n d bätte".

Schabbat Schalom

Dein Clärle

Jerusalem, 3.6.1977

Liebes Clärle,

auf meiner Uhr ist es Freitag, den 3. Juni; ob es der 3. wirklich ist, weiß ich nicht, Freitag ist es sicher, und nun habe ich hier für Dich auch ein Häuflein Lektüre "oif Schabbes" zusammengestellt: wenig systematisch, entfernt von Vollendung. Ich brauch viel Zeit und weiß nicht, von welchem Lebensbaum ich sie mir noch abzweigen könnte, da mir mein eigener auch die Nächte schon frei von Schlaf schenkt. "Liebe den Schlaf nicht, daß Du nicht arm werdest." - Wie soll ich auch schlafen mögen bei der Fülle schönster jiddischer Bücher, die mich bedrängend und beschützend umlagern, allerwegs mahnend, es gäbe hier noch ein Fest- und Trauerland zu erobern. Jiddisch - eine verträumte und vertrauerte Sprache, die zugleich eine gleißend-gewitzte ist: mit allen Wassern gewaschen, mit keiner Salbe gesalbt. Von dieser Fülle ließe sich nur der Reichtum übertragen, das Inventarisierbare. An diesem Punkt folgt normalerweise der schon genrehafte Seufzer über das "Unübersetzbare gerade dieser Dichtung"... Sieht man von dem sprachlichen Nebengewinn und den übergreifenden Effekten ab, die Übersetzungen immer mit sich bringen oder nach sich ziehen, und die auch nur selten ohne Belang sind - so bleibt doch die kulturzeugende Tat des Übersetzens eine vergebliche Liebesmühe. Sobald das, was einen freut, einen andern schon belehren muß, hat der Zweifel seinen ersten Grund gefunden. Diese Seufzer scheinen aus dem Herzen des Abendlandes zu stammen, das selbst ein sich fortdauernd übersetzendes Phänomen ist. Erinnerst Du Dich noch an meinen, von Engelmann übersetzten Aufsatz: "Die Übersetzung als Monolog?"[81].

Es liegt nicht an mir und meiner Liebesfähigkeit, daß ich glaube, ein Gedicht nicht gemäß meiner Hinneigung zu ihm übersetzen zu können, es ist im Gedicht selbst, das nicht so geliebt werden will, wie ich es lieben möchte. Hierin ist das Gedicht wie sein Schreiber, wie ich und Du. Beim Gedicht wird's als schmerzliche Schranke empfunden, weil wir seit jeher gewöhnt sind, mit fremden Worten eigenes Leid auszudrücken. Was wir uns so gut aneignen können, das können wir so schlecht übertragen. Die Kunst des Übersetzens wird also immer eine ebenso befremdliche wie entfremdende bleiben.
Die beiliegenden Proben möchten Dir einen ersten tieferen Einblick gewähren und Dich zum Mitdichten anspornen. Du wirst bald

erkennen, daß ich mich weitgehend an die jiddische Wort- und Satzstellung zu halten suchte, dies nicht nur, um Dir einen unmittelbaren Eindruck zu verschaffen, sondern auch, um aus meiner Not einigermaßen eine Tugend zu machen. Nur auf diese Weise kann ich das Gedicht von seinem Text abziehen. Es ist bei mir nämlich so, daß ich zu rasch entflamme; ein einziges, windiges, huschhaschendes Wort kann es mir schon antun - und ich laufe vom Original weit weg, so weit, daß ich vergesse, wie es war, und einzig durch das Wort noch erfahre, wie es ist. Meine Begeisterung ist eben zu groß, um in diesem Fall noch ein guter Liebhaber sein zu können. An diesem Punkt würde ich sonst mit dem Übersetzen beginnen, - und dann, wenn Du mich fragst - und dann? Ja, dann käme das Beste eines gestohlenen Guts zum Vorschein.

Also Clärchen, ich hoffe, es ist auch Dir recht so, wenn wir uns fürs erste ganz dicht an das Jiddische halten, und wenn Du darüber auch stolperst - Du stolperst immerhin auf das Original zu. Was Dir aber ganz gegen den Strich ist, das darfst Du gleich dem Deutschen anpassen.

Schabbat Schalom, Dein Elazar

Gottlieben, 9.6.1977

Mein lieber Elazar,

was für eine reiche Fracht hat Dein Brief mitgebracht, es war als sei ein Schiff mit reichen Fahnen und Wimpeln bei mir eingelaufen, ja als sei das Leben selber bei mir wieder eingekehrt, als er gestern abend kam... Wie schwer, ja fast unmöglich das Übersetzen ist, das hab ich neulich empfunden, als ich mir zur eigenen Freude versuchte "dos Lied fun Zigele"[82] zu übersetzen. Was ich daneben in deutsch schrieb, ist nur, um Dir die schweizerdeutschen Wörter zu übersetzen, die Dir unbekannt sein könnten, nicht als Übersetzung des Gedichts gedacht, als solche miserabel, während ich fast mein, in der Schweizer Übersetzung sei schon etwas vom jiddischen Gedicht zu spüren?? Nun ist mir bei meinem Versuch grad so manches aufgegangen, was wir neulich über den Reim sprachen - ich meine, grade d i e s e s Gedicht ist eins von denen, die nach dem Reim verlangen, ich war gar nicht zufrieden, daß es mir nicht gelang, es zu reimen, besonders am Schluß vermißte ich ihn so, die letzte Strophe hatte ich nämlich zuerst so:

Min Pfau hätt sini Flügel
Di goldene ufg'macht
Und d'Nacht lit underem Rigel
Der Schreck lit a der Chett.--

Das schien mir, als ob das Gedicht ins L e e r e ausklinge, und als ob die Zusicherung: "Sei getrost, der böse Wolf ist nun angebunden" alle Überzeugungskraft verloren hätte ohne den Reim, dann gelang mir durch Umstellung ein Reim zwischen "hätt" und "Chett" und da war ich erst zufrieden. Du solltest es halt aber ausgesprochen hören, das Schweizerdeutsch ist eben keine "Schriftsprache".

Sische Landau: s'Lied vom wisse Geißli

Wiss wie mis Mueters Name,
Wie de Mond so rein,
Frisch wie nes Früehligsbächli
Chom i zu eu.

I träg vo zarte Wörter
Di mild verhüllti Fern,
I träg vo grüene Felder
Das zitterigi Chleid.

Und (d')Königin vom Märliland,
Sie wanderet mit mir.
Das Geißli, das wissi
Zupft Gräsli us miner Hand.

Lueg, wie min Pfau sini Flügel
Die goldene, ufg'macht hätt.
Und (d')Nacht lit underem Rigel,
De Schreck lit a der Chett.

Das eingeklammerte (d) wird nicht ausgesprochen.

Schabbat Schalom, Dein Clärle

Mein lieber Elazar, Gottlieben, 28.6.1977

nun hatte ich ein großes Erlebnis, von dem ich Dir berichten will. Ich war gestern bei "Tante Clärli" zum Tee, in Tägerwilen - Du hast sie ein paarmal bei mir getroffen - und ich erzählte Dir, wie sie 1946 in dem schweizerischen Auffanglager aus den Konzentrationslagern gearbeitet hat, dort sich mit einem jüdischen Flüchtling, einem alten Mann, befreundet hat, ihn dann zu sich nahm und ihn bis zu seinem Tod vor einigen Jahren gepflegt hat. Nun erzählte sie wieder von diesem Lager und brachte mir ein Gedichtbuch von einem jiddischen Dichter, der auch in einem dieser Lager war und einmal in ihrem Lager rezitierte. Er heißt Laiser Ajchenrand, und das Buch[83] kam 1947 in Zürich heraus, durch Unterstützung des Flüchtlingslagers - das Exemplar von Tante Clärli ist signiert mit einer Widmung in hebräischer Sprache. Es hat mich mächtig gepackt, hab die halbe Nacht gelesen - denk, ich hab mich so ins Jiddische eingelesen, daß ich kaum mehr nach der deutschen Übersetzung schielen mußte, die daneben steht. Nun wundert mich's, ob Dir der Dichter bekannt ist...

Gottlieben, 30.6.1977

Nun wollte es mir heute seltsam gehen mit dem Buch von Laiser Ajchenrand, als ich es bei Tag wieder las - es wollte mir, als Dichtung, nicht mehr gefallen, so als wäre es vor allem das Thema gewesen, was mich so bewegt hat - das natürlich um das jüdische Schicksal und das Konzentrationslager geht, und die jiddische Sprache, die mich wieder ganz eingefangen und verzaubert hat. Die Sprache des Dichters aber scheint mir heut überladen, fast schwülstig - und ich kehre heim zu den Gedichten von Sische Landau in ihrer großen Einfachheit, in denen kein Wort zuviel und jedes an der rechten Stelle steht.

Schabbat Schalom, Dein Clärle

Gottlieben, 13.7.1977

Lieber Elazar,

das sind wunderherrliche Sachen, die Gedichte von Kadja Molodowsky[84] - ich liebe sie schon von ganzem Herzen, die große Dichterin. Und wie reich ist, wie weit gespannt ist ihre Welt - von dem innig süßen Kinderbildnis bis zu den beiden Balladen - das sind sie doch, gell, große Balladen - und dann das andre, übermütige sprühende Gedicht; mit Ergötzen hab ich durchs Schlüssellöchelchen mit ihr diesen "Preisi", über seinen Papyri, die Buchstaben iberchapend betrachtet, und mir war dabei ganz tatemamisch zumut.

Ein wenig zaghaft hab ich mich an die Übertragung der beiden großen Gedichte gewagt, im Gefühl, das primitive Schweizerdeutsch sei dem nicht gewachsen, oder ich vor allem nicht. Mit wie wenig kommt sie aus: die kleinen Sohlen der Schichelech, ausgestreckt, hilflos preisgegeben gegen die drohende Welt, sagen alles. Und die "schwarze Schojben" in dem Gedicht "Jiden", da ist das ganze nächtliche Zimmer da, und der Tisch und die beiden Gestalten und der tiefe Blick, mit dem der Schreiber den Tod anschaut und das Schicksal erkennt, und der weise, große, wissende, geduldige Tod, alles wie in einem Hohlspiegel!

Kadja Molodowsky

Jude

Uf em Tisch e Bigeli Papier,
I der Hand e Federe,
E Zile nid usg'schribe -
Der Tod hätt a'klopft a der Tür,
Ischt warte blibe a der Schwell,
Und d'Hand hätt ihn erfühlt,
Hät tue en Zuck.
De Schriber hätt ufg'luegt,
De Tod erkannt,
Hätt en ag'luegt,
Dernoch en letschte Blick uf d' schwarzi Schibe
"I wart uf di",
Hätt still de Tod jetzt gseit
"Und dusse warted Jude uf üs beidi."
"I gang
Zäme mit dir und ihne",
Hätt de Schriber gseit,
Hätt d'Federe itunkt
Und bis zum letschte Punkt usg'schribe:
"I bin en Jud,
Es wartet der Tod uf mi,
Und dusse warted Jude uf üs beidi."
Mir gond hütt zäme mit em Tod
em Find a'kündige:
"Mir weret sige."
Und blibe uf em Tisch a Begeli Papier
E Federe vergässe.
Und d'Zile bis zum Punkt usg'schribe
"I bin en Jud
Es wartet uf mi der Tod
Und dusse warted Jude uf üs beidi"

Kadja Molodowsky

De König David alei isch blibe

S'Volk isch verschnitte,
Wund und tot,
Ali Weg verschperrt,
d'Hüser verbrennt.
De König David alei isch blibe,
Er mit der Kron i de Hend.
Er treit di heiligi Erbschaft.
Do isch dini Krone, Messias,
Ali Perle bewahrt, nüt vertue.
Do isch dini Krone, Messias,
Uf de letschte zwei jüdische Hend.

Schabbat Schalom

Dein Clärle

Gottlieben, 29.7.1977

Mein lieber Elazar,

ich habe nun dieses Tagebuch 25[85], Seite 1 bis 17, zweimal durchgelesen und korrigiert und möchte hier auf dem Elazar-Block einstweilen meinen Eindruck aufschreiben, ehe er sich mir verwischt und ehe ich an das andre (TB 29) gehe. Ich war zuerst betrübt, daß ich gar nicht viel anzustreichen fand - das, so wie es ist, zu verwenden wäre, oder Dir Anregung geben könnte zum Weiterspinnen. Das ist nun wohl natürlich: es scheint, daß Du in der Zeit dieses Tagebuches fieberhaft bemüht warst, Menschen für Deinen Plan der Bibliographia Judaica zu interessieren, und was hier an Begegnungen und Gesprächen aufgezeichnet ist, sind zumeist die Gedanken und Äußerungen dieser Menschen, Agnon, Adorno - weniger Deine eigenen - wohl alles wichtig für Dich festzuhalten und für mich natürlich brennend interessant zu lesen - aber es gab mir wenig Anhaltspunkte, was Du daraus machen könn-

test. In dem langen Bericht über die Begegnung mit Agnon ist zuerst zu spüren, daß Du nicht spontan angezogen warst von seiner Persönlichkeit, bis dann plötzlich die Liebe durchbricht und diese wunderschöne Stelle kommt, wo Du ihn ein ganz "schabbesdiges Geschöpf" nennst (müßte wohl für deutsche Leser "schabbatlich" heißen) und ein "Seidentuch der hebräischen Literatur". Und dann natürlich die Stelle über Josef![85a)]
Lieber Elazar, ich wollte eben zum andern Tagebuch übergehen, als es klopfte, ein älteres Paar vor der Tür: denk Dir nur, Werner Kraft mit seiner Frau. Sie kamen nur für einen kurzen Besuch, um sich für morgen nachmittag anzusagen, wohnen in der Drachenburg. Was für liebe schöne Menschen, mir gleich so vertraut, als wären's alte Freunde - er mit den stillen versonnenen Augen, sie so vital und warmherzig. Freu mich schon auf morgen, zum Glück habe ich ganz ausnahmsweise keinen anderen Sonntagsbesuch.

2. August - inzwischen habe ich schöne Tage mit Krafts verlebt, die mir schon so vertraut wurden, als wären es alte Freunde. Vorgestern, am Sonntag, waren sie bei mir zum Tee, bis in den Abend hinein in guten Gesprächen. Dann, gestern sind wir den ganzen Vormittag miteinander spaziert, und es war eine helle Freude, wie sie sich an jedem Baum, an jedem Sonnenblick auf dem See freuten. Auf den Nachmittag hatte ich leider grad B. und M. eingeladen, während dieser Zeit waren sie auf der Insel Reichenau und kamen hocherfreut von allem Schönen, das sie gesehen hatten, zurück, gerade zur rechten Zeit, daß wir noch miteinander die "1.-August-Feier" - Schweizer Nationalfeiertag - am See mitmachen konnten. Sie freuten sich herzlich an all den Volksbelustigungen, Feuerwerk und Musik und dem wirklich schönen Bild des Corsos, den die Boote auf dem Rhein aufführten. Sie froren schrecklich, die armen Südländer, und ich packte sie in alle warmen Hüllen, die ich besitze, sogar Renées Pelzmantel mußte herhalten, in den ich Kraft einpackte - aber noch mit allerhand Unterjäckelchen -. Aber du lieber Himmel, davon willst Du ja nichts hören, sondern ob für

Dich Interessantes gesprochen wurde, und nun besinne ich mich vergeblich, was Dich besonders interessieren könnte. - Es wurde natürlich auch über die Lage Israels gesprochen, auch über Buber - doch erwähnte ich natürlich sein Buch[86] der Gespräche mit Buber nicht, um nicht unliebsame Erinnerungen zu wecken. Denn welch seltsames Zusammentreffen, daß ich gerade in Deinem Tagebuch davon gelesen hatte, als er kam - und auch, daß ich in den letzten Tagen, noch ehe ich Deine Geschichte darüber las, das Buch einmal wieder in den Händen hatte und darin herumlas und dann gar nicht begriff, was zu dem "Verriß" geführt haben konnte, aber was mir beim Lesen auffiel, war dies, wieviel ich doch von Dir gelernt habe, seit ich es vor Jahren las, wie vieles mir durch meinen Lehrmeister ganz anders und neu einging.
Nun kamen Krafts noch rasch, um sich zu verabschieden, und ich will mich nun dem Tagebuch, dem zweiten, wieder zuwenden, in dem ich durch diese Besuche unterbrochen wurde.
Ja, (ich bin noch mitten drin) das ist nun ein besonders fruchtbares Tagebuch, scheint mir. Nicht nur, daß ich so manche Aphorismen und neue Gedankengänge fand, die ich mit Freuden anstrich, sondern da sind so viele Seiten dazwischen, in denen Du von heute aus Stellung nimmst zu dieser vergangenen Zeit, sie Dir fruchtbar machst, auch zur Selbsterkenntnis. Und da stellst Du mir auch eine Frage, im Zusammenhang damit, daß Du gerade in dieser Rückschau fast erschrocken gewahr wurdest, wie sich Dir so manche Beziehung, die fruchtbar und vielversprechend schien, unversehens trübte und auflöste - und Du fragst mich, wenn ich Dich recht verstehe, ob ich den Grund in Deiner eigenen Reizbarkeit sehe. Ja, Lieber, als ich Dich kennenlernte und noch lange Jahre, glaubte ich mit großem Kummer zu sehen, wie dieser gleiche Zug, der auch Manuel - wieder einer, den Du mit ihm gemeinsam hattest - soviel Wertvolles schmerzlich und grausam zerstörte, auch Dir Kummer und schmerzlichen Verlust eintrug. Ach, er war Dir wohl nicht eingeboren, je länger je mehr wurde mir klar, daß dies seine Wurzel darin hatte, was Benzion Dir in Deiner Kindheit zufüg-

te, die ganze Verunsicherung, es war die unausbleibliche, lange nachwirkende Folge. Aber dann - und ich kann Gott nicht dankbar genug sein, durfte ich erfahren und sehen, daß sich dieser Zug in den letzten Jahren je länger je mehr verlor, in dem Maß, als Du selbst sicherer wurdest. Und daran hat wohl die Anerkennung, die Du erfuhrst, auch einen Anteil. Und dies spricht auch so deutlich aus all dem, wie Du in diesen Tagebuchblättern aus dem Standpunkt von heute dazu Stellung nimmst. Wie fruchtbar ist doch in jeder Hinsicht dies Durcharbeiten der frühen Tagebücher, und wie viele Schätze fördert es zu Tage.
Ganz lustig wurde Clärle, daß es so übermütig und die Reime durch's Sieb tanzen läßt, und gar einen Reim auf Clärle findet. Da möcht ich am liebsten aus der untersten Schublade vom Chiffonier im Gang zwei von den Fastnachtskostümen, die ich jeweils für Manuel und mich für die Konstanzer Fastnacht nähte, herausholen, Dir und mir anziehen und dort im Gang mit Dir herumtanzen in dem Sonnenstrahl, der eben dort hereinfällt, als Pierrot und Pierrette.

Dein Clärle

Gottlieben, 29.9.1977

Mein lieber Elazar,

wie erstaunte mich's - trotzdem Du ihn mir angekündigt hattest - als Dan Pagis gestern morgen anrief. Ich hatte mir vorsorglich gleich nach Deiner Meldung die Züge ausgesucht und außen auf den Fahrplan geschrieben, so konnten wir uns schnell verständigen, und nach zwei Stunden konnte ich ihn schon am Bahnhof abholen. Da keine Zeit mehr für mich war, daheim Vorbereitungen zu treffen, lud ich ihn in die Drachenburg zum Mittagessen ein, das war für ihn auch nett und für mich ohne alle Mühe und Unruhe. Eine große

Jerusalem 1. 9. 1974

Sehr geehrte Frau Clara von Bodman,

Es ist das schönste Geschenk und es bereitet mir eine dreifältige Freude: an Ihrem lieben Brief, der die Freundschaft zwischen Elazar und mir hervorhebt; an den Gedichten in der Handschrift Emanuels von Bodman und den Band seiner Werke; und schließlich eben an seiner Dichtung selbst, eine

2

Welt die sich mir neu erschloß und auch zu meiner Welt wurde.

Wahr ist, was Emanuel von Bodman geahnt, ja gewußt hat, als er an den unbekannten Freund schrieb:

Dann kommt eine große
Stille von mir zu dir. Du ahnst mein Wesen;
Bist nicht allein, wie auch dein Schicksal tost.
Du fühlst mich nah, bin ich auch längst gewesen.

In Dankbarkeit und Verehrung

Ihr Dan Pagis

Freude war dieser Tag mit ihm für mich, wie glücklich bin ich, daß Du diesen Freund hast und in jeder Stunde seinen ruhigen, bedächtigen und einfühlenden Rat, so wie er auch betonte, umgekehrt, Dein Rat wertvoll für ihn sei. Eine Reinheit strahlt von diesem Menschen aus, zu dem man sofort alles Vertrauen hat. Und wie war zu spüren, wie er hier ehrfürchtig Manuels Welt in sich aufnahm. Er wird Dir ja nun erzählen. Mir war gestern, als ich mich von Dan Pagis verabschiedete, als schicke ich einen guten Geist zu Dir.

Dein Clärle

Gottlieben, 28.10.1977

Mein lieber Elazar,

das ging so: am Morgen telephonierte Zeller aus Marbach, er käme mit Frau und zwei Töchtern am Abend zu mir, übernachte in der Drachenburg, lade mich zum Nachtessen dort mit ihnen ein. Ich freute mich mächtig und bestellte sofort die Zimmer in der Drachenburg, dann ging ich die Post holen, fand Deine große Sendung, vertiefte mich sofort ganz hinein, und es war wie eine große Sturzwelle, die mich verschlang, soviel Neues, mit dem ich mich auseinanderzusetzen hatte, auch soviel Einsicht in das, worin ich bisher immer wieder versagt hatte, was ich alles noch zu lernen habe, was mich ganz überwältigte. Ich las und las, kam einmal, zweimal durch die Tagebücher mit Anstreichen und dann immer wieder auch die Briefe, in denen soviel steht, was mich ganz umwälzte - s o v i e l zu lernen, s o viel! daß ich alles darüber vergaß, vor allem total Zellers, und Du weißt ja, w i e wichtig sie mir sind, auch wie lieb sie mir sind - dann, es war schon Abend, merkte ich, daß ich sehr Hunger hab, hatte noch gar nichts gegessen den ganzen Tag, alles vergessen - machte mir also mein

Butterbrot bereit und kam grad mit dem Tablett aus der Küche, als eine Schar Leute die Treppe herauf kam, ich hatte Zeller völlig vergessen und war noch so in einer anderen Welt, daß ich sie überhaupt nicht erkannte, sie mußten mir zweimal sagen, sie seien Zellers aus Marbach, bis ich endlich begriff, noch ganz taumelig wie ich war von allem, was auf mich zugekommen war in Deiner Sendung. Nun, wir hatten es dann, zuerst in der Drachenburg, dann noch bis spät bei mir, sehr gemütlich und vertraut miteinander; ich konnte Zeller noch vieles so recht ans Herz legen - auch z.B. ein Auge weiterhin nach meinem Tod aufs Bodmanhaus, wie es von den jungen Majoratsherrn geführt wird, zu haben. Er ging auf alles intensiv und freundschaftlich ein, und nun sind sie heut, nach einem Abschiedsbesuch, weitergereist.

Du fragst, ob ich Dir sagen könne, w o meist meine Grenzen des Verständnisses sind, mein "Widerstand" einsetzt: bei den Wortspielen, da, wo sie von einem ähnlichen L a u t der beiden Wörter ausgehen, während dort, wo sie auf einem im Wort versteckten gleichen Stamm einer gleichen Herkunft der Worte beruhen, sie mir eingehen.

Dann in bezug auf die in letzter Zeit auftauchenden längeren Abschnitte: da kam es mir oft vor, sie bedürften einer größeren Nuancierung. Während der Aphorismus eine auf die Spitze getriebene Wahrheit enthalten kann, wirkt sie bei den längeren Abschnitten als einseitig, ungerecht. So als Beispiel in dem heutigen Tagebuch die von mir als abrupt empfundene Bemerkung, daß "der Reim ein Irrweg sei". Du selbst weißt besser als ich, daß der Reim durch Jahrhunderte in der Dichtung seine Funktion und Erfüllung fand. - Daß er dann endlich durch Mißbrauch ausgeleiert und verbraucht war, und vor allem heute, da die Dichtung nicht mehr eine harmonische Welt zu spiegeln hat, sondern eine, in der alle Abgründe aufgerissen sind, der Reim sich je länger je untauglicher erwies - und fast "verboten" - so etwa in dem Sinn von dem Spruch von Brecht "daß nach Auschwitz ein Gedicht über Bäume ein Verbrechen sei"[87]. Nun siehst Du, das hab ich von Dir gelernt

und eingesehen, trotzdem stört es mich, wenn der Reim "an sich" ein Irrweg genannt wird, ohne zu sagen "heute" und warum.
Zu den anderen Fragen: Ja, ich mein auch, daß bei einem Neudruck der "Einsprüche" Veränderungen nötig wären. Ich habe die "Einsätze" immer als einen großen Fortschritt gegenüber den "Einsprüchen" empfunden. Wir hätten noch Zeit, alles gut zu überlegen.
Ich beschließe für heute den kunterbunten Brief, nur daß Du nicht ohne Wochengruß bleibst, ich schreib ja doch bald wieder. Es kam in letzter Zeit zuviel über mich.

Schabbat Schalom

Dein Clärle

Jerusalem, 31.10.1977

Liebes Clärle,

neulich holte ich mir aus der Nationalbibliothek Anthologien deutscher Dichtung der Jahrhundertwende, einige darunter waren illustriert, zwei mit Portraitfotos ausgestattet. Ich liebe Anthologien und betrachte mit Wonne Dichterköpfe. Diesmal ging ich, das kann ich sagen, mit der deutschen Lyrik durch dick und dünn: dicke Bände, dünne Dichtung. Aus dem Nebel hervortaumelnd, schaute ich die Dichterköpfe an: was mochte in ihnen bloß vorgegangen sein? Nicht, daß mir alles hier leer schien, manches war auch nur geistesverlassen; das Beunruhigende in allem aber war: das "stille Reifen" der Zeitlosigkeit. In Eindrücke zerlegt: geschmacklose Vergewaltigung einer sich anbiedernden Sprache; temperamentarm, bei ausreißender Phantasielosigkeit; durchgehend ein trostloser Strophenbau, von Rosenträgern und Reimriemen gehalten; eine Wirklichkeit, der kein Wort Widerstand leisten kann, ohne dabei einzuschlafen. Heute noch, Anno 1977, wollte es mir nicht gelingen, auch nur ein Wort aufzuwecken, dem einst ein Dichter seine Schlafmützigkeit einhauchte. Du glaubst mir nicht? Doch, ich hab's sowohl redlich als schweiglich versucht, und über einen "Deutschen Dichterwald" schwang ich sogar eine Purimrassel, dabei erwachten aber nur Mörikes Rößlein und machten sich in munteren Sprüngen davon.

Was war mit der Dichtung damals geschehen? Es gab sie kaum, weil sie so leicht zu haben war. In Grimms Märchen eingehüllt, huschte man durch den dichten Wald und war rasch bei der Ewigkeit angelangt. Das will heißen: diese Dichtung ging an ihrer Sprachstunde vorbei.

George und Hofmannsthal, später auch Rilke, stellten die Chronologie wieder her; dann die Expressionisten - das rostfreie, wasserdichte Uhrwerk. Das Gedicht konnte wieder gezeitigt werden. Wenn Du mich fragst: "Was war der Expressionismus?" So betrachtet, war er ein Aufstand gegen die Zeitlosigkeit.

Ich halte diese Dichtung für verdummend und kann mir doch keine Einsicht ohne sie vorstellen. Auch noch die dümmste, mit ihrem einschläfernden Reiz, erweist sich letzten Endes so weit ergiebig, daß man, ihrer gedenkend, einen Nachmittagsbrief ausfüllen kann.

Dein Elazar

Gottlieben, 1.11.1977

Mein lieber Elazar,

ich lese erst in Ruhe auch Deinen vorletzten Brief wieder durch und die dazugehörigen Tagebücher, und will Dir die Fragen zu beantworten suchen. Zunächst die, warum es mir so sehr widerstrebt, über Gott zu reden, ich meine: ihm Eigenschaften zuzuschreiben - weil die doch immer nur nach dem Menschenbild geformt sein können. Wir können von ihm nur aussagen, was er uns selber sagt, nicht was wir uns über ihn ausdenken. Aber was Du nun darüber sagst, daß wir gerade jetzt, gerade in der heutigen Zeit von ihm reden müssen, damit er nicht vergessen werde - so wie wir von unseren Toten reden müssen, daß sie lebendig in unserer Mitte bleiben, das geht nun tagelang mit mir um. Von Gott, nicht ü b e r ihn müssen wir reden.

Daß Du auch in Manuels Sinnsprüchen[88] Schönes findest, freut mich um so mehr, weil ich bei diesem Buch das schlechteste Gewissen habe, weil zwischen dem Guten viel Belangloses stehen blieb, das hätte ausgeschieden werden sollen. Ganz besonders freut mich auch, daß Dich auch die Sprache in diesen Sprüchen anspricht, diese kernige, holzgeschnittene Sprache - sag, würdest Du diese nun wohl "kantig" nennen, so wie Du neulich sagtest? Nun will ich zwischendurch, daß ich's nicht vergeß, Dir einiges aus Deinem Brief abschreiben, das Du vielleicht brauchen könntest: "Die Form ist der andre Teil des Wissens. Die Form noch nicht gefunden zu haben, heißt nicht, daß der passende Ausdruck noch fehlt, der mit der Form - keineswegs plötzlich - sich einstellt. Während man scheinbar nach dem Ausdruck sucht, ergänzt sich das Wissen."

Eben wurde ich unterbrochen in diesem kunterbunten Brief von Othmar (weißt, der Vetter von Emanuel), der öfter nach mir schauen kommt, wenn er in Konstanz zu tun hat.

Wir machten einen kleinen Spaziergang und trafen auf einem Gartenhag sitzend eine Elster - ein herrlicher Vogel - kennst Du sie? - mit schwarz-weiß gebändertem samtenem Gefieder und einem grünschillernden langen Schwanz. Othmar näherte sich ihr leise, indem er leise glucksende Vogellaute tief aus seiner Kehle heraufholte, bis er ganz, zum Greifen nah bei ihr war. Sie schaute ihm neugierig entgegen, und dann begann sie ihm zu antworten und legte das Köpflein bald auf die linke, bald auf die rechte Schulter, und so führten sie lange ein Zwiegespräch. Und das erinnerte mich so, wie Manuel die verschiedensten Vogelstimmen

pfeifend nachahmen konnte. Im Mai, an lauen Abenden, wenn der Wald von ihrem Liebesgesang widerhallt, gingen wir dann in den Föhrenbühl hinauf, betteten uns ins Moos und Manuel pfiff seine Vogelliedlein, und die Vögel antworteten ihm. Othmar läßt Dich grüßen.
Am Sonntag will dann der "Verein der Naturfreunde" zu mir kommen, um die Schmetterlinge zu sehen.

Dein Clärle

Gottlieben, 7.11.1977

Mein lieber Elazar,

daß ich am Schaffen zweier Dichter teilhaben durfte - Du sagst: "ganz verwoben" - ja, so ist es, und wie könnte ich's dann von außen sehen? Wohl sind sie verschieden, die beiden Welten, ein Jahrhundert liegt dazwischen - Ost und West - aber immer ereignet sich dann wieder das Wunder, daß sie in tiefer Verwandtschaft zusammenströmen.
Und da ist mir in den letzten Tagen und gerade in diesem Brief eine Erfüllung zu Teil geworden, auf die ich lang gewartet habe: ich weiß nun, daß Du bei den Sinnsprüchen gelandet bist - ich meine natürlich die Abteilung "Ich und Du"[89], und daß sie Dir wichtig sind, wie Du sagst und wie es nicht anders sein kann.
Nun ist aber noch eine Frage, die mir besonders schwer auf dem Herzen liegt, zu klären. Sie steht nicht im Brief, sondern im Tagebuch und bezieht sich auf einen ungeschickten Ausdruck von mir: "Es widerstrebe mir, über Gott zu reden."
Ich habe so sehr das Gefühl, Du habest mich mißverstanden. Du weißt doch, daß ich mit keinen Deiner Aphorismen so eins war, völlig eins und einig von Anfang an wie mit allen aus dem Bereich des Glaubens. Wie dieser eine Spruch hieß, wozu ich diese einfäl-

tige Bemerkung machte, entsinne ich mich nicht mehr. Aber so völlig widerlegt hast Du mich mit dem Wort: "Denken und sprechen muß man über ihn, wie käme er sonst zu dir?" Ja, wie wäre er zu mir gekommen, hätte nicht meine Mutter an meinem Kinderbettlein mit mir gebetet "Lieber Gott, mach mich fromm / daß ich zu Dir in'n Himmel komm" und so meine Sehnsucht nach ihm geweckt. Gesegnet sei sie, daß sie so tat, und doppelt gesegnet, daß kein Himmel ausgemalt wurde, keine andre Belohnung als die, bei ihm sein zu dürfen, so wie er bei uns war und freundlich zu uns niedersah, während wir so beteten. Aber ich lernte, daß er etwas von mir wollte: "fromm sein", das hieß wohl in meiner kindlichen Vorstellung "brav" sein, so wie die Eltern es von mir wollten - die ja Gott zu seinen Stellvertretern eingesetzt hat, solange das Kind nicht selber stehen kann.
Ja, wie wäre er ohne diesen Anfang zu mir gekommen? Es wäre wohl ein weiter Weg gewesen und durch viel Not gegangen.
Wie lange ist es, seit ich so mit Renée an Manus Bettlein saß, vor Nacht?

Bin so innig bei Euch - Leilah tow

Dein Clärle

Gottlieben, 9.11.1977

Mein lieber Elazar,

den ganzen Tag klingt der Satz aus dem Tagebuch in mir nach: "Die Sprache sucht mich wieder auf, sucht mich wieder heim". Auf allen Seiten des Tagebuchs klingt er auf, in denen die Gedanken sich drängen, so voll Leben sind sie, und auch die neuen Worte darin schauen mir diesmal voll ins Gesicht - wie "bibelfestlich", "anwittern", "triebselig" - kann Dir gleich aus dem Brief noch einen hinzu liefern: "seitensprünglich".

Hier wurden sie mir aus ihren Teilen zu einem lebendigen Ganzen - warum will mir das bei andern nicht gelingen - liegt es an mir? Damit ich's ja nicht vergesse, will ich Dir sofort ein paar interessante Stellen aus dem Brief abschreiben, wohlgeformte Sätze, die Du vielleicht wieder brauchen kannst:

> "Für zielbewußtes Wollen ist Einseitigkeit geboten, weil erst die Provokation imstande ist, die andere Seite hervorzulocken, gleichsam zu entdecken. Die Herausforderung mobilisiert die Gegenkräfte zur Selbstbehauptung, zum gegenschlagenden Argument."

Ferner: "Der Aberglaube wurde nicht, er w a r schon von Anfang an ein Irrweg, weil er aus dem Glauben abbog. Dieses Abbiegen hielt vielleicht aber den Urglauben am Leben."

Aber Elazar, so arm war meine Jugend gar nicht, wie Du meinst, ich hatte ja den ganzen Mörike, hatte Droste, Eichendorff, Heine. In dieser Welt, und was noch alles dazu gehört, lebte man damals noch ganz, aber um so intensiver, sowohl in der Schule als im Elternhaus als für sich allein. Kaum daß Fr. Hebbel als ganz "modern" schon hineinragte in meine Welt. Jene Zeitgenossen, die Du meinen magst, lagen ganz außer meiner Reichweite, ich kenne sie wohl noch heute nicht - so war ich vor ihnen bewahrt, mußte nicht, wie Du meinst, daran verblöden.

Und zum W o r t müßte ich doch schon eigentlich von meiner Mutter her die Hinneigung haben. Was bedeuteten der Lieben doch gewisse Worte in ihrem Klang. Eines dieser Lieblingsworte war "Wellingtonia" - der Name eines Baums, deren es zwei in unserem Stadtpark gab. Ehe sie das geliebte wohlklingende Wort aussprach, schnaufte sie einmal kurz, wie um sich dann mit vollem Genuß dem Klang hinzugeben. Sie hatte auch Lieblingssätze - wie etwa: "Ich sehe eine Wolke, groß wie eines Mannes Hand", wobei sie mit ihrer

Hand die Wolke an den Himmel malte. Der Satz war aus dem Oratorium "Elias" von Mendelssohn, dessen Arien sie alle auswendig kannte - nämlich, meine Eltern gründeten und leiteten einen Gesangsverein in St. Gallen, mit dem sie Oratorien von Bach, von Mendelssohn einstudierten und in der Laurenzenkirche aufführten, und wenn Mammeli guter Laune und "aufgezogen" war, konnte sie uns Kindern stundenlang Arien vorsingen mit ihrem vogelleichten Sopran. Der Gesangverein hieß "Zum Antlitz" - auch ein Lieblingswort von Mammeli.

Ach, nun bin ich so abgeschweift und ins Erzählen geraten. Es ist auch sonst nicht viel los bei mir, und ich bin heilfroh darüber, so kann ich mich unabgelenkt den Tagebuchbogen widmen. Nur am Sonntag war der "Verein der Naturfreunde" aus der Hauptstadt Frauenfeld da, um die Schmetterlinge zu betrachten. 20 Mann - und Weib - hoch! Da war dann das Arbeitszimmer dicht besiedelt, und sie konnten sich gegenseitig auf die Zehen trampeln, während ich Arme mit den schweren Kästen Stück um Stück zwischen ihnen hin- und herging, um sie zu zeigen. Zuletzt war ich, nach 2 1/2 Stunden, so erschöpft, daß ich die Freunde der Natur, so willkommen sie sicher Manuel waren, zum Teufel wünschte, aber sie fühlten sich offenbar bei ihm so wohl, daß sie gar nicht fortzubewegen waren - oder sie fanden den Rank nicht, um sich zu verabschieden. So griff ich zu einer List und sank erschöpft auf einen Stuhl, um zu demonstrieren, daß es für mich genug sei. Und Du, mein Lieber, hast nun auch genug von Deiner Plaudertasche.

Sei um und um liebgehabt von

Deinem Clärle

Gottlieben, 16.11.1977

Mein lieber Elazar,
es ist gar kein "Schimpfbrief", tut mir ja leid, daß ich offenbar immer, wenn Du mich fragst, was mir das Gedicht bedeutet, ohne es zu merken ins "Abrundende" gerate, so daß Du zu dem Glauben kommen mußt, ich hätte nur Sinn fürs Idyllische und Gefühlvolle. So ist es ja aber doch nicht - geht mich doch ein Gedicht wie die "Todesfuge" von Celan[90] genau so intensiv an wie auf andre Weise eins von Eichendorff, und zwar nicht nur durch das Thema.
Manuel pflegte, um mich zu prüfen und mein Ohr zu schärfen, mir Gedichte vorzulesen, die mir unbekannt waren, um mich den Dichter erraten zu lassen. Vielleicht machst Du einmal Ähnliches mit mir - ja, was könnten wir noch alles Schönes miteinander tun.
Wie freu ich mich aber, daß ich Dir in den letzten Blättern einiges gerettet hab.
Auf wundersame Weise, wie noch nie, suchst Du in diesem Brief mir das Geheimnis aufzuschließen von dem, worauf es Dir ankommt - in der Sprache, im Wort, "nicht nur den Blitz des Geistes, sondern den Strahl der Gnade aufzufinden". Und ich kann Dir nicht mit Worten darauf erwidern, nur ahnend folgen. - Ja, ich glaube wohl, daß ich die Worte "schmecken", "riechen" kann - daß die Worte Wald, Baum, Frühling anders duften bei Eichendorff als bei Heine und anders als in einem Gedicht unsrer Zeit, soweit sie da noch vorkommen; und ich kann nur versuchen, diese nun alten Sinne nicht nur wachzuhalten, sondern, wenn möglich zu schärfen, auch durch wieder viel lesen, Altes und Neues, soweit es mir zu Gebot steht. Da kannst Du mir vielleicht auch noch ein wenig aufhelfen durch Hinweise, was ich mir etwa an Neuerem anschaffen könnte.
Noch zwei Sprüche vom Couvert außen, daß sie nicht verlorengehen:
"Abraham machte nur einen Schritt, allein er brach auf". Und:
"Erlöst - ausge h e i l t ".
Den andern: "Taten - Lossagungen" versteh ich noch nicht ganz, glaube aber wohl, daß er wichtig ist - ja, sicher!

Dein Clärle

Gottlieben, 2.12.1977

Mein lieber Elazar,

"Eingeholt"[91] ist geboren. So lang lebten wir mit ihm als einem Werdenden, nun lebt es und will die ersten Schritte tun. Ich komme nicht aus dem Staunen, wie es gewachsen ist und so voll Leben. Viele Sprüche darunter, die ich noch nie gesehen habe.
Wieder und wieder las ich's, fortgetragen vom sanften Rhythmus, und immer am Schluß tret ich ein wenig bang an das mir lang verschlossene Tor, das Gedicht, und horche auch dort auf Deine Stimme - und wohl wird sie mir von mal zu mal vernehmbarer. Es ist ja schon fast von allem Anfang darauf hinführend, angekündigt, schon vom ersten Spruch: "Steht alles still, geht etwas vor".
Dies fühl ich wohl, daß es dadurch, wie dies eingebettet ist, darin ausmündend, ein ganz neues Buch geworden ist, wie noch kein andres.
Wenn Du mich fragst, wie ich den "Aufbau" empfinde: ich meine fast, es ist mit vom Schönsten, daß man ihn kaum gewahr wird. Das Ganze ist nicht so nach Themen, nach Bereichen geordnet, - so die Sätze vom Glauben stehn nicht für sich, Gott durchwirkt das ganze Buch, das ganze Leben bis zum Unscheinbarsten.
Einen Augenblick, beim ersten Lesen, glaubte ich wohl am Schluß, im Epilog, eine gewisse Disharmonie zu empfinden, wenn zwischen den dunklen Gedichten die glasklaren Sprüche eingestreut sind, so als käme man aus tiefer Nacht in einen blendend hellen Raum des Geistes und würde fast von Schwindel ergriffen. Aber je länger je mehr scheint mir doch, daß jeder an seinem rechten Platz stehe und keiner fehlen dürfe.
So sehr ich erlöst bin, daß Du mich von einem Urteil über die Gedichte entbindest, möchte ich Dir noch eines zu bedenken geben: Du erwartest von dem Menschen, der Dein Buch in die Hand bekommt (Du hast nicht gern, wenn man vom "Leser" spricht), daß er Dir mit ganzer Aufmerksamkeit folge, auch da, wo Du es ihm nicht leicht machst. Wenn Du ihn aber mit einem Wort wie Kitnamor

vexierst, fühlt er sich von Dir nicht ernst genommen, verliert das Vertrauen. Es ist ja bloß ein Witz und kein guter, ein Wort von hinten zu buchstabieren - und keine Einbuße, wenn das Wort fehlt. Und so an einer so wichtigen Stelle das Wort Grabbi - es ist wohl ein hebräisches Wort, bedeutet vielleicht einen Gottesnamen wie etwa "Herr"? Aber Dein Gegenüber, der nun bereit ist, mit Dir sich zu ihm aufzuheben, muß fühlen, daß Du ihn nicht für wert erachtest, ihm diesen Namen in seiner Sprache zu sagen.
Dank, daß Du mich am Werden von "Eingeholt" teilhaben ließest, all meine Tage damit erfüllt hast

Dein Clärle

Gottlieben, 18.12.1977

Mein lieber Elazar,

daß ich meinen Maßstab nicht an Deinen Weg anlegen könnte, wußte ich immer - es sind ja da nicht nur die zwei Generationen des Altersunterschieds, die zwischen uns liegen, es ist eine Weltordnung zusammengebrochen, die patriarchalische Weltordnung, sie reicht zurück bis zur Genesis, wo es heißt, Gott schuf sie, e i n Männlein, e i n Weiblein (bei Luther), da weiß ich wohl, daß dies Gesetz der Einheit der Liebe und Ehe zu allen Zeiten immer wieder durchbrochen wurde, schon bei Abraham begann es mit der Tragödie von Hagar und Ismael, aber es leuchtete ü b e r allen Abweichungen. - Aber heute ist es selbst in Frage gestellt. Und ist es nicht ein Wunder, daß gerade zur gleichen Zeit die Dichtung, das Gedicht, das so tief mit dem Erotischen verwoben ist, einen Bruch erfuhr, wie er von den Psalmen bis Mörike - ja auch bis zum "Weißen Gefisch"[92] nie vorkam.
Wie könnte ich da einen Maßstab anlegen - wie überhaupt an D i c h , an allem in Deinem Leben einen Maßstab anlegen? Aber,

wenn Du meinst, aus meinem langen und glücklichen, einzig glücklichen Leben könnte Dir eine Erfahrung hilfreich sein - nun, ich habe keine andre Erfahrung als dies Glück der einmaligen Liebe, und dann das andre, daß dann im hohen Alter Du kamst, mein Sohn und Enkel, und mehr als das, mein "Du bist ich". Was daraus zu gewinnen sei, ist alles Dein.
Ich meine ja oft, nach dieser ungeheuren Erschütterung und Auflösung der alten Ordnungen müßten die Menschen doch wieder, vielleicht unter neuen Formen, zu ihnen zurückfinden. Doch konnte nichts das Feuer Deiner Begeisterung trüben, das in diesen frühen Tagebüchern so rein brennt, und das die besten Geister Deines Lebens: Engelmann, Margarete Susman, Annette Kolb unbeirrbar an Dich glauben ließ - das auch durch das längere Leben in der kühleren Sprache des Nordens nicht erkalten kann, es wird wie nach einer langen Ruhepause neu aufleben, wenn Du in die hebräische Sprache zurückkehrst, was wohl nicht völlig geschehen kann, ehe Du alles gesagt hast, was Dir in der deutschen Sprache zu sagen bestimmt war. Das ist mein unerschütterlicher Glaube, so, wie es der Glaube von Margarete Susman war. Ja, ich bin gewiß, daß das Hebräische stärker in Dir leben wird, als wenn Du immer in ihm geblieben wärst.

Leila tow

Dein Clärle

Guten Morgen - Boker tow, heut nacht hab ich davon geträumt, wie die Worte am Fenster sitzen und in die Welt hinausgucken aus dem Haus des alten Satzes, alte und junge Worte.

Jerusalem, 29.12.1977

Mein liebes Clärchen,

Dir ist es nicht verborgen geblieben, daß ich in letzter Zeit so manche Kämpfe mit Dir auszutragen hatte. Sie füllen meine letzten Tagebücher. Probleme sind dazu da, angeschnitten zu werden. Einzig das Generationenproblem will von Zeit zu Zeit aufgerollt werden. Dies zu tun, wage ich hier aber nicht, weil mir aufgefallen ist, daß Du mich in meinen Briefen weniger gut verstehst als in meinen Aphorismen. Werde ich ausführlich, dann folgst Du mir nur zögernd: ein gutes Zeichen vielleicht, besagt es doch, daß Du auf meine Denkform schon eingespielt bist.
In den erwähnten Tagebüchern stand der Satz: "Ich bin noch keinem Menschen begegnet, der auch einsah, was er zugeben mußte." Du hast ihn zu meiner Freude unterstrichen und somit auch für Dich bestätigt. Du liebst mich, darum begreifst Du mich, und ich konnte mich noch immer auf dieses Dein Begreifen verlassen. Dies schloß und schließt noch kein Verständnis für mich ein; und so Du mich auch liebevoll begreifst, verstehst Du noch immer nicht, was ich will. Gewiß, "von Alten lernte ich Einsicht", und ich bin seit je für das Alter, aber gerade darum ließ ich es nie auf sein Gebrechen ausweichen. Über dieses, glaube ich, vollzog sich ja die Einsicht. Leid und Gebrechen des Alters schienen mir hohe Fenster zu sein, die obersten. Aber nun lernte ich von Dir: auch im Alter, das man zugibt, sieht man nicht ein, was man - nur noch leichter - zugeben muß. Da hilft auch die beste Übersicht nicht; und was mein Leben und mein Werk betrifft, verfügst Du doch über die weiteste Übersicht, einzig "mich" willst Du nicht einsehen. Woran mag das liegen? Wie kommt es, daß Du, die Du mir gern Widerstand leistest, bei jeder zweiten Schwierigkeit, vor mir - auf "den Leser" ausweichst?
Dabei sind es nur drei, sich gleichbleibende "Dinge", die eingesehen werden wollen: Ich, in meiner gesamten Nichtigkeit, die mein Dasein zu behaupten hat; meine Einsätze, die behaupten, mei-

ne Dichtung selbst zu sein, aber auch schon der Ansatz zu einer neueren; - und daß gerade das Alte nicht beim Alten bleiben kann. Nun wirst Du es auch jetzt ohne weiteres zugeben, doch wieder und wieder nicht verstehen wollen, daß man Kühnes nicht in geläufiger Sprache, mit anheimelndem Ausdruck sagen kann. Nicht, weil es unmöglich ist, sondern, weil es dadurch unnütz und vergeblich würde. Mit der Möglichkeit entfiele das Notwendige. Erkühnt sich der Gedanke, dann wird ihm das Geläufige - zur Undenkbarkeit. Du täuschst Dich, wenn Du meinst: Sage das Neue in üblicher Weise, in vertrautem Wortlaut, mit dem Akzent aufs Gewohnte, damit es der Leser verstehe. Er verstünde es nur, wie er gewohnt ist, zu verstehen, nicht aber, wie ich es verstanden haben möchte: anders - entwöhnend.

Du, liebes Clärchen, neigst zum "Abrundtiefen" und zwingst mich wider Willen, - aus einer Verzweiflung, die ich nicht verkenne - herunter zum Vertrauten, darin nicht nur ich mein Gesicht, sondern auch meine Worte ihr Gesicht verlieren müssen.

Neulich behauptete ich, Du sprächst zwar eine sehr lebendige Sprache, hättest aber keine sinnliche Beziehung zum Wort und darum auch nur wenig Sinn für Synonyme. Hier ein Beispiel aus dem letzten Manuskript: "Der Glaube ist unversiegbar, aber nicht unerschöpflich."

Dazu bemerkst Du: "Ich sehe (!) den Unterschied nicht recht." Der Unterschied liegt im Versiegen, das sich ergeben könnte, aber niemandem gegeben wird - und ist im Erschöpfen des Ausschöpfbaren, das von einem Schöpfenden abhängt, der selbst erschöpflich werden kann. Könntest Du sehen, dann würdest Du sagen: Im Unterschied liegt das Vollbrachte. Wer den Sinn sucht, findet den Unterschied nicht. Was aber wäre der Sinn eines Sinns - ohne Unterschied?

Das war ein wortsichtiges Beispiel, hier noch ein anderes: "Lächerlich - unbeschränkt". Dazu bemerkst Du: "Ist es nicht eher umgekehrt?" (Und auf dem Beiblatt:) "Das Lächerliche ist doch eher das Beschränkte." Warum eher? Von welcher Vorstellung gehst

Du dabei aus: von der Lächerlichkeit oder von mir aus, der ich mich zu ihr bekenne? Ist es denn nicht zu erkennen, daß diese beiden Worte ihren Sinn hier erst dadurch gewinnen, daß sie sich gegen das "eher" kehren? Und was kann der Erfolg, der Reinertrag Deiner Bemerkung anderes sein, als dem Geläufigen noch einmal das Wort geredet - und mich selbst als Kehr- und Querkopf hingestellt zu haben?

Laß uns einen Fall in Szene setzen: Es ist Winter, ich gehe aus in Manuels altem Mantel, auf meinem Kopf ein schwarzer Dichterhut, in meiner Hand ein schlanker Knotenstock. Ich weiß, kenne ich doch meine Allee und meine Pappelhainer, - daß ich den Passanten wunderlich erscheinen muß; tatsächlich werde ich direkt belächelt und hinter meinem Rücken auch noch laut ausgelacht, als wäre ich im ganzen eine lächerliche Erscheinung (der Ausdruck liegt mir im Ohr). Ja, wirklich, der Mantel ist alt, er sitzt nicht - er flieht fransenweit; der Hut paßt zum Stock, der Stock aber nicht zum Mantel, schon gar nicht zu diesem Tag, ein Schirm wäre passender. Das alles kann ich selber auch gut sehen, und doch habe ich noch ein anderes Bild von mir, das mir erlaubt, mich dieser "Lächerlichkeit" gern auszuliefern. Ich liebe den Mantel, der nicht mehr wärmt; ziehe ich ihn an, dann hülle ich mich in eine andre Welt, eine für mich bestimmte, die alsdann nicht nur mitgeht, sondern mich auch eine bestimmte Richtung, eine etwas literarhistorische, einschlagen läßt, und mir einen auffälligen Gang in die Schuhe schiebt: aufrecht - und geradeaus rückläufig ... Nun frage ich Dich: Könnte ich mir etwas Verkehrteres wünschen? Könnte ich mich in einem andern Stoff als in dem dieses Mantels wohler fühlen? Und noch habe ich die vielen Manteltaschen nicht erwähnt: richtige Zetteltaschen, in denen jedes Wort sich reich entfalten und breit zusammenfalten läßt, und kein Bleistift verloren ist. Wer, frage ich, ist hier der Beschränkte? Paß gut auf, ich frage nicht, wer der Lächerliche ist, das wissen wir, das haben wir eben gesehen, der bin ich.

Mit diesem einen Mantel ist unser Thema freilich nur angebei-

spielt, erschöpft kann es nicht werden, dazu würde unser ganzer Ernst nicht ausreichen. Nun laß uns, rückblickend, eine kleine Lehre ziehen. Du meintest, daß lächerlich beschränkt sei; ich sagte, nein, beschränkt ist, wer so meint.
Durch Manuels Mantel bestochen, sagst Du nun: gut, der Mantel sei allerdings prächtig, weit und von innen poetisch gefüttert, wie kommt aber "der Leser" zum Mantel? Er kommt nicht, Clärle, denn selbst auf den Gedanken will er gebracht werden. "Der Leser" ist ein bequemes Wesen, dem es darum geht, stehenbleiben zu können; und muß er sich schon rühren, dann wird er um so geläufiger. Das, liebes Clärchen, hat aber auch seinen Ernst, auch seinen Grund. Ein Denken nämlich, das sich aus eigenem Antrieb bewegt, kann letzthin nicht anders als gegen sich selbst gerichtet sein. Was immer es auch trifft, es ist und bleibt selbst immer betroffen. So sind auch meine Gedanken oft gegen mich gerichtet, aber dadurch sind sie umso mehr für andere, die das treffliche Wort nicht hätten, wäre es nicht meiner Betroffenheit voll.
So geht es dann in Betroffenheit weiter.
Als ich ans Ende dieser Wintermorgenstimmung gelangte, fand ich mich, wie nicht selten in meinem Leben, wieder vor einem Blatt Papier, darauf schrieb ich - für Clärle: Gedanken lieben das Geläufige nicht, sie wollen, daß man ihnen nachgehe.

Schabbat Schalom,

Dein Elazar

Tel-Aviv, 9.1.1978

Liebes Clärle,

Deine Bemerkungen zu den Tagebüchern sind richtg und gut, aber kaum zutreffend. Was Du zu vermissen glaubst, solltest Du gar nicht zu finden suchen. In meinen Tagebüchern kann es nur mich

geben, weder den Großen Brockhaus noch den Kleinen Meyer.
Tagebücher, selbst wenn sie Quellenwert hätten, können keine Literaturgeschichte ersetzen. Tagebücher geben Aufschluß, nicht Auskunft. Zum konkreten Beispiel: Wilhelm von Scholz. Die Schilderung meiner Besuche bei ihm, meine Dreistigkeit und meine Erinnerungen genügen Dir nicht; Du vermißest bei alledem die Erwähnung seiner Leistung, sogar ein Eingehen auf seinen "Weg zum Drama". Ich weiß nicht recht, warum Du dies von mir erwartest. Als israelischer Dichter, dachte ich, mußte mich sein "Weg zu Hitler" viel eher angehen als sein Weg oder seine Gedanken zum Drama. In meinem Tagebuch kann ich nur das eine tun - mich zu ihm stellen, wie ich's in einem bestimmten Augenblick meines Lebens auch tat. Dem Leser bleibt's überlassen, was er von dieser Begegnung zu halten hat, was er von Scholz, wie er von mir denken will. Der Titel zur Geschichte ergibt sich aus dem Zusammenhang, das Bild muß jeder aber nach seinem Vermögen beschriften.

In Tagebüchern sucht man weder Information noch Gerechtigkeit. Dies im allgemeinen; was meine Tagebücher im besonderen anbelangt: die ersten deutschen sind eher stichwortartig gefaßt; was immer in ihnen steckenblieb, es galt für später. Müßte ich ihnen einen Titel geben, er würde lauten: "Für später unterwegs". Was Du nun von mir nach und nach davon zu lesen bekommst, ist das pure "Unterwegs"; "für später" wäre schon die Leistung, das Erweitern der Stichworte zur Schaubühne.

Du mußt Dich außerdem und überhaupt auch gedulden, denn es gibt immer ein Vor- und ein Nachher. Auch das jetzt gerade Ausbleibende ist unterwegs und kann bald eintreffen und alle Ecken miteinander verbinden. Es ist Stoff ohne Kraftaufwand - ob auch Zündstoff, das kann ich nur durch Dich oder über Dich erfahren. Zündet's bei Dir, wird's auch bei mir funken - und die Ausarbeitung würde sich schon gelohnt haben.

Zum Schluß: Ob ich die Tagebücher als solche je veröffentliche, weiß ich nicht; ich möchte sie aber schon übersichtlich vor mir haben.

Es ist beklagenswert, wenn von Tagebüchern, da die Tage schon weg sind, nicht Bücher bleiben.
Sei Du nun, für alle Deine Jahre bedankt, ganz "ohne Datum", wie es beim Großen Meyer heißt,

Dein Elazar

Jerusalem, 25.2.1979

Mein liebes Clärle,

neulich schrieb mir Frau Dr. Mertz-Rychner, sie sei auf der Suche nach Briefen ihres Vaters, Max Rychner, und klopfte bei mir an, da sie unter den Papieren ihrer vor kurzem verstorbenen Mutter Briefe von mir gefunden habe. Ich war erfreut über ihre Entschlossenheit, das schöne Bild ihres Vaters aus der Vergessenheit zu heben. Auch freute mich, daß seine Briefe erhalten bleiben sollen; viele von ihnen verdienten bekannt zu werden; die bereits bekannt gewordenen - an Carl J. Burckhardt[93], an Hoffmannsthal - bezeugen es hinlänglich.
Ich suchte lange; als ich das kleine Bündel schließlich fand, mußte ich ausrufen: "Soviel Vergessen heftet sich schon an meine Erinnerungsfersen!" Dann traf das ungewöhnlich Alberne bei mir ein: zu gleicher Zeit mit dem Brief der Rychner-Tochter, bekam ich Papiere aus Dr. Mittelmanns Hinterlassenschaft, und siehe da! es befand sich darunter folgende Ansichtskarte:

Vinzel, 26.7.62

Sehr geehrter Herr Dr. Mittelmann,

Ihr Brief ist mir über mehrere Stationen gefolgt und hat mich hier eingeholt, in dem Haus Carl J. Burckhardts, das Sie hier in der Kohlezeichnung des ehemaligen deutschen Bundespräsidenten Theodor Heuss sehen. Benyoëtz: Ihre Anfrage ist für mich ehrenvoll, an die Stelle von Margarete Susman zu treten erst recht, aber ich kann diese Aufgabe doch nicht übernehmen - Gedichte leben so ganz aus der Sprache, daß ich es nicht wage, über Gedichte einer mir unbekannten Sprache auch nur das mindeste zu äußern[94]. Auch die beste Übersetzung ist ja nur eine Brücke und nicht das jenseitige Ufer. - Entschuldigen Sie mich, bitte auch bei Herrn Benyoëtz, der mir ganz reizend geschrieben hat und von dem ich Bedeutendes erwarte. Alle meine Wünsche!

Herzlich grüßend Ihr

Max Rychner

Bald wären es siebzehn Jahre und ich muß erkennen, daß mein Gedächtnis schon mit Vor- und Nachdatieren befaßt ist.
Meine Erinnerung klammerte sich so lange an Rychners "Freundeswort"[95], das er mir schenkte, mit Datum: "Dem jungen Dichter ... Zürich, 6.XI.62 nach dem ersten Gespräch im Odeon."
Das war damals ein kostbares Geschenk - ein Prüfstein der Weisen. Denn 1962 konnte dieses Buch schwerlich noch wirken wie zu Beginn der vierziger Jahre "auf die, die es anging, wie eine Sensation".[96]
Ich schlug es gegen die Mitte auf:

Ich fahre meinen Herrn
Durch frühverschneites Land...

Das wollte mich nicht angehen. Dann aber:

Der über mich verfügt,
Gibt sich in meine Hand.

Wagenlenker hieß das Gedicht, und bald, nach einer anfänglichen Verlegenheit, lernte ich diesen Wagenlenker bewundern, der schon mit der ersten Strophe sein Wagnis so gut vor den Wagen zu spannen wußte.

Elazar Benyoëtz mit Max Rychner und Hans Weigel
10 Jahre Diogenes Verlag, Zürich 1963

Wort und Leben in Fahrt, zusammen und gegeneinander: auf das Wort harrend, denn auch das Wort muß zum Wort kommen, und sei es durch den Tod. Allerdings konnte ich das Buch, eingedenk seines Erscheinungsjahrs, nicht "zemperlich-helvetisch" betrachten, und es hätte mir schon darum vielleicht mißfallen sollen. Mir lag an Rychner aber sehr viel, und so war ich denn doch froh, über diesen "Prüfstein" nicht gestrauchelt zu sein. Er wäre auch dann ein großer Dichter, wenn er nur seine Essays geschrieben hätte. Er verdiente den Maßstab, den er an alles setzte. Das Geheimnis dieses Maßes ist in seinem "Freundeswort" enthalten: mehr leuchtend denn einleuchtend, und darum vielleicht um einen Grad unverwüstlicher.

Wie kommt es, daß mich die zufällig gefundene Ansichtskarte so viel mehr bewegt als die Briefe, die an mich gerichtet, die mich nach Deutschland begleitet, und mir, so geringfügig sie meist waren, über die trübe Grenze hinüber Halt geboten haben?

Auf den ersten Blick scheint es an der "bedeutenden Erwartung" zu liegen. Vielleicht genügte auch ein solcher Blick, mich froh und bange zu stimmen: froh, daß ich so früh und von so fern vermochte, in Rychner Erwartung zu wecken, bange, ob ich sie nicht vielleicht enttäuscht habe?

Habe ich denn nicht Bedeutendes geleistet?

Und traute ich der Stimme meines Gewissens nicht, müßte ich nicht dem Zeugnis Hans Mayers Glauben schenken? Dieser erzählte mir, daß er einmal mit Celan und Rychner im Tübinger Hotel "Zum Lamm" frühstückte, Rychner erhob sich als erster, und da er weg war, meinte Celan laut, er habe Rychner wohl enttäuscht, denn dieser erwartete von ihm <u>jüdische Lyrik</u>. Demnach mußte ich ihn enttäuschen, mehr noch als Celan, galt doch seine Erwartung in meinem Fall einem <u>hebräischen</u> Dichter.

Nun will mir doch scheinen: was mich bewegte und bewegt, ist das auch hier so unvermutet auftauchende Problem der Übersetzung, und daß mich dieses, wie ichs eben schmerzlich zu fühlen bekam, nie aufhörte zu bekümmern. Was mochte damals meine Antwort auf die

Frage gewesen sein: bin ich übersetzbar? Und meinte ich tatsächlich mit dieser Frage mich? Ist das Gedicht selbst nicht schon das Übersetzbare? Und wäre das Unübersetzbare dann nicht sein Verfasser? So lautet wohl die Frage, die mich immer wieder bewegt oder lähmt: Laß ich mich übersetzen? Eine Frage freilich, die man sich im Grunde nicht stellen kann, denn ihr stellt man sich im Grunde, unausweichlich. Auch ungefragt würde ich geantwortet haben: ich laß mich nicht übersetzen.
Hier wäre vielleicht ein tieferer Grund meiner Zweisprachigkeit zu erblicken, die mit einer Sprachbegabung ja nichts zu tun hat. Ich kann mich wahrscheinlich nicht ausstehen, so muß ich mir ausweichen; indem ich das tue, bin ich schon der Bessere; und tauche ich erst in einer anderen Sprache auf, dann bin ich "schlechthin" unvergleichlich.
Ahnungslos wie ein unbeschriebenes Blatt zog ich 1962 aus mit einer Handvoll Gedichte, von Dr. Mittelmann und Paul Engelmann ins Deutsche[97] übertragen - mein ganzes Hab und Gut im Gepäck. Mit diesem gedachte ich eine Welt zu erobern. Das habe ich auch, allein, es war eine viel kleinere Welt, als ich zu erobern gedachte, als mir auch zugesprochen wurde, von Hochstaplern etwa wie Dr. Hans Deutsch[98], der schon bei unserer ersten Begegnung glaubte, mir "Europäischen Ruhm" verheißen zu müssen, und dies nur, weil er sich mit seinem Verlag, seinen Verlag mit Europa identifizierte. Dies endete als bitterer Witz hinter Schloß und Riegel, dem vermeintlichen Ruhm Europas und der Karriere manch anständigen Dichters einen gar nicht gewünschten Gnadenstoß versetzend. Ich selbst kam nicht zu Ruhm und kaum zur Geltung, ich blieb verschont, nur daß mir darüber mein "Hab und Gut" zerrann. Denn je länger ich mich im deutschen Sprachraum aufhielt, desto schlechter mußten mir meine eigenen Gedichte erscheinen, ihr deutsches Gewand zumal, an dem kein Garn, kein Nadelstich von mir herrührte. Also war meine Welt eine kleine, doch war sie nicht eng, und durfte auch eine eroberte heißen, denn zu ihr gehörten immerhin Freunde wie Margarete Susman und Max Rychner in Zürich.

Ein unerwartetes Brieflein, eine ausschweifende Erinnerung - und schon hast Du, Clärle, ein Kapitelchen Literaturgeschichte vor Augen. Ja, so erbarmungslos geht es zu: 1962 war Max Rychner noch ein großer, vielbewunderter Mann; zehn Jahre später sagte mir Erwin Jäckle schon, Rychner sei ein "Geheimtip für Schweizer". Und heute? Kaum noch dies. Davon konnte ich mich neulich überzeugen, als mir ein junger Professor der Germanistik, aus Zürich stammend, hier begegnete. Auf meine Frage, ob ihm der Name Max Rychner etwas besage, konnte er sich nur wage erinnern, daß es an der Zürcher "Tat" einen Redakteur dieses Namens gegeben habe. Und das war schon ein geistig reger Anknüpfer, ein Spurenerschnüffler.

Nun hat Rychner zum Glück eine Tochter, und so kann es noch anders kommen. Das hoffe ich für ihn und für die Schweiz[99]. Ich bewahre sein Andenken in Liebe[100]. Er nahm so natürlich wie anmutig einen Rang ein, den ihm keine Bedeutsamkeit ab- noch zusprechen könnte. Die Stunden, die ich mit ihm verbrachte, waren immer geistvoll, fast immer heiter. Er hielt mich für einen geborenen Entdecker, nannte mich Rutengänger gar, und war immer auf meine Funde begierig. Wie oft hörte ich ihn ausrufen: "Balsamisch!" Er mußte, scheints, auch mich heiter gekannt oder gestimmt haben, denn seine Tochter erinnert sich noch, daß er von meinem herzhaften Lachen erzählte. Sie wollte bei mir nur anklopfen, und siehe: 17 Jahre sind mir unter der Hand wieder entschlüpft!

Schabbat Schalom

Dein Elazar

Tel-Aviv, 20.4.1979

Mein liebes Clärchen,

das Besondere in einem Menschen ist das an ihm nicht Auffallende. Mancher erlöscht nach innen, während er nach außen strahlt. Dieser Gedankenkreis öffnet sich vor mir, wann immer ich Michael Landmann begegne. Warum? weiß ich nicht zu sagen. Gestern war er mit seiner Freundin bei uns, und ich sah ihn glücklicher denn je. Er ist nun ein Heimgekehrter; er treibt und schlägt hier seine Wurzeln, man fühlt's und glaubt, er werde auch stämmiger. Keine natürliche Abstammung ohne Wurzelfestigkeit. Ob er's noch bis zum Wurzel w e r k bringt? Auch wenn er lacht - und das tut er kindlich wie beherrscht - stellt sich etwas ein, das ihm den Glanz verwehrt. Sein Wesen ist nicht von der Art, die zum Strahlen gebracht werden kann.
Ich kenne ihn seit 15 Jahren und habe meinen ersten Besuch bei ihm, in Dahlem, noch gut in Erinnerung; auch wie er mir auseinandersetzte, daß Jerusalem ihm Traumland bleiben müsse - nicht zu betreten, weil es dann Festland würde und also unhaltbar. Das hat sich also, wie es sich gehört, grundsätzlich geändert; er wird eingesehen haben, daß Verwirklichen nichts anderes ist als Traumwerk. Erwachen, nicht Wirklichkeit, steht gegen Traum. Geht man seinem Traum nach, muß man nicht erwachen. Denkt ein Jude an Jerusalem, denkt er gerade nicht ins Blaue hinein. Traum und Wirklichkeit scheitern über dem gleichen ABC. Das Erwachen macht den Traum mit seinem Träumer bekannt.
Ich vermochte Landmann immer wieder zum Lachen zu bringen, er aber nie, mich heiter zu stimmen.
Soviel Gutes steckt in ihm, und alles das ist mit einer dicken Bildungsschicht überzogen. Seine offenkundigste Schwäche ist die zur Poesie, darüber erweicht sogar seine Bildung; er läßt sich frappieren und verträgt ein Ketzerwort. Aber zu dieser großen Schwäche gehört auch die eigene Dichtung.
Ich habe mich immer geweigert, ohne mir darüber Rechenschaft zu

geben, seine Gedichte ernst zu nehmen. Ihr Ernst und seiner schienen mir das zu verbieten. Und meine Erfahrung mit der "George-Schule". Es waren alle sehr ernste Menschen, die durch diese Schule gingen, gelehrt und mit Poesie bedacht, aber zur Dichtung nicht berufen und nur wenig begabt. Sie hatten einen hohen Begriff von der Poesie und einen großen Meister, an dem sie ihren Begriff auch selbst begreifen konnten; nur war dieser vor allem und zuerst Meister seines Selbst, Meister seines Lebens auch, des absoluten Lebens eines Dichters. Meister machen Epoche, Epigonen machen Schule.

Wie hoch Landmanns Begriff von der Poesie ist, darüber belehrte mich sein Buch über "Die absolute Dichtung"[101].

Es stellte sich bald heraus, daß es seine Gedichte[102] waren, die ihn zu mir brachten. Er plane, erzählte er, seine "Jüdischen Miniaturen" in einem Band zu vereinen und diesen gleich auch auf Hebräisch erscheinen zu lassen.

In ihnen will er nun auch "einschlägige" Gedichte aufnehmen. Ich dachte, er wolle Rat und sagte ihm, mich würden Gedichte in diesem Prosaband eher stören; als ich dies aber begründen wollte, sah er mich bereits verächtlich an. Ja, sein Blick strafte und beschämte mich, denn zwar hatte ich einen guten Grund, doch wäre auch der beste nur ein kritischer Einwand, und was gilt schon ein Einwand gegen einen schöpferischen, freudvollen Einsatz?

Was er von mir tatsächlich wollte, war mehr als Zustimmung: er wollte, daß ich seine Gedichte ins Hebräische übertrage. Das konnte ich, bei aller Verbundenheit, nicht zusagen. Doch halt! wie steht es mit dieser Verbundenheit? Ich habe Landmann lieb und bin ihm abhold. Beides rührt von Margarete Susman her. Sie führte uns zusammen, ihr Tod hat uns entzweit.

Das ursprünglich gute Gefühl erstarrte zur Erinnerung; diese nun sucht sich ihre literarische Beute.

Ich meinerseits vermeide es, mit ihm über Margarete Susman zu sprechen; es ist aber unvermeidlich, daß wir auf Ernst Bloch zu sprechen kommen. Ernst Bloch ist ein großer Stern seines Lebens,

und diesen entzündete Margarete Susman an seinem Himmel.
Über Ernst Bloch läßt sich besser streiten als reden. Bloch gab unsrer Zeit ein paar neue Stichworte und - für mich entscheidend - einen neuen musikalischen Schlüssel zum Denken. Es wäre schon dddarum töricht zu sagen, er sei überschätzt worden, aber er wurde zu hoch umtanzt, und - nicht genug zu bedauern: als Erzähler mißbraucht. Die journalistisch-chassidischen Umstände seiner letzten Jahre machten ihn redeschwällig, machten mitunter aus ihm einen raunenden Schwätzer. Und es kränkte mich tief, daß ein Erzähler, der soviel vom Heil der Seele wußte, dieses (Seelen-)Heil gegen eine (Red-)Seligkeit austauschte.
Ernst Bloch war der einzige Mensch, zu dessen Füßen ich bereit wäre zu sitzen und Maschentausendaugenblicke lang gern sitzen bliebe. An ihm erlebte ich, was Erzählen ist und was ein Wort in seiner Erzählbarkeit bedeutet; und was ein Erzähler vermag, nicht nur über andere, sondern auch über sich selbst.
Ernst Bloch war ein Rebbe, sobald er keine Chassidim hatte.
Landmann und seine Freundin brachen auf, er schien mir seltsam verjüngt. Ich war ihm plötzlich doch ein Stückchen Freundschaft, wiewohl kein rechter Freund.

Schabbat Schalom,

Dein Elazar

Jerusalem, 5.11.1979

Mein liebes Clärle,

gestern war Dan Pagis bei mir. Weißt Du, wenn er in meiner Tür steht, tritt meine Lebensgeschichte ein und läßt sich zwischen uns nieder; dabei teilen wir miteinander weder Leben noch Geschichte. Er ist ein Überlebender, ich nur ein Geretteter.
Pagis begegnete mir, als ich auf dem vermeintlichen Gipfel meines

hiesigen Erfolgs stand, genau einen Augenblick vor meinem Absprung; und er war mein - damals noch eher poetischer als menschlicher - Anknüpfungspunkt nach meiner Heimkehr. Wenn also Pagis bei mir ist, fühle ich mich manchmal in meine Vergangenheit brutal zurückgeworfen, doch kann ich mein Auge mit seinem Blick auch zurückwenden, sanft, wie ich's heute tat, da meine Lebensgeschichte sich wieder hervordrängte, keck wünschend, sich in einer erneuten Zusammenfassung zu gefallen. Ich erzählte ihr, wie es um sie, um uns bestellt war, und sie folgte mir mit wachsender Zuneigung: als ich unbeabsichtigt aus dem Hebräischen auszog und in trübem Bewußtsein mich selbst ins Deutsche verbannte, bin ich unmerklich in den Luxus geraten, außerhalb jeden Wettkampfs zu bestehen. Wohl hatte ich die Kühnheit, mich aus freiem Antrieb hinzustellen, doch war mir das nur als Jude in Deutschland möglich, wo mir keiner nahezutreten wagte. Bei hellem Tageslicht konnte ich also meine Aussichtslosigkeit betrachten, einsehen, innewerden. Ich wußte zwar nicht, wovor ich stand, aber doch woran ich war, und mußte mir nichts vormachen.

Auch wußte ich über das Massengrab Literaturgeschichte Bescheid. In Deutschland, im Grauen, im Schatten, ganz unbehelligt, konnte ich nun mein Denken aus einer neuen Wortwurzel entwickeln und allmählich mich selbst zwischen Eiche und Zeder aufbäumen. Zehn Jahre sollten für dieses "Wurzelwerk" ausreichen - und siehe: nach knapp zehn Jahren ist das Werk vollbracht: aus der neuen Wortwurzel, in meiner alten Wurzelhöhle, in die ich namenlos zurückkehrte.

Gestern brachte mir P. mein Manuskript zurück. Ein schönes Buch, sagte er, auch in seinem Aufbau imponierend; aber, sagte er, das dritte Buch müßte anders, der EinSatzrahmen müßte gesprengt werden. Ich selber müßte sozusagen aus der Satzreihe heraustanzen.

Müßte ich? Er fand keine rechte Antwort. Am Ende glaubte er sogar einzusehen, daß er sein eigenes Problem in mich hineinprojizierte. Und während er willens war, seine Infragestellung zurückzunehmen, zog er sich in die eigene Fragwürdigkeit zurück. Indes habe ich das Moment seiner Fragestellung doch verstanden. Es ist mir in verschiedenen Versionen bekannt und wird mir immer wieder begegnen, als getarnter Einwand meiner mir Wohlgesinnten. Pagis ist nur zu klug, um sich nicht zu genieren, aber wie lange kann man ein Bewunderer sein, ohne dabei auch endlich ein richtiger Leser werden zu können? Die Regel spricht: mir sind fünfhunderttausend Sätze, durch eine Fabel oder bloß ein Thema vereinigt, immer lieber als ein einziger Satz, dem ich lange nachgehen muß und der am Ende noch mein Verfolger wird. Der Kürze fehlt die einladende Geste. Sie erweckt den Eindruck, als wolle sie den Leser in strenge Zucht nehmen. Wie anders ein umfangreiches Werk! Es imponiert in seiner schmeichelnden Gebärde: "Ein so großer Aufwand - und alles für Dich, lieber Leser. Tritt ein, nimm Platz, schau Dich um, lang zu - und laß Dir vormachen." Bei mir dagegen: "Komm herein und stelle fest, ob Du auch drin bist!" Wohl heißt es sprichwörtlich: "Die Kürze ist der Rede Würze", doch eben: wo bleibt bei mir die Rede - und wovon ist dann die Kürze? Die Regel bespricht sich mit ihren Ausnahmen und läßt sich wieder vernehmen. Lieber seitenlang von einem Autor an der Nase herumgeführt, als mit einem Satz alleingelassen! Man braucht seinen Führer, man will seinen Begleiter haben und möchte auf alles vorbereitet sein. Auf einen Satz ist man nie vorbereitet; er trifft mit seinen Folgen ein, die gleichsam seine Voraussetzungen sein sollen. Hochgeladen, voller Spannung, leuchtet er ein, noch ehe man sich für ihn erwärmen konnte. Urplötzlich sieht man sich genötigt, seinen Geist zusammenzurufen, um sich überhaupt erst seiner eigenen Sprache sicher sein zu können. Wie oft empfindet man Unbehagen, Furcht, Unsicherheit, ja auch Verzweiflung, wenn man so vor einem Häuflein, in einem einzigen Satz verriegelter Worte steht. Es ist eine besondere Angst, die aus dem eigenen Sprachvermögen hervorschießt, eine zwiefürchtige, würde ich sagen, der ich gern einmal auf den Grund ginge. Die Furcht vor dem EinSatz war einst die Ehrfurcht vor dem Wort.

Es gab Zeiten, da ein Mensch von einem Wort getragen, weit getra-

gen werden konnte, und natürlich selbst jedes Wort mit den Fingern wie mit den Lippen berühren konnte. In jenen Zeiten vermochten wenige Worte das Rückgrat eines Volkes zu bilden und schmale Spruchsammlungen ganze Völker zu erziehen. Man vernahm die Stimme, man sah die Worte sprechen und zog ihnen nach. Ein Satz war damals genau das, was im Wort vorging: des Wortes Vorgang. Aber unsre Lebensführung und unsre u n b e s t i m m t e n Lesegewohnheiten haben uns weit weg vom Wort gebracht. Wir sind Stummleser geworden und beraubten die Worte ihrer Vernehmlichkeit. Wir gleiten mit unseren Augen, einem Inhalt folgend, über die Seiten, unsre Finger wenden für uns die Blätter, während unsre Lippen von den Worten unberührt bleiben. Auch die Wortsicht wurde verkürzt, weil wir eben nur satzweise lesen, seitenweise aufnehmen und buchmäßig reflektieren. Wir sind mit unserer druckfertigen Geistigkeit bereits so weit, daß eine Sprache, wenn sie heute erneut beim Wort einsetzen wollte, mit uns nichts anzufangen wüßte. Noch zappeln wir mit einem riesigen Wortschatz im alten Sprachnetz, in Wahrheit sind wir aber längst übersprochen.
Darf man da noch vom Leben sprechen? Einst wollte sich das Leben selbst ausdehnen, es hatte einen Himmel über sich; heute will sich das Leben zurückziehen, vielleicht sogar zurücknehmen, es hat keinen Himmel über sich. Aber dieses Leben hat einen Bruder, und das ist der Mensch, der sich - Himmel hin, Himmel her - auf ein langes Leben einrichtet, um sich darin breitmachen zu können. Und dieses Leben, das Mensch heißt, wird seinem Bruder immer weniger verwandt, denn sein Leben ist nun ein auseinandergesetztes, das in die Länge geht und in die Breite und darum das Kommende nicht sieht und das Nächste nicht tut.

Schabbat Schalom!

Elazar

Elazar Benyoëtz mit Hut

Jerusalem, 18.11.1979

Liebes Clärle,

wenn Du mich nun heiterer haben willst, laß mich noch einmal zum Ernst meines früheren Briefes zurückkehren. Die tiefsten Probleme sind nämlich sprachwitzige. Ich sage es Dir besser so: Wir behandeln unsere Probleme mit unserem Sprachvermögen, dieses ist aber nie groß genug, die Probleme auch lösen zu können. Andererseits bestehen die Probleme in unserem Sprachvermögen selbst, oder entstehen aus ihm. Die Sprache teilt unsere Probleme nicht, ist aber an ihnen beteiligt, und sofern sie beteiligt ist, ist sie mit ihnen auch befaßt. Das glaubt man gelegentlich sehen zu können, dann bildet man sich auch ein, die Sprache hätte unsere Probleme - aber sie hat ihre eigenen, und diese sind die echten, weil sie uns einleuchten, als wären sie die unseren. Müßte man "über k u r z oder l a n g" losen, niemand würde "den Kürzeren ziehen".

Ein Wort fügt sich und kann sich zusammenfügen, ein sich aushebender Satz - das ist die totale Isolation, man glaubt bei seinem Anblick selbst zu vereinsamen. Der EinSatz ist maßlos, gerade noch an-maßend; herausfordernd auch dadurch, daß er für sich zwar keine Gültigkeit beansprucht, aber mit jedem Wort glauben machen will, e r mache Wort und Glaube geltend.

Die unheimliche Wirkung, die von einem EinSatz ausgeht, ist wie die des Richtspruchs, den man seit jeher fürchtet. Es ist eine uralte, geradezu eingefleischte Angst. Dies wäre z.B. an Kohelet leicht zu ermessen und gut zu verstehen. Möchte ein Satz so zart sein wie ein Lebensnerv, man würde in ihm Lebensfeindlichkeit wittern. Die Sprache belebt sich, wenn Kohelet sie Wort für Wort totsagt. Ein abschreckender, aristokratischer Geist, der das Leben verwünscht und sich der Welt immer tiefer verschreibt, je inniger er ihre Schönheiten leugnet. Von ihm, dem allessagenden Wenigschreiber, stammt der populärste Satz von der "Eitelkeit der Eitelkeiten".

"Geh immer den kürzesten Weg", sagt ein anderer König und Aphoristiker - der Kaiser Marc Aurel - "ein solcher Entschluß befreit Dich von tausend Kümmernissen und Kämpfen, von jeder Verstellung und Eitelkeit"[103]. Diese Eitelkeit griff nun wiederum ein anderer, viel späterer Aristokrat auf - La Rochefoucauld - und setzte sie für uns - Brief und Thema abschließend - in den folgenden Satz ein: "Wenn uns die Eitelkeit nicht reden heißt, so reden wir wenig."[104]

Schabbat Schlom,

Dein Elazar

Gottlieben, 29.11.1979

Mein Elazar,

heute kam Dein Brief, und ich kann Dir nur sagen, daß es mir nicht schwerfällt, Dich und Deine innere und äußere Situation ganz zu begreifen - wie Du selbst sagst, auf dem Weg über die Erfahrungen mit Manuel, aber auch, weil ich Du bin.
So vieles war ähnlich bei Manuel, wenn auch in seiner Wesensart wieder anders. So erlebte ich mit ihm jene Phasen - oder glaube, sie eigentlich erst jetzt ganz zu verstehen - wenn eine Liebe nicht mehr "begeisternd" und fruchtbringend war, und noch kein neuer Stern am Himmel aufzog - jene Phasen von Lähmung. Und doch kam er immer zur rechten Zeit, der neue Stern. Als die lange Nachtrauer um Blanche, die so viele Gedichte und Dramen zeugte, verebbte, kam "Das Mädchen im Spiegel". Aber auch die Pausen dazwischen sind mir nun gegenwärtig, auch sie wohl notwendig. Warum sollte ich "aufgebracht" sein in diesen Zwiespälten, die Du durchmachst, ich kann sie ja nur teilen. Sei gewiß, daß ich Dich in nichts mißverstehe.
Daß Du auf meine neue Not, die mich über Manuels Werk betroffen

hat, und auch auf meine Bitte um Rat nicht eingehst, läßt mich befürchten, daß Briefe von mir verlorengehen. Drum kurz noch einmal:

Es gibt die Gesamtausgabe nicht mehr als Ganzes. Von einem Band (Heimliche Krone) wurde das letzte Exemplar verkauft. Ich hatte Reclam in Verdacht, er habe die restlichen Exemplare in einem feuchten Lokal verrotten lassen. Er konnte sich dann von diesem Verdacht reinigen - ich war der Meinung gewesen, daß auch von diesem Band wie von den ersten Bänden 1000 Exemplare gedruckt worden seien, daß man die Auflage erst von den Novellen an reduziert habe. Nun konnte mir Reclam meinen eigenen Brief von 1953 vorweisen, in dem ich einwilligte (wie ich mich jetzt auch erinnere), von diesem Band nur 400 Exemplare drucken zu lassen. Dies geschah nicht nur unter dem Druck von Reclam und Preisendanz, sondern auch auf den Rat objektiver, wohlmeinender Ratgeber, wie Faesi und Zeller, die alle der Meinung waren, "klassische" (klassisch als Schimpfwort gedacht) Dramen verkauften sich nicht. Nun ist Manuels Werk ein Torso, als solcher kann er von Reclam an keine Buchhandlung mehr verkauft werden - und ich glaube, sicher annehmen zu müssen, daß er darum auch aus allen Katalogen Reclams verschwinden muß (darüber spricht er sich noch nicht aus - in einem übrigens sehr menschlichen, mitfühlenden Brief).

Nun legt sich über das Lebenswerk Manuels aufs neue das Todesschweigen wie in den letzten Lebensjahrzehnten Manuels. Die Ausgabe ist tot, kaum daß sie zur Kenntnis genommen wurde. Nun fragt mich Reclam, was mit den "Restbeständen"!! geschehen solle. Ich erbat mir Bedenkzeit, da ich zuerst Deinen Rat erfragen wollte - obwohl ich ihn nach Deinen früheren Äußerungen zu kennen glaube: die Bände so gut wie möglich an die Antiquariate weiterzuleiten. Aber ich bin mir nicht einmal sicher, ob Reclam, dem das viel Arbeit und wenig Geld einbringen würde, dies tun wird. Es ist ja der schwerste Schlag, der mich treffen konnte, und nun muß ich auch noch Dich damit belasten. Daß Du Lasten genug hast, weiß ich ja, nichts steht Dir aber näher, als mir zu helfen und zu raten, auch noch in einer andern Sache. Werner Kraft hat, wie ich befürchtete, abgesagt, für das Novellenbändchen der Universalbibliothek Reclam, das, wenn möglich, im nächsten Jahr erscheinen soll, ein Vorwort zu schreiben. Reclam wandte sich dann an Goes, der mir auch sehr recht wäre. Ob Du bei ihm ein Wort für Manuel einlegen könntest?

Mein Elazar, nun muß ich den traurigen Brief, der Dir nichts bringen kann als alle, alle Liebe - aber keine Entlastung, nur noch neue Last - beschließen. Nimm ihn, wie er ist.

Dein Clärle

Geliebte, traurige Neschomele, Tel-Aviv, 29.11.1979

Dein Schmerz trifft mich, sowenig ich das Schmerzliche mit Dir auch teilen kann. Der Grund Deines Schmerzes ist Verzweiflung, diese erscheint mir unbegründet. Ich schrieb Dir oft, und oft ausführlich über Manuel und über die Situation seines Werks. Ich möchte nichts wiederholen, Dir aber doch noch einmal meine Ansicht übersichtlich dartun. Du wartest darauf, und ich hoffe, daß Du mich gut verstehst und Dich an meine Anweisungen halten kannst. Ich sage Dir, was ist, nicht, was lieber wäre.

Manuels Anfänge liegen bald 100 Jahre zurück; Du, Clärle, wirst bald 90; Du sprichst von einem Gesamtwerk, dessen Herausgabe nicht etwa erträumt, geplant und mühsam verwirklicht werden müßte, sondern von einem zehnbändigen Werk, das seit nahezu 30 Jahren vorliegt - in vollendeter Ausstattung, seines Schöpfers würdig. Von diesem Werk sprichst Du nun zu einem jungen Freund - zu Deinem, der aber nicht weniger ein Freund des Dichters ist, und dies über fünf Generationen weg. Zu diesem jungen Freund und Dichter sprichst Du über Manuel nicht wie über einen längst Ver-

gessenen. Ginge es nicht um Literatur, könnte dies vielleicht Gnade heißen.
Mit der Herausgabe des Gesamtwerks hast Du Manuels Auftrag und Deine Aufgabe erfüllt. Es atmet ein zweifaches Leben und steht für Euch beide.
Über sein Werk hat Manuel sich nicht anders und nicht mehr getäuscht als jeder Dichter sich über sein Werk. "Gesamtwerke" sind von jeher künstliche Gebilde: keinem echten Bedürfnis entsprechend. Nicht die Leserschaft wünscht sich eine Gesamtausgabe, oft auch nicht einmal der Dichter selbst, sondern die Dichterfreunde, die Dichterwitwe; und die Verleger wünschen sich, es möge in einer wachsenden Leserschaft ein unbändiges Verlangen nach dem Vielbändigen entstehen. Es bleibt ein Propagandawerk. Zur Verbreitung kommt ein "Gesamtwerk" nie. Die Ausnahmen heißen "Klassiker" oder Wilhelm Busch, Jubiläum, Nobelpreis oder Volksausgabe, mit einem Wort: Höchstauflage zum "Schleuderpreis"...
In meiner Jugend liebte ich Liliencron, aber nur in seinen Gedichten. Ich war darum hoch beglückt, als ich bei meinem Nissim in Tel-Aviv (Du erinnerst Dich wohl des Straßenbuchhändlers, bei dem ich seinerzeit auch Manuel entdeckte) einzelne Bände der Liliencronschen Gesamtausgabe fand, die im ganzen 13 oder 15 Bände umfaßte. Es war mir eine Freude, die Bände, die ich liebte, kaufen zu können, und es war mir eine Erleichterung, die andern nicht kaufen zu müßen. Franz Rosenzweig schreibt in einem Brief: "Gegen Gesamtausgaben habe ich eine Abscheu, ich liebe den Einzelband."[105]
Manuel bestätigt die Regel und ist die Ausnahme nicht. Was ihn trifft, trifft auch die Berühmteren seiner Zeit. Von Hofmannsthal gibt es noch nicht einmal eine Gesamtausgabe, und die vorhandene, unzulängliche Ausgabe geht so wenig in die Breite wie die Rilkes. Gesamtausgaben kaufen nur Dichter, Sammler und Bibliotheken. Die Germanisten besprechen sie.
Zu Manuels Zeit gab es zwei Dichter von Rang und von großem Einfluß: Detlev von Liliencron und Richard Dehmel. Beide haben es

bis zur "Gesamtausgabe" gebracht. Zu jener Zeit entsprach dies vielleicht einem echten Bedürfnis. Als ich anfangs der sechziger Jahre nach Deutschland kam, erschienen nacheinander, aus der Vergessenheit gehoben, sowohl ein Auswahlband aus Liliencrons Gesamtwerk wie auch aus dem von Dehmel. Für mich bedeuteten beide ein freudiges, unverhofftes Wiedersehen, doch wurden beide sehr rasch verramscht. Ungefähr zur gleichen Zeit erschienen Gesamtausgaben von Ricarda Huch und Arno Holz: es war nicht zu denken, daß sie in guten Häusern Aufnahme fänden. Das waren Regalwerke und natürlich subventioniert. Von den "menschlichen" Teilen wurden Taschenbücher hergestellt, die gern gelesen und gut verkauft werden konnten. Denk Dir nur, und ich appelliere damit an die Redlichkeit Deiner "Zeitgenossenschaft": wenn eben jetzt Gesamtausgaben von Liliencron und von Dehmel erschienen, würdest Du sie Dir anschaffen? Und das waren Größen Deiner Jugend, zu denen Manuel selbst aufblickte, und nicht vergessenswerte Dichter; das sind gewiß auch George und Rilke nicht, allein wozu Gesamtausgaben? Unvergeßlich ist mir ein Wort von Dir geblieben. Als es galt, für den Absatz von "Einsätzen", später auch von "Worthaltung" unter Bekannten zu werben, sagtest Du: "Sie h a b e n ja schon einen oder zwei Aphorismenbände ..." D u s a g t e s t es. Und damit hattest Du ja auch recht.

Manuel, sagte ich, ist keine Ausnahme. Und doch: den meisten seiner Zeitgenossen ging's viel schlechter, sofern sie es überhaupt zu einer Gesamtausgabe brachten.

Du, Clärle, machtest für ihn die Ausnahme: Die Ausgabe seiner Werke ist, dem Druckbild und dem Einband nach, die effektiv schönste.

Und Dir selbst, Dir ist mit Manuels Werk das Beste geschehen. Nicht nur, daß Du nichts zu bereuen hast, Du darfst Dich glücklich heißen. Denn bliebe Dein Traum nicht Traum und wäre Dein Wunsch in Erfüllung gegangen, dann wäre das Werk Manuels, sein Gesamtwerk, seit bald zwanzig Jahren vergriffen, und Du bliebest ohne Sorge darum, nicht tugendgenötigt Dich darum zu bemühen,

ohne Spannung - und heute also trostlos, wahrhaftig. Denn freilich gibt man ein solches Gesamtwerk nicht zweimal binnen 50 Jahren heraus. Vor zwanzig Jahren vergriffen - das wären zwei Generationen, die wiederum n i c h t s von Manuel hätten wissen können; Manuel wäre demnach auch im Glücksfall ein heute vollkommen vergessener Dichter, und Du verfügtest nicht einmal über ein Exemplar für mich, von andern, wie Rübner, Werner Kraft, hebräische Nationalbibliothek, u.a.m. ganz zu schweigen. Ja, mein Clärle, ob wir einander dann noch begegnet wären? Meinerseits schon möglich, denn ich besaß zufällig die Wöhrle-Ausgabe[106] und wußte von der neuen nichts, als ich auf Manuels Spuren ging - ob Du jedoch noch am Leben wärst? Lebtest Du denn woanders als in Deiner Liebe zu Manuel und in seinem Werk, in der unausgesetzten Sorge um dieses? An das gabst Du Dich hin, aus dem zehrtest Du und ohne dieses wärst Du ein verlorener Mensch. Es war nicht weniger als Glück, daß Du nun 20 und 30 Jahre über das Erscheinen der Gesamtausgabe unablässig in Verbindung mit ihm bleiben konntest und Band um Band in Kontakt mit Völkern, Ländern, aufeinanderfolgenden Generationen herausgeben durftest.
Was Manuels Werk am Leben hält, sind sein Rang und Deine Freunde. Jeder Mensch ist im eigenen Vorurteil befangen und hat an dem seiner Zeit seinen Anteil.
Wo immer es Manuel um sein Werk ging, war er bereit, die ganze Welt auszupfeifen. Es gab den Baron, es gab den Manuel, es gab den Dichter, und es machte dem Dichter nichts aus, den Herrn Baron den Bücherkarren vor sich herschieben und die Türen hintereinander abklopfen zu lassen, damit seine Werke in die Häuser kämen, unter Dach und Fach. Er fragte nicht einmal, ob sie da auch gelesen würden. Auf die Straße hinaus, im Keller verschimmelnd oder in die Häuser hinein, war die einzige Frage. Für sein Werk war er bereit, alles über sich ergehen zu lassen.
Wir wissen nicht, wieviele Freunde er seinem Werk tatsächlich mit jenem Karrenschieben erworben hat, doch wissen wir, daß heute noch ab und zu einer auftaucht, der Dir von seiner Erinnerung an

die Bodman-Bände, oft Kindheitserinnerungen aus dem Elternhaus, erzählt. Die Wöhrle-Ausgabe war eine tragische Geschichte, der Baron mit dem Bücherkarren eine oft fehlpointierte Anekdote, beide zusammen aber ein Stück Poesie, zu deren Vollendung nur das Volk fehlt. Es bleibt die Erinnerung, eine um den Bodensee herum. Dies wäre nicht der Fall, bliebe Manuel in seinem oder seines Stammes Vorurteil befangen. Befangen blieb er hingegen im Vorurteil seiner Zeit: aber nur nicht "Ramsch"!

Nun mußt Du entscheiden. Ich denke, Dir müsse Manuels Demut Mahnung und Vorbild sein: nicht Geld, nicht Gewinn, nicht Ehre und kein falscher Ruhm - DAS WERK will in das Haus hinein, und wenn nicht durch den Haupteingang, so über die Hintertreppe. In das Haus muß es kommen und nicht im Verlagskeller liegen oder in Katalogen stehen bleiben. D a s ist Manuels L e h r e , und ich bitte Dich, ihr freudig zu folgen. Denk bitte nicht gesamtwerklich, das ist weder recht noch kann's stimmen.

Ja, Clärle, wie viele sind's, die sich freuen, wenn ihnen unversehens so ein "Manuel" im modernen Antiquariat unter der Hand aufginge oder freudig ins Auge springen würde. Ein Teil, nur ein Bruchteil des Gesamtwerkes genügte, Freundschaft fürs Leben mit ihm zu schließen.

Du kennst diese Freuden vielleicht nicht, ich aber; meine Augen sind Bibliotheken solcher Freuden. Du darfst mir darin vollkommen vertrauen und getrost meinem Wink folgen.

Ich wünschte nun, daß Du selbst Mut faßtest und von Dir aus Reclam den Vorschlag machtest: die Restbestände auf würdigste Weise, möglichst unter Kontrolle, nach und nach (es muß nicht mit einem Mal geschehen) im modernen Antiquariat zu verbreiten.

Ich würde es dabei aber nicht bewenden lassen.

Nun paß gut auf: mit diesem unerwarteten Vorschlag, vorgetragen in einem äußerst vertraulichen und freundschaftlichen Ton (Dich ihm an die Brust nicht werfend, sondern schmeißend), mit allen Vorzügen Deines Dir eingeborenen Charmes - und selbstverständlich "in Anbetracht Deines hohen Alters" - willst Du ferner Reclam

bitten, eine kleine Auswahl aus Manuels Lyrik und wenigstens ein Drama (ich meine "Hans Waldmann"), von den Novellen abgesehen, in die Universalbibliothek[107] aufzunehmen.
Würde er grundsätzlich dem zustimmen, Du sähest Dich dann in seiner Freundschaft und im ewigen Reich Reclams aufgehoben und könntest ruhig scheiden mit dem guten Gefühl, nicht nur alles, sondern noch ein Letztes für den Dichter und den geliebten Mann getan zu haben. Das wäre der Sinn Deiner Rede, und deren Schluß mag lauten: "Dies wäre wohl das einzige, das Dich über das so traurige Ende (Du darfst meinetwegen "Ramsch" sagen) hinwegtrösten könnte. Freilich - setze fürsorglich hinzu - sollen die Kosten, die Unkosten kein Hindernis sein ..." Ich bitte Dich, in dem Sinne zu handeln, zuversichtlich, im Vertrauen auf Gott und auf mich. Ich will Dich nicht nur anstacheln, ich will Dir auch gern helfen und das Meinige tun. Wird der Vorschlag angenommen und schiene es Dir von Belang, dann will ich mich der Aufgabe unterziehen und gern eine Auswahl aus Manuels Lyrik besorgen - nach bestem Wissen und Gewissen. Wie ich es heute verstehe und wie ich (nicht Heuschele) es geltend machen würde. Und das wäre dann, glaub mir, auch des Bleibens genug. Dies wäre auch der beste Hinweis auf die noch vorhandene Gesamtausgabe: für Forscher und Liebhaber. Gesamtwerke leben doch nicht, es leben Gedichte, Sätze, Worte, Gedanken. Mit drei Reclam-Heften hätte Manuel mehr an Ewigkeit, als sein Gesamtwerk ihm je zusichern könnte. Diese wären in der Lage, in einer kommenden Generation den Wunsch nach einer neuen Werkausgabe zu wecken und zu nähren. Der Kontakt mit einer literarischen Nachwelt ist durch Reclam gewährleistet, das kann ich Dir aus meinem vielfachen Leben bestätigen. Und einzig darum würde ich mich an Deiner Stelle jetzt kümmern: in aller Freundschaft, mit aller Behutsamkeit.
Tue bitte nichts in Eile, laß Eifer und Übereifer fahren. Du hast in jeder Hinsicht meine Hilfe, mein Wort und meine Hand, und ich will sie Dir beide gern auch über "Dein Grab" hinaus verschreiben.

Dein Elazar

Tel-Aviv, 21.12.1979

Liebes Clärle,

es wird langsam Zeit, Dir den Neujahrsbrief zu schreiben, der Dich mit all der schweren Fracht an jenem Tag erreichen soll. Wie gut hast Du es doch mit Deinem 2 x Neujahr. Und die vielen, auch die nichtssagenden Briefe spornen Dich zur Antwort und zu immer neuen Liebeserklärungen an. Es ist das Erinnerungsspiel: derer zu gedenken, die uns nicht vergessen mögen, obschon auch deren Erinnerung schwindet, und wir darin nicht länger haltbar sind, nicht Festland finden können und nicht mehr bedeuten dürfen als ein Knoten im Taschentuch, auf daß man alle Schränke durchsuchen muß, weil man nimmer weiß, in welcher Tasche ...

Nun, da bist Du in Deinem Element. Die Gattin des Dichters war wie dieser und um keinen Deut weniger ein "federführendes Wesen". Wer vermöchte sich Dein Leben, das schriftliche abgerechnet, vorzustellen?

An schriftlichem Mitteilungsdrang kommt Dir keiner Deiner Dichterfreunde nach, in Deiner Lust zu briefilieren überragst Du sogar mich, und das will schon etwas heißen. Du wirst also murren und knurren ob der unseligen Post und Dich, ob lesend oder schreibend, seitenlang freuen.

Deine große Sendung, mit üppiger Beilage (Tagebuch 1966) und Brief, die gestern bei mir eintraf, scheint mir geeignet zu sein, darüber mit Dir ein kleines Gespräch plauderlings zu führen, wie es sich vor einem neuen Jahr gehört. Erlaube mir nur eine Bemerkung vorweg: Es stimmt zwar, daß meine deutsche Produktion ins Stocken gerät, wenn ich von Dir kein Echo habe, aber das ist nicht so schlimm. Denn einmal hat's mit dem "Anderen Ende"[108] seine Zeit, ist auch zum andern nicht zu beklagen, wenn ich ins Hebräische zurückschweife.

Zu Renée: Du weißt, daß ich sie zu ihrer Reise ermutigt habe; weißt auch, was das für mich bedeutete. Entscheidend dabei war, was die Reise für sie bedeuten mußte, als ein buntgemaltes zwar, aber doch unbeschriebenes Blatt von ihrem Weg in die Welt abzubiegen. Du bist ihr nicht nur moralische Stütze, nicht nur geistige Quelle, sondern auch die anklopfbare Tür in jener Welt, weil sie sonst nur im Traum erwacht. Es war von entscheidender Bedeutung, d a s Clärle in d e r Welt zu erleben. Das sage ich so, um von Liebe nicht sprechen zu müssen. Ich muß darum froh sein, daß ein Zusammenkommen möglich wurde, und daß Ihr Euer Zusammensein genossen habt. Mit ihren Erfolgen bin ich zufrieden, den Überschwang muß ich ja nicht teilen. Ob es zum "Buch"[109] kommt, wird mir ein Vertrag sagen, nicht eine Fee. Daß Métavel Vertrag, Buch und Erfolg verdiente, daran zweifle ich nicht. So wenig ich die Zeichen der Zeit für mich je deuten konnte, ihre Zeit kommt gewiß, ob viel, ob wenig "anerkannt". Über mich wußte ich weniger Bescheid als über sie, und dies, als sie noch kaum vorhanden war: aufgrund der ersten Puppe, die sie für mich, aus Halm und Dorn und einem Nichts an Stoff, erdichtete: den Joseph, in meiner Wortgrube ein Konzert für 11 Sterne spielend. Nach wenigen Jahren gab ich ihr ihren Namen, allen Konflikten zum Trotz. In dieser Hinsicht ist sie mein Kind (und Du weißt: man liebt sich in seinem Kind nicht nur, man haßt sich auch in ihm). Wenn Du es genau nimmst, schafft sie im Grunde nichts als malerische Aphorismen. Ihre Miniaturen sind meine Aphorismen, nur um einiges feiner, um vieles poetischer. Das war mit der Grund, daß ich ihr mein erstes hebräisches Aphorismenbuch widmete (sie weiß davon nichts). Es soll die erste Anerkennung auf geistiger Ebene sein. Wie so viele Künstler ist auch sie in ihrer Kunst ihrer Person weit voraus. Noch ist sie vom Bedürfnis durchdrungen, absolut schön vor ihren eigenen Augen zu bestehen. Das war bei mir nicht anders, und auch ich war vor nur wenigen Jahren noch rasch bei Urteilen und Verurteilen, und viel zuviel mit "den Menschen" befaßt, allerdings war dies auch mein "Metier", und das ist mir zur Hochschule geworden. Ich will mich mit ihr gedulden und darf Dir also sagen: was immer Du für sie aus Liebe tatst, tatst Du für ihre Zukunft, die sie als bedeutende Dichterin schon jetzt verdient. Das gleicht alle Mühseligkeiten aus, die mit ihrem Besuch verbunden waren. Ich bin überzeugt: Wenn Gott Métavel noch fünf oder zehn schöpferische Jahre beschert, dann überstrahlt ihr Name alles, was heute so um uns herum werkt und funkelt. Alle Liebe, die ihr entgegengebracht wurde, hat sie darum redlich verdient, möchte man ihre Person wie auch immer beurteilt haben. Sie ist eine Erfreuerin des Menschengeschlechts und nur dazu da, die Schönheit in der Welt zu vermehren. Von ihr wird n i c h t s Häßliches je herrühren. In ihr ist eine Quelle der Schönheit aufgebrochen wie in mir eine der Weisheit. Und es fügte sich, daß dies unter Deinen Augen geschah, in Unschuld und ahnungslos, aber nicht ohne Deine Liebe.

Es schreibt sich, auf das Neujahr zu, so leichthin. Was dieses Leichthin verdeckt, sind die neujahrslosen Jahre und die schabbatlosen Briefe, die wir geschwisterlich miteinander teilten. Das alles ist ein Teil von Dir, wie Du ein Teil von uns.

Das war also mein Hohelied der Liebe, laß mich jetzt wenigstens einen Ton der Vernunft anschlagen.

Geliebtes Clärle, lange Zeit bist Du mit mir zusammen gegangen. Zeichen der Zeit, Schatten der Zeit, ihre Wunden - alle hast Du sie mit mir getragen und geteilt; und so manche Wunde, mir zugefügt, in mir geschlagen, brennt heute noch, immer noch in Dir, Du hast nichts vergessen: ausgetragen und gelindert - und immer noch nicht vergessen: das gehört zum Wesen dessen, was wir CLÄRLE heißen - ein Löwe und Löwite der Liebe. Ich kenne Dich anders nicht und würde Dich anders nicht geliebt haben.

Und wenn Du unversöhnlich im Gedenken aller Wunden in Deiner Liebe zu mir bist, wie erst in Deiner unauslöschlichen Liebe zu Manuel! Das verleiht dem kleinen Clärle seine Ur- und Übergröße. Aus diesem Grund kann ich Deine Einschränkung bezüglich des Urteils über Manuels Werk nur beherzigen. Vernunft ist der Liebe weder Richtung noch Ziel. Gäbe es eine vernünftige Liebe, wir würden sie beide verachten. Laß mich Dir von mir erzählen: Als ich zwanzig war, ist mein erstes Gedichtbuch[110] erschienen. Ich war noch Soldat, als das Buch erschien, und das war ein Grund mehr, mich zu bewundern. Bald darauf wurde ich in den Schriftstellerverband aufgenommen - als jüngstes Mitglied in seiner Geschichte. Mich begrüßten die noch lebenden "Klassiker", aber auch deren Antipoden, sie wollten mich alle als ihren Erben und Nachfolger krönen. Mir standen a l l e Zeitungen - von rechts nach links - offen. Von Erfolg hatte ich wenig Ahnung, durfte mich aber, an meinem bescheidenen Maß gemessen, recht erfolgreich dünken. Von meinem Gedichtbuch, vom Erstling, waren sehr bald 700 Exemplare verkauft, und das war für jene Zeit etwas Unerhörtes, gar nicht zu glauben. Sicher war ich wenigstens zur Anerkennung meiner Begabung sehr jung gelangt, obschon, wegen Benzions ekelhaftem Anerkennungsdruck, weniger beflügelt als gedemütigt. Ich mußte auf jede Anerkennung stolz sein, durfte mich keiner freuen. Ich war also anerkannt. Mit knapp 25 Jahren verließ ich meine Heimat dann, und ohne es zu wollen, auch ohne es zu ahnen - waren alle Brücken hinter mir bald verbrannt. Der Weg zurück führte nicht mehr über eine Brücke, sondern über eine literarische Leiche; kein gerader Weg, kein runder Umweg. Du kennst das alles, diese Geschichte führte mich zu Dir und führt durch Dein Herz hindurch. Was mir Galut werden sollte, das steht in dem Dir gewidmeten Gedicht. Das weiß niemand besser als Du, auch nicht, was mir P. bedeutete und auch dann noch war, als sie aufhörte, mir etwas zu bedeuten. Du weißt also, wie nah ich dem Wahnsinn in jener Zeit war, als ich eine Aufgabe auf mich nehmen sollte, der ich nicht gewachsen war. Das kennst Du alles aus Briefen und aus eigener Anschauung. Aber aus dem Leiden des Menschen schälte sich der Künstler heraus. Gewiß, ich hatte nie wieder das Glück des Dichters, des unbefangenen Lebens eines Dichters, in Anerkennung gehüllt, wie noch bis zu meinem 26. oder 27. Lebensjahr. Damit war es aus, und jetzt stehe ich vor der Schwelle zu meinem 43. Lebensjahr. Hier hört die Klage auf; genug ist nicht genug. Für diesen Augenblick möchte es vielleicht genügen, daß Elazar, wie er heute vor dieser Schwelle steht, ein seinem Alter gemäßer ist.

Das wiegt nichts auf, das zählt: mit den Jahren übereinstimmend und der Sprachstunde entsprechend.
Mein Glücksgefühl war hin, was war an ihm aber vom Glück und wieviel mit Recht Beglückendes, sofern es im Werk seinen Ausdruck fand? Das Werk - vielleicht beachtlich, ob auch entwicklungsfähig? Werke sind wie Tage, weder nagelneu noch sargfest. Und was vermögen die schönsten Dichterworte, wenn sie keine neue Sprache heraufbeschwören? Ich will darüber nicht entscheiden. Die Würfel fallen wie der Regen: bei mir zwischen den "Einsätzen". Und nun, nach 16 Jahren, erscheint wieder ein hebräisches Buch[111] von mir, das Buch eines Anfängers, der nicht mehr vielversprechend sein kann, weil er nur noch wenig sagt. Es verspricht mir soviel Erfolg wie meine deutschen Bücher.
Du Clärle sprichst von Manuels Jugend und vom Erfolg, der ihm in ihr beschieden war; jung wie Rilkes und Hesses Erfolg, stark und strahlend an ihrem gemessen; und in aufsteigender Linie bis zum jähen Unglück, durch Blanche und Schäfer herbeigeführt, das ihn aus seiner Bahn schleuderte. So siehst Du das, so wird es auch gewesen sein. Eins übersiehst Du dabei: der Riß, der durch sein Leben ging, war zugleich der Grundriß zu seinem meisterlich sich festigenden Alterswerk. Sein Leid zwang ihn, seiner Sendung gewachsen zu sein, und er ist ihr gewachsen geworden. Der Preis war nicht weniger als Einsamkeit und Unglück, allein: das Werk, auf das Du so stolz zurückblickst, konnte das eines Glücklichen nicht sein. Der es schuf, verdankt dem Unglück sein Bestes; der Einsamkeit - das Trennende, das Unterscheidende, das allem Vergleich trotzen und bestehen kann. Ein glücklicher Manuel würde zu diesem Werk nicht passen. Daß er es schuf, verdankt er aber nicht nur seinem Unglück, sondern auch seinen glücklichen Jugendjahren, die länger währten, als Du selbst wahrhaben willst. Natürlich vergesse ich nicht den Tod der Mutter, demgegenüber stand aber das ungewöhnliche Zartgefühl des Vaters, dessen Verständnis und Zuspruch.
Heute sind wir in der Lage, Manuels Früh- und Spätwerk miteinan-

der zu vergleichen, jenseits von Unglück, Erfolg und Mißverständnis. Den Tau auf seinem Frühwerk finden wir im späteren freilich sowenig wie den Flaum der Jugend, diese zeichnen die frühen Gedichte aus. Aber die Kraft der Jugend ist nicht die Kraft des Glücks. Die Jugend verläßt das Gedicht, um sich als Jugendlichkeit länger bei seinem Dichter aufzuhalten. Es gibt im Leben (oder Lebenswerk?) eines Lyrikers eine Zwischenzeit, in der er anstelle seines Gedichts treten muß. Das ist ein Werk für sich, und es geht unauffällig vor sich.

Der Flaum verflog, was aber in Manuels Jugendgedichten als Kern möglicher Meisterschaft offenbar wurde, ist im Spätwerk Erfüllung geworden. Auf allen Gebieten, in einem sich steigernden Ernst, der bis zur Frömmigkeit reichte und keine Fähigkeit außer acht und unbenutzt ließ. Er hatte alle Fähigkeiten in sich und alle Liebe in Dir, es mangelte ihm einzig an kritischem Widerstand. Dann kam plötzlich und grausam das Alter über den Dichter und brach seine Kraft und seinen Mut. Nicht alles glückte ihm gleich, manches mißglückte, was immer er aber zu vollenden trachtete, trachtete und vollendete er auf einem Niveau der Meisterschaft.

Du hast auch unter dem, was nur zu bewundern ist, leiden müssen. Die Einsamkeit war furchtbar, den Sieg aber, den Manuel immer wieder davontrug, konnte nur er allein ganz empfinden. Und es war kein unglückliches Leben, in dem Siege dieser Art und dieses Ranges errungen werden konnten. Davon ganz zu schweigen, daß ohne jenes über Manuel hereinstürzende Unglück es heute wie damals und nie ein Clärle hätte geben können. Unleugbar. Und auch kein Gottlieben - weder für Manuel noch für mich; und was ist Gottlieben überhaupt ohne Clärle? Du weißt, ich bin nicht für billigen Trost; ich sehe meine Aufgabe auch nicht darin, Dir Trost zu spenden. Was ich Dir sagen will, ist ein Einfaches: Manuel in seinen glücklichen Jugendjahren schuf allerdings ebenso gute Gedichte wie Hesse und Rilke, auch gute Dramen; jedoch in seiner späten Zeit schuf er Sinnsprüche, wie Hesse sie nicht vermochte, Novellen, wie bei Rilke nicht zu finden, und noch zuletzt ein

Drama, "Hans Waldmann", um das ihn Paul Ernst beneiden könnte. Jene Erschütterung seines Lebens, die ihn eines Teils seines Glücks und mehr noch seiner Glücksfähigkeit beraubte, schenkte ihm das Kostbare seines irdisch beseelten Daseins: Dich und seine Meisterschaft. Du kennst wohl die Geschichte vom Bruder des großen Rabbi Elimelech von Lisensk, Rabbi Sussja[112]? Die Geschichte seiner Frage der Fragen, die ihm in der kommenden Welt gestellt würde: Wer bist Du gewesen? Etwa Abraham oder Moses? Eine schreckliche Frage, denn wer möchte nicht wie Abraham, und wer vermöchte schon wie Moses zu sein? D a s wäre also nicht die Frage, die ihn vor dem Richter scheitern ließe. Wenn man mich aber fragt: bist Du Sussja gewesen? B i n ich denn Sussja gewesen? Es geht also gar nicht darum, ob Manuel wie X oder Y geworden ist, entscheidend bleibt, daß er allerwegs Manuel war, und dank des ihn verunsichernden Unglücks und des festen Bodens Deiner Liebe - bleiben durfte. Das ist wahr, und zu dieser Wahrheit steht "Erfolg" in keinem Verhältnis. Du wirst trotzdem verbittert bleiben, schließlich war es Dein Leben, und Du mußtest mit Deinem Geliebten und für ihn bluten. Auf diese Weise hattest Du aber auch Deinen Geliebten und konntest ihm sein, was Du ihm unter andern Umständen nicht hättest sein können. Und noch etwas: aus seinem Unglück ging Manuel vielfach geläutert hervor. Aus der Bahn geschleudert, stellte er trotzdem seinen Mann und blieb so vorbildlich. Nicht nur liebenswert, sondern auch zum Lieben nah. Er hinterließ ein reiches, hartes, schweres Lebenswerk, und dieses ist durch Dich gerettet. Ob es j e t z t gelesen wird oder nicht, ist keine lohnende Frage. Lessing, Jean Paul und Novalis werden jetzt auch nicht gelesen - man muß ja auch nicht ewig gelesen werden - und es tat einem Dichter noch immer gut, wenn man ihn einige Jahrzehnte lang in Ruhe ließ; noch schadete Vergessenheit keinem Dichterwerk. Dichter, die nur gelesen werden, werden nie entdeckt.

Du willst zuviel, und Du weißt doch selbst, daß Manuel einen etwas größeren Erfolg zu Lebzeiten nicht hätte vertragen können.

Erfolg will nicht nur verdient oder erworben, er muß auch ausgestanden werden, und dies erfordert nicht nur gesunde Nerven, sondern auch physische Kraft. Seine große Zähigkeit brauchte Manuel ganz für sein Werk und mußte noch Deine in Beschlag nehmen. Es sind tatsächlich meist starke, oft robuste und auch etwas liederliche Naturen, die einen Erfolg g u t vertragen können, ohne ihrer Aufgabe untreu zu werden. Wer aber ein Clärle hat, weiß, wie vieles entbehrlich ist. Das weißt Du selber zum Glück nicht. Ich weiß es und glaube darum zu wissen, was es Manuel bedeutete. So, das wäre mein letztes Wort zu Manuel in diesem Jahr. Ich hätte auch wirklich nichts weiter zu sagen. Es wäre schön, wenn Du bei Reclam die Auswahlbändchen bewirken kannst, und gut wär's, wenn die Werke nicht in Reclams Keller verstaubten, sondern in liebhabende Hände gerieten. Es ist kleingläubig, sich über die Jahrhunderte versichern zu wollen.

Möge Dich ein heiterer Tag in das neue Jahr geleiten.

Dein Elazar

Gottlieben, 29.12.1979

Mein lieber Elazar,

ich wußte es ja, daß am heutigen Schabbat Dein Brief kommen würde, ich fühlte ihn nahen - und wohl mußte ich sein Kommen fühlen, ging er doch wie die strahlende Sonne auf an meinem Winterhimmel und schickte sein Morgenrot voraus.
Du Lieber, mir scheint, ein solcher Brief müßte für ein Leben ausreichen, mit allem, was Du mir darin schenkst an Leben und Liebe. Ich gehe durch seine Seiten spazieren, wie in einem Wald mit vielen Wegen und Quellen und Bäumen aller Gestalt - da ein knorriger Baum der sagt: Ich bin Elimelech, kein Moses, aber ein

ganzer Elimelech - und da ersteht neben ihm Manuel, legt ihm die Hand auf die Schulter und sagt: "Und ich ein ganzer Manuel, voll lebendig, weil ich mich erkannt weiß von ihm, dem fernen Freund, den ich ahnte:

Du fremder Freund, den ich nicht sah, noch kenne,
Du bist mir nah in manchen späten Stunden,
Wenn ich die Tagesarbeit überwunden
Und wach im Kreise meiner Lampe brenne.

Oft, wenn ich so zum innern Quell gefunden
Und horchte, wie ich Ton um Ton gewänne,
Die ich mit Worten überwältigt nenne,
War mir, als hättest Du's mit mir empfunden.

[...]

Du fühlst mich nah, bin ich auch längst gewesen."[113]

Und weiter gehen wir durch den Wald, und dort, an der sprudelnden Quelle steht Métavel im Glanz ihrer Farben - und nun Du selbst, so wie Du wurdest in all den Jahren, und ganz besonders in diesem letzten, das Du nur über Dich ergehen fühltest, ein breiter, Schatten spendender, hoch aufstrebender Baum bist Du geworden, ohne daß Du's wüßtest und begriffen hättest, was an Dir geschah in leidvollem Wachstum. - Und so geh ich hin und her im Wald von diesen Seiten, und manchmal schau ich zwischen den Bäumen zum Himmel auf und sehe, daß die dunkeln Wolken, in deren Schatten ich lange Zeit wandelte, sich zerstreuen wie leichte, lichte Morgenwölklein - denn es ist ja gut so, wie es ist, wie es gekommen ist, daß Manuels Früchte aus dem dumpfen Keller zu den Menschen kommen sollen - zu manchem einsamen fremden Freund in seiner Kammer. In langer, geduldiger Liebesmüh hast Du mich's gelehrt, hast mir die Augen aufgetan. Lieber, heut kann ich Dir auf diesen wunderreichen Brief nur diese armen Zeilen schreiben, und es ist schon spät in der Nacht

Dein Clärle

Gottlieben, 10.1.1980

Elazar, Du Freude meines Alters, Freude meines Lebens -

ich sitze hier in einem Garten von Hunderten von Rosen und anderen schönen Blumen und Gaben von lieben Händen gespendet und für die ich auch dankbar bin.[114] Aber was sind mir alle Schätze der Welt gegen Deine Liebe, gegen das kleine Blättlein, in dem Du sie mir so wundersam von Herz zu Herzen sagst. Drum sollst Du auch der Erste und Einzige sein, dem ich heut - noch ein wenig matt von dem Sturm, dem Ansturm, der über mich ging gestern und noch heute - noch schreibe und danke.

Und das große Fest steht mir noch bevor - "Das andere Ende", die erste Seite aufgeschlagen, da nun der letzte Besuch gegangen ist, und ich ganz mit ihm allein bin, mit diesem Manuskript, das Du für mich abgeschrieben, für diesen Tag.

Tief in der Nacht

Und nun durfte ich's miterleben, das Wunder, Seite um Seite - jedes Wort wesentlich, wie kein anderes Deiner Bücher in so makellosem Sinn, und jedes Wort verantwortlich und jedes Wort Dichtung, von Schönheit überglänzt - und dann am Schluß, wie griff es an mein Herz, dies Zeugnis für Manuel, soviel höher als Lob, wahrhafte Bezeugung. Hab Dank, Du Bruder, in Manuels Namen wie in meinem. Und ich finde sie, unausgesprochen, auch in manchem Wort des Buches, nur mir erkennbar, diese Bezeugung.
Und nun nur noch Leilah tow und Dank über Dank

Deine Klein- und Großmutter

Nicht wahr, so ist es doch gemeint: nicht ob es große, w e i t e Schritte sind, auf denen ein Weg von dem Dichter weitergeführt wird, ist das Wichtige, sondern daß es s e i n e Schritte sind - so wie in der Geschichte von Elimelech.

Mein liebes Clärle, Tel-Aviv, 28.1.1981

man verarmt schon am Wunsch, seine Erlebnisse zu berichten. Gestern, 10.15 Uhr ist Benzion gestorben: durch viel Leid geläutert, von den Schwestern saubergewaschen und von mir reingebetet. In den letzten zwei Wochen war er auf der rechten Seite gelähmt, konnte mit dem linken Ohr zwar noch alles wahrnehmen, aber nichts mehr von sich geben - einen einzigen "Ja"-ähnlichen Laut ausgenommen. Sein Interesse für die Abläufe und Verhältnisse dieser Welt ist kurz nach seiner Einlieferung ins Krankenhaus erloschen. Anfangs vermochte er noch schwach zu reden, dann wurde er immer stottriger. Je eifriger er sich bemühte, desto weniger wollten seine Worte miteinander zusammenhängen. Nicht war bei alldem zu überhören, daß er schon mehr mit Gott zu tun hatte als mit uns. Ich ward bei seinem Anblick stark an Annette Kolbs letzte Wochen erinnert. Die abgewandte Rede, die auseinanderstrebenden Gesten, das starke Leuchten einzelner Wörter. Dann schloß er seine Augen und mochte sie kaum noch öffnen; er tat's nur noch auf Wunsch, eher noch auf Drängen der andern: Ärzte, Krankenschwestern, Verwandte, Bekannte. Und mühsam. Er war nicht nur weg, er war auch nicht mehr zu haben. Sobald man mit ihm aber beten wollte, öffnete er von sich aus die Augen mit einem Blick, der nicht mehr das Leben suchte, aber Gott in diesem. Er war ganz dabei, manchmal sogar mit den Lippen. Benzion Gottlipp. Schabbat war unser letzter Tag zusammen. Von der Synagoge kommend, trafen wir uns an seinem Bett: meine Mutter, meine Schwester, Renée und ich. Nach dem Mittagessen gingen Renée und ich wieder zu ihm. Ich las ihm den Wochenabschnitt vor, dann betete ich Mincha mit ihm, später Maariw und schließlich, bei Sabbatausgang, machte ich ihm Hawdala. Während des Betens ließ ich auch nicht von seiner Hand. Da ich aber stehen blieb und zwischendurch mich auch heftig bewegte, blieb sein Arm in aufrechter Stellung; plötzlich zwang er mit ziemlicher Kraft seine Hand herunter; sie wollte ihre Ruhe haben. Ich war über diesen Kraftaufwand erstaunt, denn er war schon ausgedörrt, eine einzige, saftlose Schwäche; er konnte nicht einmal mehr Flüssigkeit aufnehmen; so abgezehrt und verstochen war er, daß man keine Vene mehr für eine "Zufuhr" fand. Ich rasierte ihn. Eingedenk der Überlegungen meiner Schwester, er könnte dem Deutschen vielleicht zugänglicher sein, bat ich ihn um einen leichten Händedruck bei Erwähnen des Hebräischen oder des Deutschen, je nach seinem Belieben. Mir schien, daß er bei "Deutsch" die Hand bewege, und ich las ihm daraufhin den mich betreffenden Text im Programmheft des Hanser-Verlags vor, das ich einen Tag zuvor erhielt und bei mir hatte. Ich las zögernd, doch strahlte er am Ende über sein ganzes Gesicht, und es war ersichtlich, daß er mir einen breiten Kuß zugedachte. Er war über den Text froh, war mit mir zufrieden, meinte Renée. Ich verließ ihn nicht, ehe er einschlief, und kehrte um Mitternacht an sein Bett zurück. Er lag immer noch "ausgeliefert", ohne Infusion, gnadenlos. Ich hatte den "Faust" bei mir - er kannte ihn auswendig - und setzte gleich zum Vortragen an. Die Nachbarn fanden es zu laut, so mußte ich bald wieder aufhören. Seine Augen wanderten noch auf und ab; wie weit er auf mich reagierte, weiß ich nicht; sein Händedruck war eher schwach. Dann kam eine Ärztin. Es gelang ihr, eine Stelle unterm Hals zu finden, wo sie ihre Nadel einstecken konnte. Dann wurde ein riesiger Röntgenapparat hereingefahren ... Ich blieb bis 2 Uhr bei ihm. Seine Hand saß nur noch locker in der meinen; er schlief. Am Morgen war Renée bei ihm, sie fand ihn vom Monitor abgetrennt, abgestellt in einem Nebenzimmer. Sein Aussehen war verwandelt; er war ohne Bewußtsein. Überzeugt, ich sähe ihn kaum noch lebend, erflehte mich Renée eiligst zu ihm. - Der letzte Sonntag in jenem Zimmer, man darf sagen: im Abstellraum des letzten Lebensrestes; sein Bett an die Wand gerückt, kaum Platz für einen Stuhl daneben; und da man ihn auf die linke Seite drehte, gab er, wund vom Aufliegen, einen Schmerzschrei von sich - der letzte Laut. Wie weh mußte es ihm, dem noch unbewußt Beherrschten, getan haben! Der Wand zugewandt, war nun aller Kontakt mit ihm verloren. Da war nichts zu wollen, noch weniger zu tun. Und

doch war ich voll Zuversicht. Es lag nicht an meinem Willen; ich war außerstand, ihn aufzugeben.
Sein Erlöschen war das Aufschimmern meiner Hoffnung. Hoffnung ist das Ende aller Erwartungen. Die Hoffnung kann es nur geben, wenn es keine Erwartungen mehr gibt. Das konnte ich jetzt sehen.
Solange ich seine Hand noch halten konnte, blieb ich bei ihm. Als man ihn wieder umdrehte, gingen wir weg. Im Herzen rechnete ich mit "Dienstag", doch mit dem ersten Sonnenstrahl trieb mich die Sehnsucht nach der scheidenwollenden Seele zu ihm, ich rannte den ganzen Weg zum Krankenhaus, in deutlicher Ahnung, aber auch mit der Gewißheit, er warte auf mein Kommen, er würde seine Seele erst unter meiner Berührung entlassen.

Erst das bitterste Ende war wieder seiner gemäß und annehmbar; ich bat die Schwestern, ihn zu waschen; dann betete ich mit ihm, nein - bereits für ihn, denn sein Atem wurde unruhig, und nach wenigen Minuten fuhr seine Seele aus, seine Augen sprangen auf: ein einziger Wunsch, von mir geküßt und geschlossen zu werden.
Ich rief die Ärzte und die Schwestern von nebenan, sie kamen, und ich sprach: "Der Herr hat's gegeben, der Herr hat's genommen, der Name des Herrn sei gelobt!"
Über mein Verhalten waren sie bestürzt; die erkaltende Leiche ließ sie kalt.
Leid - unser Platzanweiser in dieser Welt; Schmerz - unser Einführer in die andere.
Vom Tod umgarnt, in ihn verstrickt, unverderblich in seiner Seele, sauber und vollkommen rein, und doch fehlte zu seiner Läuterung ein großer Rest an Leid, ohne den sein Leben nicht aufgehen mochte.
Am Freitag hatte er noch lange mit meinem Bart gespielt, wucherte in ihm mit einer Besessenheit und unglaublicher Freude herum - als wollte er alle versäumte Nähe in den Bart hineinprojizieren.
Meine Mutter sagte: "Dies war die Liebe, die er Dir alle Jahre nicht zeigen konnte."

Dein Elazar

Gottlieben, 4.2.1981

Mein lieber Elazar,

nun ist Dein Brief mit der Todesnachricht gekommen, unser Benzion ist nicht mehr mit uns auf dieser Erde. Aber ich danke Gott, daß Dir gegeben ward, seine Seele bis zur letzten Läuterung zu geleiten. Ja, er hat nach Dir gerufen, das konntest nur Du - Du ihn, er Dich erlösen in dieser letzten Stunde der Liebe, die jede Schuld und jedes Versagen dahinnahm. Reingewaschen an Leib und Seele durfte er scheiden, durftest Du ihn scheiden lassen.

Nun ist es vollbracht und Du kannst bis in die Wurzeln Deiner Kindheit zu Deinem Werk zurückkehren.

So darf ich mich nicht wundern, daß, gleichzeitig mit der Nachricht, diese vielen Blätter zu mir kamen mit neuen Worten, neuen Einsichten, denn Dein Erdreich ist aufgeackert bis auf den Grund.

"Mit einem Wort"[115] ist etwas Neues - so durchgehend alle Einsichten in je zwei Worten - und wie Du Dein Clärle von je kanntest, hab ich mit allem Neuen zuerst ein wenig Mühe. So viel Treffliches da in diesen Seiten gesammelt ist - oft kam mich beim Lesen das Verlangen nach einer Atempause an, wenn es so Schlag auf Schlag immer weiterging - das Bedürfnis nach einem etwas weiter ausschwingenden Satz zwischenhinein. Ich glaube fast, es könnte bei dieser Anhäufung von je zwei Worten eine leichte Ermüdung eintreten, und beinah kam mir der Vergleich mit einem Wörterbuch, einem Lexikon, in dem bei jedem Wort die Erklärung steht. Aber Du siehst ja, daß ich sie bis auf ganz wenige Ausnahmen mit Strichen versehen habe - bis auf jene, wo das zweite Wort mir kein r i c h t i g e s lebendiges Wort scheint, sondern ein konstruiertes, nur darauf bedacht, den Leser aufs Glatteis zu führen, wenn er etwa einen Buchstaben übersieht. Wörter wie "Loreleierhaft" scheinen mir keine richtigen Worte. Natürlich gibt es auch Neuschöpfungen von Worten, wie hier das "Ährenwort" - im Gegensatz zu "wortuos". Hingegen "Theoviel" hat soviel Humor und bezeichnet so gut einen Menschen, der den heiligen Namen leichtfertig und billig gebraucht, daß es mich freute.

So für heut leilah tow

Dein Clärle

Gottlieben, 26.5.1982

Mein lieber Elazar,

ja, da hab ich Dich wohl fast ein wenig erschreckt mit einem Brief, in dem auch die Lebensmüdigkeit ein wenig durchscheint. Aber mein Lieber, dies ist doch nur natürlich in meinem so über das gegebene Menschenmaß hohen Alter, das so manche Schwäche, Mühsal und Unsicherheit notwendig mit sich bringt. Mein hohes Alter ist ja so über alles Maß gesegnet. Ich habe im weiten Umkreis meines Lebens keinen Gleichaltrigen - und die viel Jüngeren haben soviel mehr an Schmerzen und Mühsal zu ertragen, von denen ich noch weitgehend verschont bin. Da darf man schon ein wenig müd sein - und auch ein wenig ängstlich. Weißt Du, ängstlich, daß ich mit meinem Gedächtnisschwund noch dumme Sachen anstelle, wie damals vor zwei Jahren, wo ich das Gas ausströmen ließ - oder wo ich ständig, t ä g l i c h die wichtigsten Sachen verlege, schließlich im Papierkorb oder Abfallkübel noch gerade zur rechten Zeit wiederfinde. Ich gehöre ja eigentlich in diesem Alter in ein Pflegeheim, wo ich bewacht und betreut werde. Aber die liebe Lore ist mir ja auch zur rechten Zeit geschenkt worden, die mich aus so mancher Not errettet, so manches von dem Verlorenen wiederfindet.
Gott wird die rechte Stunde für mich wählen und mich davor bewah-

ren, daß ich so manches, was ich nach bestem Verstehen und bestem Willen geordnet habe, wieder in Unordnung bringe und gefährde - wovor ich schon große Angst habe. So wenig als möglich dran rühren! Aber nun genug davon!
Lieber von diesem alten, verbrauchten Leben zu dem jungen, das voll Hoffnung dem Leben entgegenwächst - zu unserem Manu, der bald eine große wichtige Stufe überschreitet, als selbstverantwortlicher Mensch Gott gegenübersteht, gewappnet und geschützt von seinen Tefillin als Sinnbild, Weisung und Gebot.
Nun darf ich noch das wunderschöne, feierlich-schöne Büchlein[116] von außen schauen und die erste Seite daraus, von Renée wundersam geschmückt. Wie behütet und gebettet entlaßt Ihr ihn in diese neue Stufe des Lebens, behütet von den beiden Engeln, von denen der eine die Thora über ihn hält, der andere die Tefillin. Daß ich dies noch mit ihm, mit Euch und mit Deiner Mutter erleben darf. Nicht einmal ganz eine Woche trennt uns von dem großen Tag, und mein Brief kann grad noch recht kommen. O wie habe ich doch vom ersten Tag an sein Leben begleiten dürfen.
Weißt Du, Manus geliebtes Leben ist auch ein Maß für unsere Liebe - weißt Du noch, wie Du zum erstenmal zu mir kamst und wie an einem der Tage, da Du die Landauerbriefe abschriebst - Renée Dich abholen kam, die bald darauf seine Mutter werden sollte? Ja, eingehüllt in unsre Liebe war sein ganzes Leben bisher.
Nun sag Du bitte Renée alles, wovon mein Herz voll ist, ihr zu sagen, wofür ich nun über die Sprachgrenze hinweg heute nicht mehr die Kraft habe ihr zu sagen. Und Du, Dank für das Glück, das Du mir mit Deinem Brief und mit dem Bild vom Manubüchlein gegeben hast.

Dein Clärle

Max Zweig mit Immanuel, 1988

Gottlieben, 30.5.1982

Mein lieber Elazar,

wenn Du mir sagst, meine zaghaften Anmerkungen wären trotz meinen so auch für mich fühlbar abnehmenden Geisteskräften nicht ganz ohne Wert für Dich gewesen - ja, gell, wenn nur ein einziges kleines Körnlein jeweils dabei ist, das Dir ein wenig zu denken gibt, dann ist allles nebenher laufende und trampelnde Gestotter bedeutungslos.
Darüber ist mein Herz tief erschrocken - daß Du unser Wiedersehen so ins Unbestimmte rückst. - Ja, daß Du damit nicht lange warten darfst, das sagen Dir meine Jahre - heißt es nicht in der Bibel: "Wenn's hoch kommt, sind's achtzig"? Ja, was darüber ist, ist nicht nur ein großes Geschenk - es bedeutet auch Mühsal, ständiges Versagen, Hilflosigkeit - ja, da ist noch kein Anzeichen von Wiedersehen, es kann doch nicht sein, daß ein Jahr, vielleicht (und mehr als vielleicht) mein letztes, vorübergeht ohne Wiedersehen. Und diesmal soll's doch nicht wieder ein "Europawinter" sein, der Dich soviel Kraft gekostet hat, sondern ein Sommer, auch um neue Wege zu finden, wenn Hanser nicht mehr sehr viel weiter mit Dir ginge. Ja, Du dürftest nicht alle Beziehungen verlieren, so wie Manuel sie verloren hatte.
O, nochmal Sommertage mit Dir, so reich wie es nun heute an diesem Pfingstsonntag blüht - mein Zimmer gefüllt mit Sonne und mit der Glut der Blutbuche. Denk, heut hab ich's sogar geschafft bis zum Grab zu steigen - was ich Monate nicht mehr konnte - war dann schon sehr erschöpft und atemlos, aber ich war doch dort, wo die Vergißmeinnicht noch überreich blühen um den Stein, und die Rosen erste Knospen ansetzen.

Nun trennen uns nur noch wenige Tage von Manus Ehrentag.

Ganz bei Euch

Dein Clärle

Gottlieben, 11.06.1982

Mein lieber Elazar,

mit meinem ganzen Herzen, ja mit Leib und Seele bin ich mit Dir und Deinem Volk, ja mein Herz ist wie zusammengeschlossen um Dich und Dein Volk, so daß kein Wort heraufkommen will.
Worte sind nicht nötig.
Es ist, als wäre die Stunde wieder da, 1967, als ich, mit Dir verbunden, dem Geschehen folgte.
Noch wollen wir das Wort Krieg nicht aussprechen, es ist Hoffnung, daß es nach erreichtem Ziel zu einem ehrenvollen Rückzug kommt.

Ganz mit Dir, Dein kleiner Kamerad, Dein Clärle

Gottlieben, 21.6.1982

Mein lieber Elazar,

ich möchte mit Dir reden und kann doch kaum schreiben, das Herz zusammengepreßt von all den zusammengeballten Gefahren, und Du mitten darin - Dein Volk mitten darin, Ihr Lieben alle mitten darin.

O, daß doch Gott denen, die zu entscheiden haben, ein weises Herz gibt. Es ist ja alles, was ich sagen kann, daß ich mit Dir, mit Euch bin

Dein Clärle

Tel-Aviv, 24.6.1982

Geliebtes Clärle,

ich habe Dir Manus Bar-Mizvah bereits geschildert. Renée schreibt Dir demnächst, gestern sagte mir meine Mutter, sie wäre dabei, Dir zu schreiben - also darf ich Dich heute in Kürze beruhigen: es gibt mich und wieder in Schreibtischnähe - trüber Hand, gewiß, nicht federleicht, wartend auf Einberufung, die morgen, übermorgen, in einer Woche oder erst in einem Monat erfolgt. Zum Geschehen selbst habe ich nichts zu sagen, nichts, das sich für einen Brief eignete, nichts, das in einen Brief an die kleine Großmutter Licht brächte oder auch nur Blütenstaub. Es lohnt sich das Sagen nicht, wo noch das Schreien überschrien wird und selbst ein Überschrei nicht honoriert würde. Du erwähnst die Ehre. Auf dem Feld der Ehre findet man, was man sucht: den Tod - nicht die Ehre. Den Tod und das Überleben - nicht das Leben.
Ich danke Dir für die Aufklärung über das Alter. Zwischen Beklemmung und Verbitterung gepreßt und durch das Stech- und Bestechwort "Ehre" verleitet, ließ mich Deine Beschreibung dahin entgleisen:

"Nimm noch zu diesem, daß sich zuletzt die Kräfte verzehren,
daß Du genötigt wirst, nach fremdem Winke zu leben

Pflichten werden versäumt, es kränkeln Name und Ehre.
Dafür duften dir Salben ..."[117]

Ich will mein Fragen, mein ungestümes, zähmen.
Manu hat schon Ferien, bald kommt er zu mir nach Jerusalem. Ob ich Zeit für seine Zeit habe? Er spricht nicht von Angst, läßt aber seine Angst sprechen, daß ich in den Krieg muß. Werden die Gedanken freudlos, dann ist es schon tief mitten im Krieg, nein - es ist schon die Niederlage.
Diese Zeilen gehen nun mit dem Eilboten weg - an L', dann hast Du

bald ein Lebenszeichen von mir und wirst doch nicht am frühen Morgen vom Eilboten aufgeklopft. Sonst ist kein Verlaß auf unsre Post, schon gar nicht jetzt, da so viele eingerückt sind.

Schabbat Schalom, Neschomele, Dein Elazar

Jerusalem, 9.7.1982

Geliebtes Clärchen,

im Augenblick haben wir einander nicht viel zu sagen: Die Kanonen sprachen, die Zeit läuft davon, die Dichtung schweigt, wenn auch nicht lautstark genug. Bei uns ist alles in Ordnung, nichts in Frieden. Am 5.8. rücke ich ein und bleibe im Dienst bis zum 6.9.; damit wird's diesmal aber nicht aus sein. Du kannst Dir alles genau vorstellen und selbst sagen: da gibt es noch lange keine Ruh - wer wollte da an ruhige Arbeit, an Arbeit in Ruhe denken.

Schabbat Schalom, mein Clärchen!

Dein Elazar

Gottlieben 20. 7. 82

Mein lieber Elazar,

bald kommt die lange
böse Zeit, wo es keine Elazar-
briefe mehr giebt, eben fiel es
mir schwer aufs Herz und
trieb mich zu meinem Schreib-
blockli, als müsste ich nach Deiner
Hand fassen, so lang sie noch
erreichbar ist, so lange meine
Gedanken Dich finden können
am Schabbat in Tel Aviv, in
der Woche in Jerusalem. –
Inzwischen klammert man
sich von einer NZZ zur andern
an jeden noch so zaghaft ge-
sponnenen Faden einem Frieden
entgegen. Und die friedliche
Welt von Gottlieben in der Du
ja doch so viele Wurzeln und
Würzelein hast, können uns
keine Antwort geben. einzig
in meinem Herzen ist ein
Stimmelein, das mir leise
sagt wie es in Deinem aussieht
und wie es um Dich steht. –

Gott behüte Dich und
behüte sein Land Israel

Innig Dein Clärle

17.7.1982

Laß Dich überraschen, geliebtes Clärle - ich bin's, während Du da staunst - doch nicht in Deutschland, wie Dich die Briefmarke glauben machen möchte, sondern an meinem Schreibtisch in Jerusalem. Itta S., die diesen Brief für Dich in Deutschland aufgab, - sie ist eben gerade bei mir und wird sich noch ein wenig gedulden müßen, bis ich ihn fertig geschrieben habe.
Auf diesem einfachen Umweg kann ich Dir schneller und besser in die Augen schauen. Es geht Dir gut, wie ich sehe, und sonnig ist es bei Dir wie bei mir. Der Ritter vor Deiner Haustür, mit den nach hinten gespornten Honigblättern, neigt sich vor Deiner Königin, der Blutbuche, die eben Deinen Fensterrahmen eingenommen hat, über Deinen "hängenden Garten" hinweg. Dein Stübchen ist voll Gezwitscher, und das Clärle - wie ich es in jüngeren Jahren erlebte: mit Handarbeiten beschäftigt. "Kunstgewerblich" nanntest Du sie, doch war das Ergebnis nicht weniger als ein ganzes, goldenes Jerusalem auf grüner Seide, Tallisbeutel, Tefillinsäckel.
Nun zieht sich alles zusammen vor meinen Augen: die Jahre, die Stunden, von der Zeit verlassen, die ausgezogen ist, damit ein einziger Augenblick bleibe: handarbeitende Hände, gichtbeefeut, die einfädelnde Nadel und das Stichwort Liebe.

So war es eben, als ich bei Dir hineinguckte. Als ich meinen Blick abwandte, fand ich mich an meinem Schreibtisch und mußte darüber staunen, daß er so massiv sei und irgendwie unleugbar auch fest in Jerusalem stehe: war er nicht eben grün und zierlich, ein aufgeklappter Gartentisch, bei Dir, in Deinem Manuel-Haus, in meinem Zimmer, bei uns, in Gottlieben? Auf dem sich also verwandelnden Tisch lag nun ein neues Manuskript: Erschichten[118]. Von einigen Freunden aufgefordert, aber auch durch eigene Überlegungen dazu verleitet, faßte ich darin allerlei Autobiographisches zusammen. Den Kern bilden Aufzeichnungen aus den Jahren 1965/68, um diesen Kern versammeln sich dann meine Erinnerungen an Else Lasker-Schüler, Annette Kolb, Paul Engelmann u.a.m. Du wirst ja sehen, ob Du die dahinterstehende, nicht durchschimmernde Idee erkennst? Du wirst Deine Bedenken schon haben, und ich bin auf sie begierig.

Schabbat Schalom, Clärle! Elazar

P.S.: Bald bekommst Du Kunstkarten von Métavel; sie sind schon im Druck und sollen zu Rosch-Haschanah erscheinen. Das wäre ein schönes Beginnen.

Gottlieben, 25.7.1982

Mein lieber Elazar,

gesegnet sei der Umweg, auf dem Dein lieber Brief so schnell zu mir kam, und doppelt gesegnet, weil Du mir auf diesem Umweg noch "näher in die Augen schauen kannst", denn lange haben sie das entbehrt, in Deinen Blick zu tauchen.

Und gottlob bist Du an Deinem Schreibtisch in Jerusalem, an Deinem Schreibtisch. Seltsam, daß ich mir Dein Gehäuse in Jerusalem nicht ausdenken kann, daß immer, wenn meine Gedanken zu Dir gehn, das kleine Stübchen in der Bilustraße in Tel-Aviv aufsteigt, in dem mir das Bettlein gerichtet war, von dem aus ich Dich an Deinem kleinen Schreibtisch sitzen sah, wenn ich, schon halb im Einschlafen, nochmal aufschaute - meist hörte ich Dich gar nicht mehr, wenn Du Deine Arbeit beendet hattest und leise weggingst. Was ist das doch für ein Wunder, für ein Geschenk, daß die Erinnerungen uns begleiten, immer wieder aufsteigen und volles Leben werden. Und spätestens zu Rosch Haschanah, sagst Du, bekomme ich die leuchtenden Kunstkarten von Métavel als leuchtende Zeichen über das Jahr hin - schon beglänzen sie meinen Weg in die Zukunft. Wird es ein Jahr des Wiedersehens sein? Zu lange darfst Du damit nicht warten, meine Kräfte nehmen ab, so wie noch vor kurzem von Jahr zu Jahr, jetzt fast von Tag zu Tag, aber "das Stichwort Liebe" zwischen Dir und mir bleibt davon unangerührt.

Dein Clärle

Jerusalem, 3.8.1982

"Ein Windstoß fuhr aus den betränten Auen."

Am 1. August ist Clärle gestorben. Für alle meine Zukunft ist dies die wichtigste Mitteilung an mein Tagebuch. Mein Schutzwall stürzte ein, ich habe keinen mehr. Ob ich noch vermöchte, in meinem Alter mir einen neuen zu errichten, ob ich nunmehr einen entbehren könnte, ob ich vielleicht selbst unmerklich für andere einer geworden bin - danach werden mich kommende Tage fragen, mich daran messen und prüfen.

"Die Zeit geht hin, der Tod kommt her,
Ach, wer nur immer fertig wär." (Schmolck)

Elazar Benyoëtz

Clara von Bodman, 1981

ANMERKUNGEN

1) Sprüche Salomons 31, 27 nach: Martin Buber, Die Schrift, Bde. 1-4, hier: Bd. 4, Die Schriftwerke, Das Buch Gleichsprüche, Heidelberg 1962.

2) Emanuel von Bodmans Aufsatz über den Zionismus erschien zusammen mit Äußerungen anderer Schriftsteller unter dem Titel: Mit Kelle und Schwert, in: Das jüdische Echo, Bayrische Blätter für jüdische Angelegenheiten 3 (1914) 26. Im Anhang S. 227f..

3) Schlußzeilen des Sonetts "Heimkehr", aus: Emanuel von Bodman, Herz eines Bildners, Die Gesamten Werke, hrsg. von Karl Preisendanz, Stuttgart 1951, Bd. 3, S. 166. Hinweise auf die gesamten Werke von Emanuel von Bodman werden künftig E.v.B. GW abgekürzt.

4) E.v.B., Otto Weininger, in: Wissen und Leben, Zürich 1.1.1912.

5) Roger Peyrefitte, Die Juden, Karlsruhe 1965. Rezension von Eva Haldimann, Neue Zürcher Zeitung vom 28.6.1966.

6) Renate Heuer, Auf dem Weg nach Jerusalem, Moderne Dichtung aus Israel, in: Judaica, Beiträge zum Verständnis des jüdischen Schicksals in Vergangenheit und Gegenwart 22 (1966) 25-63.

7) Ebd., S. 26; Clara von Bodman spielt in ihrem Brief noch mehrmals auf den Aufsatz von R. Heuer an. So sind der Gedanke der Gottesbruderschaft, die übermütige Vorstellung, sich die Sterne in die Tasche zu stecken, und der Hinweis auf das Waisenkind im genannten Essay auf den Seiten 26, 55/56, 39/40 zu finden.

8) Else Schubert-Christaller, In deinen Toren, Jerusalem!, Heilbronn 1929, auszugsweise in: Jerusalem, Neue Funde und alte Geschichten, hrsg. von Freunden des Schweizer Kinderdorfs Kirjat Jearim in Israel, Zürich 1965, S. 33-35.

9) Jehuda Halevi, An Zion, ebd. in den Übertragungen von Franz Rosenzweig und Seligmann Heller, vergl. dazu Anm. 75 und 76.

10) Mieczyslaw Natrowski, Das Lied der Zwergen I-II-III, Noten zum Text von Stefan George, mit einer Biografie Natrowskis von Elazar Benyoëtz, in: Castrum Peregrini, Amsterdam 71 (1966) 40-49.

11) Elazar Benyoëtz, Baejni lewaejn Atzmi, Schirim, Tel Aviv 1967. Gemeint ist das Titelgedicht "Zwischen mir und mir selbst", ins Deutsche übertragen von Renate Heuer, a.a.O., S. 39f.

12) Ders., Bitter - bitter - aber Triumph im Geist, Notwendige Anmerkungen zu einer Anthologie deutsch-jüdischer Lyrik nach 1933, in: Die Welt der Literatur v. 22.9.1966, S. 36f.

13) Das erste Zitat bei R. Heuer, a.a.O., S.60; das zweite konnte nicht festgestellt werden.

14) Elazar Benyoëtz, Die Liebe ist eine chinesische Mauer, in: Neue Deutsche Hefte 104 (1965) 58-65, im Anhang S. 229 - 237.

15) E.v.B., Buch der Kindheit, GW 7, Stuttgart 1952.

16) Anspielung auf das Gedicht "Gebet". In leicht abgewandelter Form in: Renate Heuer, a.a.O., S. 57. Im Anhang mit vier weiteren Gedichten abgedruckt S. 238f..

17) Thilo Röttger, Hrsg., Die Stimme Israels, Deutsch-jüdische Lyrik nach 1933, Dichtung im Unterricht, Bd. 12, München 1966. Rezension von Elazar Benyoëtz, s. Anm. 12.

18) Süßkind von Trimberg: er ist der einzige in der Geschichte der deutschen Dichtung des Mittelalters bezeugte jüdische Autor, sein Bild und seine Dichtung sind in der Großen Heidelberger Liederhandschrift C (Codex Manesse) Bl. 255c-356b und fol. 359r., entstanden um 1310-1340, enthalten. Über Süßkind von Trimberg zuletzt Manuela Jahrmärker, Die Miniatur Süßkinds von Trimberg in der manessischen Liederhandschrift, in: Euphorion 81 (1987) 333-346.

19) Autor und Erscheinungsort dieses Aufsatzes sind nicht mehr feststellbar.

20) Margarete Susman, Spinoza und das jüdische Selbstwertgefühl, in: Vom Judentum, Ein Sammelbuch, hrsg. von Hans Kohn, Leipzig 1913, S. 51-70. Erneut erschienen in: M. Susman, Vom Geheimnis der Freiheit, Gesammelte Aufsätze 1914-1964, hrsg. von Manfred Schlösser, Darmstadt/Zürich 1965, S. 85-104.

21) Dies., Deutung einer großen Liebe, Goethe und Charlotte von Stein, Zürich/Stuttgart 1951.

22) Werner Weber, Hinweis auf Agnon (mit Bild), anläßlich der Verleihung des Nobelpreises für Literatur, in : Neue Zürcher Zeitung v. 21. Okt. 1966, Nr. 44; ders., Bemerkungen zur Geschichte "Zwei Gelehrte, die in unserer Stadt lebten", ebd., 22. Okt. 1966, Nr. 45. Die Erzählung in: S.J. Agnon, Im Herzen der Meere und andere Erzählungen, Zürich 1966.

23) Stéphane Mallarmé, Gedichte, zweisprachige Ausgabe, Deutsch mit Nachwort und Anhang von Richard v. Schaukal, Freiburg i.Br., o.J.

24) Der Morgen, Zweimonatsschrift, hrsg. v. Julius Goldstein, erschien im Philo-Verlag, Berlin 1925-1936.

25) Margarete Susman, Das Hiob-Problem bei Kafka, erschienen ebd., Jg. 5, H. 1, 1. April 1929; unter dem Titel: Früheste Deutung Franz Kafkas (1929), in: M. S., Gestalten und Kreise, Stuttgart/Konstanz 1954, S. 348-366.

26) Zitiert aus einem Brief Gustav Landauers an M. Susman, Hermsdorf b. Berlin, 4. Nov. 1916, in: Gustav Landauer,. Sein Lebensgang in Briefen, unter Mitwirkung von Ina Britschgi-Schimmer, hrsg. v. Martin Buber, Frankfurt a/M. 1925, Bd. 2, S. 167.

27) Zum Tod Rychners teilt Elazar Benyoëtz folgende Stelle aus einem Brief M. Susmans an ihn mit: "Dann bekam ich noch einen sehr schönen Brief von ihm (= Jonas Fränkel) und am Tag darauf erfuhr ich seinen Tod (...). Du hast sicher von seinem Tod gehört und auch von dem anderen, der mir nicht so nah, aber doch auch durch manches gute Zeichen verbunden war: den nicht so plötzlichen und sehr schweren Tod von Max Rychner. Hier wurde ich gestern unterbrochen, und vor wenigen Stunden erfuhr ich den dritten Tod: Martin Buber. Es ist zuviel für mich." (13.6.1965).
Und Rychner über Margarete Susman: "Das literarische Ergebnis 1929 ist jammervoll. Ich wage nicht, Dir Bücher zu bestellen (...). Ein sehr bedeutendes, sehr schönes Werk ist: Margarete Susman: "Frauen der Romantik". Welch geistreiche, intuitiv begabte und im Denken überlegene Frau! Voilà une femme!" (An Carl J. Burckhardt, Zürich, den 5.12.29).

28) Yahafat, Gedichte, Jerusalem 1965, Dem Andenken an Paul Engelmann gewidmet. Engelmann übersetzte eine größere Anzahl Gedichte und Aufsätze Elazar Benyoëtz' ins Deutsche. Der hier zitierte Vers ist einem Gedicht entnommen (Anfangszeile: "An meine Füße schnall ich meinen letzten Weg"), das unter verschiedenen Titeln erschienen ist, so in: Rheinischer Merkur, Köln, 17.5.63; in: Die literarische Tat, Zürich, Nr. 1616 v. 14.6.1963; in: Aufbau, New York, am 21.6.63; in: Der Alleingang, Wien 5 (1965) 12.

29) Rainer Maria Rilke, Gesammelte Gedichte, Frankfurt 1962. Einmalige Sonderausgabe in der Reihe "Die Bücher der Neunzehn". Das Stundenbuch, S. 5-122.

30) Zitiert aus: Rudolf Kassner, Buch der Erinnerung, Leipzig 1938, S. 296.

31) R.M. Rilke, Letzte Strophe aus dem Gedicht "Herbsttag", a.a.O., S. 154.

32) Benyoëtz zitiert hier die zwei letzten Zeilen der ersten Strophe aus dem Gedicht: "Jetzt reifen schon die roten Berberitzen" von R.M. Rilke, a.a.O., S. 93.

33) Martin Buber, Die Erzählungen der Chassidim, Manesse Bibliothek der Weltliteratur, Zürich 1949.

34) Bella Chagall, Brennende Lichter, Hamburg 1966.

35) Vgl. Anm. 14. Jud (Jod) heißt der 10. Buchstabe d. hebräischen Alphabets und ist fast so klein wie ein Punkt.

36) Martin Buber, Zwischen Zeit und Ewigkeit, Gog und Magog, Eine Chronik, Heidelberg [3]1978, S. 55. Die Stelle lautet: "Jaakob Jizchak erzählte: Was das ist, wenn Zweie einander freundschaftlich zutrinken und beide fühlen sich einander gleich und keiner meint sich mehr dem andern überlegen, das habe ich erfahren, als ich das Alphabet zu lernen begann. Da sah ich in dem Buch vor mir den Buchstaben Jud, der so sehr einem Punkte ähnelt, und fragte den Lehrer: 'Was ist das für ein Pünktlein?''Das ist der Buchstabe Jud,' sagte er. 'Steht so ein Pünktlein,' fragte ich, 'immer allein oder können auch zwei beisammen stehen?' 'Es können auch zwei beisammen stehen,' sagte er. 'Wie ist es dann aber zu lesen?' fragte ich wieder. 'Wenn zwei Juden beisammen stehen,' sagte er, 'so bedeutet das den Gottesnamen, gesegnet sei Er!' Bald darauf sah ich, daß in der Heiligen Schrift am Schluße jedes Verses zwei Punkte übereinander standen. Ich wußte noch nicht, daß das ein Trennungszeichen war, und hielt auch von diesen beiden Punkten jeden für den Buchstaben Jud. 'Hier', sagte ich zum Lehrer, 'steht überall der Gottesname, gesegnet sei Er.' 'Nicht doch,' antwortete der Lehrer, 'merke dir: wenn zwei Juden beieinander stehen, ist das der Gottesname, wenn aber einer über dem andern steht, ist es nicht der Gottesname.'

37) siehe Anm. 28.

38) Das Buch Namen 10,2; nach: Martin Buber, Die Schrift, Bd. 1-4, hier: Bd. 1, Die fünf Bücher der Weisung, verdeutscht v. Martin Buber gemeinsam mit Franz Rosenzweig, Heidelberg 1954.

39) Blaise Pascal, Aus seinen Schriften, Ausgewählt und übersetzt von Walter Warnach, Düsseldorf 1962, S. 83.

40) Elazar Benyoëtz möchte Autor und Werk hier nicht nennen.

41) Hebräische Gedichtbücher; siehe Bibliographie.

42) Francois Villon, Die lasterhaften Balladen, Nachdichtungen von Paul Zech, Mit einer Biografie über Villon, München 1962, S. 177.

43) Eduard Mörike, Restauration, Nach Durchlesung eines Manuskripts mit Gedichten, aus: Sämtliche Werke, hrsg. von Herbert G. Goepfert, Mit einem Vorwort von Georg Britting, München 1958, S. 225.

44) E.v.B., Aus seinen Werken, Mit einer Einführung von Robert Faesi, Stuttgart 1949; E.v.B., Gedichte und Erzählungen, Eine Auswahl, Mit einem Nachwort von Otto Heuschele, Stuttgart 1964.

45) E.v.B., Aus dem Nachlaß, GW 10, darin: Die Hecke, S. 185; das folgende Zitat S. 168. Eine Auswahl von Elazar Benyoëtz geschätzter Texte findet sich im Anhang S. 240 - 242.

46) Else Lasker-Schüler, Theben - Gedichte und Lithographien, in: Sämtliche Gedichte, München 1966, S. 263-290.

47) Das Gedicht ist hier auf S. 243 zu lesen.

48) Der von Clara hier aufgegriffene Aphorismus ist in der Sammlung "Einsprüche", München 1973, S. 48 zu finden.

49) Veröffentlicht in Elazar Benyoëtz, Sahadutha, Berlin 1969, S. 24.

50) E.v.B., Die heimliche Krone, Dramen III, GW 6; Der Gral, Dramen II, GW 5, beide Stuttgart 1957.

51) Elazar Benyoëtz sandte Clara von Bodman Auszüge aus Paul Engelmann, Letters from Ludwig Wittgenstein, With a Memoir, hrsg. v. B. McGuinness, Oxford 1967, die deutsche Ausgabe ist unter dem Titel: "Ludwig Wittgensteins Briefe und Begegnungen" in Wien und München 1970 erschienen.

52) Der Brief von Hugo Bergmann ist abgedruckt in: XXXXVIII Schopenhauer-Jahrbuch für das Jahr 1967, hrsg. von Arthur Hübscher, Frankfurt 1967, S. 102.

53) Die Rezension wurde nicht geschrieben; kurz darauf stellte Elazar Benyoëtz seine Arbeit als freier Mitarbeiter bei der FAZ ein.

54) Ludwig Wittgenstein, Briefwechsel, hrsg. von B. McGuinness und H.G. von Wright, Frankfurt a/M. 1980, Zitat aus dem Brief vom 11. Okt. 1920.

55) Anspielung auf den Schlußsatz in Sahadutha "Gott segne Sie, sagte er - und rollte den Himmel zusammen", vgl. Anm. 49. Das Manuskript lag C.v.B in immer neu überarbeiteter Fassung vor.

56) David Flusser, Jesus in Selbstzeugnissen und Bilddokumenten, Hamburg 1968.

57) Elazar Benyoëtz, Annette Kolb und Israel, Heidelberg 1970. Die Zitate sind auf den Seiten 17, 21, 23, 81, 93 zu finden. Im Anhang ist ein Text auszugsweise abgedruckt S. 244 - 247.

58) Sunamitin: 2. Könige 4, 8-10.

59) Gemeint ist Rose Dreifuss in Zürich. Sie nahm den Emigranten Hugo Wolfgang Philipp, Dichter und Musiker mit seiner Frau bei sich auf. Nach Philipps Tod 1969, mit dem Elazar Benyoëtz gut bekannt war, fand auch er, wann immer er nach Zürich kam, herzliche Aufnahme.

60) Samuel Joseph Agnon, Im Herzen der Meere und andere Erzählungen, Übersetzt aus dem Hebräischen von Karl Steinschneider und Max Strauss, Nachwort von Tuwia Rübner, Zürich 1966, S. 118.

61) Edwin Bormann, Kinderszene, in: Freiheit, Liebe, Menschlichkeit, Ein Manifest des Geistes von hervorragenden Zeitgenossen, Berlin 1893, S. 21.

62) E.v.B., Der Segler, in: Der tiefe Brunnen, GW 2, S. 211.

63) Schmetterlingssammlung E.v.Bs., z.Zt. in der Gedenkstätte im Bodman-Haus in Gottlieben. Demselben Brief lagen Erinnerungen Clara von Bodmans an das Haus in Gottlieben bei. Im Anhang S. 248 - 252.

64) Isachar Falkensohn Behr, Arzt und Dichter, Verfasser des anonym erschienenen Buches, "Gedichte von einem pohlnischen Juden", das darum in Erinnerung blieb, weil der junge Goethe es rezensierte. Zur Problematik dieser Rezension vgl.: Elazar Benyoëtz, Letzte Morgenstunden der Aufklärung oder Goethes ganz privater Ahasver, in: Juden in der deutschen Literatur, Ein deutsch-israelisches Symposion, hrsg. v. Stéphane Moses u. Albrecht Schöne, Frankfurt a.M. 1986, S. 387-394; Christian Wagenknecht, Isachar Falkensohn Behrs Gedichte von einem pohlnischen Juden, Ein Kapitel aus der Literaturgeschichte der Judenemanzipation, ebd., S. 77-87.

65) E.B. sandte C.v.B. die erste Fassung der ein Jahr später erschienenen "Einsprüche" zur Durchsicht.

66) E.B., Die Seherin von Zürich, Zum 100. Geburtstag von Margarete Susman, in: Molad, 5 (1972) 235f; ders., Die Interpretin unserer Zeit, in: Jediot Acharonot v. 3.11.72; ders., Dichterin und Essayistin, Zur Gestalt Margarete Susmans, in: Hazofeh, Tel-Aviv, 8.12.72, S. 5 (alle Beiträge hebräisch).

67) M. Susman, Das Buch Hiob und das Schicksal des jüdischen Volkes, Zürich 1946. Neu aufgelegt mit einem Vorwort von Hein-

rich Schlier und einer Einführung von Hermann Levin Goldschmidt, Freiburg 1968.

68) E.B.s Unmut über die Brod-Bibliographie von Werner Kayser und Horst Gronemeyer, Max Brod, unter Mitarbeit v. Lando Formanek, eingeleitet v. Willy Haas und Jörg Mager, mit unveröffentlichten Briefen Max Brods an Hugo und Olga Salus und an Richard Dehmel, Hamburg 1972, zeitigte drei kritische Aufsätze: Elazar Benyoëtz, Offenbaren und Verheimlichen in der Bibliographie, in: Hasifrut, Quarterly for the Study of Literature 3 (1973) 557-565. Mit methodologischen Fragen der Bibliographik wird die vorliegende Brod-Bibliographie in Frage gestellt und ergänzt; ders., Max Brod, Bibliographische Reflexionen, in: Ha-Umah 39 (1973) 96-102. Hier untersucht Elazar Benyoëtz Brods Auffassung von einer allgemeinen jüdischen Literatur, seinen Versuch, hebräisch zu schreiben, seine Einstellung zur israelischen Literatur und die Rezeption seines Werks in Israel; ders., Zwischen Max Brod und Karl Kraus, in: Molad 6 (1974) 263-271. Der Brod-Kraus Konflikt wird bis ins kleinste dargestellt. Als Nebenprodukt dieser kritischen Auseinandersetzung gelang es Benyoëtz, eine erste, umfangreiche hebräische Brod-Bibliographie zu erstellen.

69) Dazu Renate Heuer im Vorwort zur Bibliographia Judaica, Verzeichnis jüdischer Autoren deutscher Sprache, hrsg. v. Renate Heuer, Bd. 1, A-K, München 1981, S. VII: "Die Bibliographia Judaica, von deren Existenz die Öffentlichkeit durch diese Publikation unterrichtet wird, hat eine lange Entstehungsgeschichte (...). Den ersten Anstoß zu dieser Arbeit gab Elazar Benyoëtz, der als freier Schriftsteller Anfang der sechziger Jahre aus Israel nach Europa gekommen war, um Gedichtbeiträge für eine deutsch-hebräische Lyrikanthologie zu sammeln, die er herausgeben wollte. Er suchte nach wissenschaftlichen Hilfsmitteln und mußte feststellen, daß es kein deutschsprachiges Werk gab, das ausreichende Vorarbeiten bot. (...). So war es naheliegend für Elazar Benyoëtz, dieses Desiderat der Forschung zu bezeichnen und sich für die Entstehung eines grundlegenden Werkes einzusetzen. Er warb in der Öffentlichkeit für seinen Plan, indem er Deutsche aufforderte, ihn zu verwirklichen: denn dies sei eine Sache, die von ihnen selbst aufgegriffen und durchgeführt werden müsse. Tatsächlich hat die Bibliographia Judaica außer ihrem Initiator nur deutsche, nicht jüdische Mitarbeiter und ist, seit sie 1966 Projekt der Deutschen Forschungsgemeinschaft wurde, nur mit deutschen Geldmitteln finanziert worden, doch waren damit nur die äußeren Bedingungen geschaffen, die eine Durchführung der Arbeit im Sinne ihres Anregers ermöglichen konnten ...".

70) Es handelt sich hier um das Manuskript zu dem wenige Monate später veröffentlichten Aphorismenband "Einsprüche", Clara von Bodman gewidmet, München 1973. Im folgenden Brief v. 25.5.73 bespricht C.v.B. Aphorismen, die im Buch S.46/4, 50/4,

42/4, 27/4, 45/3, 53/3 zu finden sind. Der Jubel im Brief v. 19.10.73 gilt dem endlich erschienenen Buch.

71) Die Zitate stammen aus dem vorangehenden, nicht veröffentlichten Brief Elazars.

72) Clara von Bodman zitiert aus einem Manuskript, das als Buch 1975 unter dem Titel "Einsätze" in München erschien. Die diskutierten Sätze stehen, in z.T. veränderter Form, auf den Seiten 36, 46, 32 und 16.

73) Elazar Benyoëtz, Worthaltung, Sätze und Gegensätze, München 1977, S. 25.

74) Ders., Einsprüche, a.a.O., S. 13.

75) Jehuda Halevi, Sechzig Hymnen und Gedichte, übers. mit einem Nachwort und mit Anmerkungen von Franz Rosenzweig, Konstanz 1924. "An Zion" S. 102-104. Neu abgedruckt in: Franz Rosenzweig, Jehuda Halevi - Fünfundneunzig Hymnen und Gedichte deutsch und hebräisch mit einem Vorwort und mit Anmerkungen, hrsg. von Rafael N. Rosenzweig, The Hague-Boston-Lancaster: Martinus Nijhof Publishers 1983 (= Franz Rosenzweig, Der Mensch und sein Werk - Gesammelte Schriften IV: Sprachdenken im Übersetzen, 1. Band: Jehuda Halevi) S. 250-253

76) Seligmann Heller, Die echten hebräischen Melodien, Übersetzungen, aus dem Nachlass hrsg. von David Kaufmann, Trier 1893. "Gruß an Zion", S. 144f.. "An Zion" und "Gruß an Zion" sind hier im Anhang S. 253 - 257 abgedruckt.

77) Clara von Bodman, Manuels Stöcke, verfaßt für Elazar, im Anhang S. 258 - 260.

78) Anspielung auf eine Tagebuchnotiz v. Elazar Benyoëtz.

79) Elias Canetti, Die Provinz des Menschen, Aufzeichnungen 1942-1972, München 1973.

80) August Graf von Platen-Hallermünde, Der Pilgrim von St. Just, in der jiddischen Übertragung von Zisha Landau, Fun der Welt-Poesie, New York 1947, S. 70.

81) Elazar Benyoëtz, Die Übersetzung als Monolog, Deutsch von Paul Engelmann, in: Deutsche Zeitung, Köln, 2./3. Febr. 1963; wiederholt in: Die Tat, Zürich, 9.10.1964.

82) Zisha Landau, Dos Lid fun weissen Zigele, in: ders., Lieder, New York 1937, S. 192. Hier in den St. Galler Dialekt übertragen von C.v.B.

83) Lajser Ajchenrand, Hörst du nicht, Jiddische Gedichte, Deut-

sche Übertragung von Walter Lesch, Zürich 1947, zweisprachig. Ders., gemeinsam mit Jo Mihaly und Stephan Hermlin, Wir verstummen nicht, Gedichte in der Fremde, Zürich, o.J., S. 23-42. Ders., Mi-Mamakim, Lieder und Sonette - Des profondeurs de l'abîme, Poêmes et Sonnets, Paris 1953. Aus diesem Band übersetzte Elazar Benyoëtz "Nacht-Elegie", in: Hazofeh, Tel-Aviv, 21.8.64.

84) Kadja Molodowsky, Only King David remained, Poems, New York 1946. Das Gedicht "Jiden" steht auf S. 26, das Gedicht "Der Kenig Dovid alaejn is gebliben" auf S. 74.

85) Tagebuch und Brief waren, von der Lyrik abgesehen, früh Elazars bevorzugte Ausdrucksformen. Bis Mitte der sechziger Jahre wurden die Tagebücher ausschließlich in hebräischer Sprache geführt, dann kamen nach und nach deutsche Aufzeichnungen hinein, die schließlich das Hebräische für ein Jahrzehnt ganz verdrängten. Seine ersten deutschen Tagebücher schickte Elazar Clara von Bodman, damit sie diese auf Aphoristisches hin durchsuche. Im Zuge eines biografischen Rückblicks übersetzte er später Teile aus seinen hebräischen Tagebüchern und schickte die 'Rohfassung' Clara zur Überarbeitung. Von Mitte der siebziger Jahre an schrieb er sie in deutsch direkt für sie. Diese enthielten alles, was in Briefen nicht Eingang fand; sie tragen weitgehend selbst Briefcharakter, während manche Briefe jener Zeit wiederum wie Tagebuchaufzeichnungen anmuten. Clara bekam sie auszugsweise zur Stellungnahme. Schließlich wurde eine mögliche Publikation erwogen. Viele Briefe aus den Jahren 1977/78 handeln davon, und mehrere Briefe Claras sind eher Antwort auf das Tagebuch als auf Briefe.
Parallel zu Elazars Tagebüchern, führte Clara den 'Elazar-Block', eine Art Tagebuch, auf dem sie eintrug, was sich bei ihr zwischen den Briefen ereignete - Beobachtungen und Gedanken. Diese Blockblätter legte sie jeweils den Briefen bei. Auf diesem Hintergrund ist der lückenhafte Briefwechsel zu verstehen. In den Jahren 77/78 kam es zu einer Auseinandersetzung zwischen den beiden, von denen einige Briefe hier zeugen. Im Zentrum dieser Auseinandersetzung stand Elazars Bemühen um eine eigene Poetik und um die Entwicklung eines neuen Tagebuchmodells. Clara, mit der Dichtung Emanuels unzertrennlich verbunden und in Elazars schriftlichen Fixierungen gewohnt, das Aphoristische wahrzunehmen, ja herauszuspüren, war nicht in der Lage, mit den oft kühnen, oft auch mißglückten Versuchen Schritt zu halten. Beide waren darüber verzweifelt - Elazar, der seine Sache auf Clara stellte, fühlte sich verlassen, und Clara, die unverändert zu ihm stand, glaubte zu versagen und überflüssig geworden zu sein (Brief v. 24.3.77).
Das Buch 'Eingeholt' hatte zwei Grundkonzeptionen, vorherrschend die poetische, nach der es ein einziges Gedicht werden sollte. Vorstufen dieses Gedichts kamen Clara als Tagebuch-

aufzeichnungen vor Augen. Als sich das Gedicht aus diesen herauszukristallisieren begann, war es auch schon sein Ende. Es wurde "in Lichtstücke zerschlagen", in Aphorismen aufgelöst. Hier abgedruckt S. 270 - 272.

85a) Josef meint den Sohn Jakobs, den "Joseph von Ägypten" - in Benyoëtz' Werk die wichtigste "Bezugsperson". Die 2 Joseph-Gedichte in seinen 'Variationen über ein verlorenes Thema' sind zu einem Zyklus von sieben Gedichten angewachsen und seitdem immer wieder überarbeitet worden. Elazar Benyoëtz: Schejihje lanu kmo babajit, Schirim, Tel-Aviv 1964, S. 44-49. Zur Bedeutung der Josephsgestalt siehe auch: Die Liebe ist eine Chinesische Mauer, hier im Anhang S. 229 - 237; und: Annette Kolb und Israel, a.a.O., S. 58-61.

86) Werner Kraft, Gespräche mit Martin Buber, München 1966.

87) Bertold Brecht, "An die Nachgeborenen" in: Bertold Brecht, Gesammelte Werke 9, Gedichte 2, Frankfurt 1967, S. 722ff.. Das ganze Zitat lautet: "Was sind das für Zeiten, wo ein Gespräch über Bäume fast ein Verbrechen ist, weil es ein Schweigen über so viele Untaten einschließt".

88) E.v.B., Die kleine Stimme, GW 3, eine Auswahl aus den Sinnsprüchen von S. 168-274 ist im Anhang abgedruckt S. 273-275.

89) E.v.B., Ich und Du oder Das heimliche Reich, in: Herz eines Bildners, GW 3, S. 275-321.

90) Paul Celan, Die Todesfuge, in: Mohn und Gedächtnis, Stuttgart 1952.

91) Elazar Benyoëtz, Eingeholt, Neue Einsätze, München/Wien 1979.

92) Elazar Benyoëtz, Das weiße Gefisch, von den Versen I bis IV ist II erschienen in: Die Tat, 13.11.64, III in: Auf gespaltenem Pfad, Für Margarete Susman, hrsg. v. Manfred Schlösser, Darmstadt 1964, S. 265, beide in der Übersetzung von Renate Heuer.

93) C.J. Burckhardt, Max Rychner, Briefe 1926-1965, Vorwort von C.J. Burckhardt, hrsg. v. Claudia Mertz-Rychner, Frankfurt 1970. Neuerdings: Aus dem Briefwechsel Max Rychner - Ernst Robert Curtius, bearbeitet von Claudia Mertz-Rychner, Marbacher Magazin 41 (1987) Beiheft.

94) Jacob Mittelmann machte Max Rychner mit Gedichten von Elazar Benyoëtz bekannt. Die ersten von Rychner angenommenen Gedichte erschienen in: Die Tat vom 22.7.1961 und 22.7.1962. Mittelmann plante die Publikation einer Auswahl aus Elazar Benyoëtz' Gedichten, in seiner und in Paul Engelmanns Übersetzung. Zu dieser wollte Margarete Susman ein Vorwort schrei-

ben. Dem Erblinden nah, war sie mit dem mühsamen Diktieren ihrer Lebenserinnerungen aber so beschäftigt, daß Jacob Mittelmann schließlich meinte, es sei ihr wohl nicht mehr zuzumuten, und fragte Max Rychner an, ob er bereit wäre, an ihrer Stelle das Vorwort zu verfassen. Seine hier abgedruckte Karte ist die Antwort darauf. Das Vorwort schrieb dann doch Margarete Susman. Es erschien mit vier Gedichten von Elazar Benyoëtz unter dem Titel "Neue Lyrik aus Israel", in: Das Neue Israel 15 (1963) 671 und 673. Das Buch ist aber nicht erschienen.

95) Max Rychner, Freundeswort, Gedichte, Berlin/Zürich 1941, darin: "Wagenlenker" S. 52-54. Elazar Benyoëtz übertrug Rychners Gedicht "Auf dem Heimweg" und schrieb über ihn in: Hazofeh v. 16.3.1962.

96) Das Zitat aus: Werner Zemp, Max Rychner, in: Werner Zemp, Das lyrische Werk, Aufsätze, Briefe, Vorwort von Emil Staiger, hrsg. v. Verena Haefeli, Zürich 1967, S. 208-213. Das ganze Zitat S. 210 lautet: "Das Erscheinen von Max Rychners Erstling mit dem aenigmatisch-doppelsinnigen Titel "Freundeswort" wirkte zu Beginn der vierziger Jahre auf die, die es anging, wie eine Sensation".

97) Elazar Benyoëtz, Gedichte, aus dem Hebräischen übersetzt von J. Mittelmann, erschienen in: Die Tat, Zürich, am 22.7.1961, am 14.4.1962 und am 13.11.1964. Von Paul Engelmann übersetzt, erschienen in: Israelitisches Wochenblatt für die Schweiz, Zürich, 2.11.1962; in: Das Neue Israel, Zürich, April 1963; in: Die Tat, Zürich, 14.6.1963. Von Renate Heuer übersetzt, in: Die Tat, Zürich, 13.11.1964. (Hier sind nur die in Zürich veröffentlichten Gedichte erwähnt.)

98) Zu Hans Deutsch vgl. Max Zweig, Lebenserinnerungen, Gerlingen 1987, S. 200-208.

99) In der Reihe der Marbacher Kabinett-Ausstellungen, die Essayisten des 20. Jahrhunderts gewidmet ist, wurde 1987 Max Rychners gedacht. Die Ausstellung wurde in Zürich von April bis Mai 1987 im Zürcher Stadthaus wiederholt. Das Marbacher Magazin 41 (1987), bearbeitet von Gerhard Schuster, gemeinsam mit Claudia Mertz-Rychner und Margot Pehle, ist Max Rychner unter dem Titel "Max Rychner und Zürich - zum Beispiel" gewidmet. Vgl. auch Max Wehrli, In memoriam Max Rychner, Zur Eröffnung der Ausstellung im Zürcher Stadthaus, in: Neue Zürcher Zeitung vom 21.4.1987, S. 21.

100) Auf Rychners Tod verfaßte Elazar Benyoëtz das Gedicht "Wie es geschrieben steht", das in deutscher Übertragung abgedruckt wurde in: Die Tat, 18.6.1965. Im Anhang abgedruckt S. 276f.. In seiner Dankrede anläßlich der Verleihung des Chamisso-Preises gedachte er des Freundes (19. Febr. 1988).

101) Michael Landmann, Die absolute Dichtung, Essays zur philosophischen Poetik, Stuttgart 1963.

102) Die geplante Auswahl erschien unter dem Titel: Jüdische Miniaturen, 2 Bde., Bd. 1, Messianische Metaphysik, Bd. 2, Israelische Zeitschriften und Tagebücher, Bonn 1982; Ders., Figuren um Stefan George, Zehn Portraits, Amsterdam 1982, darin: Margarete Susman, S. 29-37.

103) Marc Aurel, Selbstbetrachtungen, Übersetzung mit Einleitung und Anmerkungen von Albert Wittstock, Stuttgart und Baden-Baden 1949, S. 65.

104) François La Rochefoucauld, Betrachtungen und moralische Sentenzen und Maximen des Herzogs von La Rochefoulcauld, Übertragung v. Fritz Adler und Wilhelm Willige, eingeleitet v. Wilhelm Weigand, Leipzig, o.J., S. 37

105) Franz Rosenzweig, Briefe, hrsg. v. Edith Rosenzweig, unter Mitwirkung von Ernst Simon, Berlin 1935, S. 232.

106) Die erste Ausgabe der Gesammelten Werke in 5 Bänden von Emanuel von Bodman erschien bei Oskar Wöhrle, Konstanz 1923/24.

107) E.v.B., Hans Waldmann, Dramen Bd. III, GW 6, 1957, S. 1-184. Bei Reclam wurden 1981 unter dem Titel "Das hohe Seil" vier Erzählungen mit einem Nachwort von Albrecht Goes veröffentlicht.

108) Elazar Benyoëtz, "Das andere Ende". Als Hauptwerk gedacht, 1977 abgeschlossen. Unveröffentlicht.

109) Métavels Buch "Jakobs Traum" ist nicht erschienen.

110) Vgl. Anm. 11

111) Elazar Benyoëtz, Mischpatim, Sentences, Jerusalem/Tel-Aviv 1980.

112) Rabbi Elimelech v. Lisensk. Die Geschichte, auf die Clärle am Anfang und am Ende dieses Briefes (und dem vom 10.01.80) anspielt, wird dem Bruder von Rabbi Elimelech, dem Rabbi Sussja von Hanipol, zugeschrieben. Er sagte: "In der kommenden Welt wird man mich nicht fragen: 'Warum bist du nicht Mose gewesen?' Man wird mich fragen: 'Warum bist du nicht Sussja gewesen?'" Siehe Martin Buber, Die Erzählungen der Chassidim, Zürich, 1949, S. 394.

113) E.v.B., 'Der unbekannte Freund', in: Herz eines Bildners, GW 3, 1951, S. 159.

114) Clara v. Bodman feierte ihren 90. Geburtstag.

115) Elazar Benyoëtz, Mit einem Wort, später erschienen unter dem Titel 'Treffpunkte', mit einem Nachwort von Renate Heuer, Bad Soden a.Ts. 1985.

116) Für Immanuel zu seiner Bar-Mizvah von Elazar verfaßt, gemalt von Renée.

117) Lukrez, Von der Natur der Dinge, deutsch von Ludwig von Knebel, mit einem Nachwort von Jean Bollack, Frankfurt 1960, S. 157.

118) Elazar Benyoëtz, Erschichten, erst unter dem Titel 'Gehschichten' konzipiert, soll als Teil des Buches 'Treffpunkt Scheideweg' bei Carl Hanser in München erscheinen.

GLOSSAR (hebr., aram., jiddische Ausdrücke)

Abba	aramäisch - Vater
Alef	erster Buchstabe des hebr. Alphabetes, ist der erste Buchstabe der zehn Gebote
Boker tow	guten Morgen
Chanukka	Weihefest wird acht Tage lang im Dezember gefeiert; sein Ursprung geht auf die Wiedereinweihung des Tempels im Jahre 165 vor Beginn der christl. Zeitrechnung unter den Makkabäern zurück
Chassidim	(hebr. 'Fromme') Anhänger einer jüdischen religiösen Bewegung
Daj	genug
Elohim	Gottesbezeichnung
Hawdala	Zeremonie bei Sabbatausgang
Jom Kippur	Versöhnungstag, zehn Tage nach dem Neujahrsfest
Kohelet	Prediger Salomo
Leilah tow	gute Nacht
Maariw	das Abendgebet
Mesusa	kleine Kapsel, die am rechten Türpfosten an Eingangs- und Stubentüren angebracht ist. Sie enthält eine handgeschriebene kleine Pergamentrolle mit den Worten des Sch'ma-Gebetes, einem Bekenntnis zur Gottheit und Gottesliebe, zu den Geboten und Verheißungen
Mincha	das Nachmittaggebet
Neschomele	Diminutiv von Neschome (hebr. Neschama = Seele)
Rosch Haschanah	Neujahrsfest
Sawta	aramäisch - Großmutter
Schabbat schalom	Sabbatgruß
Schawua tow	guten Abend
Schechina	hebr. "das Wohnen"; im rabbinischen Schrifttum eine Bezeichnung für Gott, der inmitten seines Volkes wohnt
Tachles	hebr. tachlit - zweckmäßig, sachbezog. Handlung oder Rede
Tallis	Gebetsmantel
Tefillin	Gebetsriemen

Jiddisch:

Oif Schabbes	auf Sabbat
Rebbe	Rabbiner
Schichelech	kleine Schuhe
Schoiben	Scheiben (Glas)

A n h a n g

Emanuel von Bodmans Erklärung zum Zionismus, vgl. Anm. 2.

"Mir scheint, daß die gegen die Zionisten von andersdenkenden Juden abgegebene Erklärung jeden befremden muß, der die Ziele des Zionismus, auch im weiteren Sinn genommen, zu würdigen weiß. Ob und inwieweit Zionisten zur Schroffheit der Erklärung ihrer jüdischen Mitbrüder selber beigetragen haben, entzieht sich meiner Beobachtung. Mir scheint aber der Inseratenteil von Zeitungen, die von außerhalb Stehenden gelesen werden, nicht als der rechte Platz, solche häusliche Kämpfe auszufechten. Inhaltlich basiert die Erklärung auf einem Irrtum: christliche Deutsche und deutsche Juden trennt nicht nur der Glaube. Hier hat der Wille zur Assimilation eine Selbsttäuschung begangen. Nur durch Blutsvermischung beider Elemente könnte die Blutsannäherung stattfinden, die aber meines Erachtens für beide Teile wegen der zu schroffen Rassenverschiedenheit keineswegs wünschenswert wäre. Daß Juden vom nationalen Standpunkt aus gute Deutsche sein können, ist dagegen selbstverständlich.

Ich erblicke im Zionismus eine ebenso edle und mannhafte, als instinktklare Bewegung selbstehrlicher und rassestolzer Juden, die ihre Art und Kultur erhalten und fortgebildet wissen wollen; als ein Wille und Versuch zu einer Stammheimat zu kommen, die sie vom Gefühl der Heimatlosigkeit befreien soll. Ich kann mir denken, daß dies Ziel für einen Teil der Judenschaft verwirklicht werden wird, und daß dann auch der andere Teil, der sich anderen Völkern angepaßt hat, durch beständige Fühlung mit den Stammesbrüdern in der neuen alten Heimat in der Idee vom Gefühl der Heimatlosigkeit befreit sein wird, was einen Frohsinn in allen Juden, mögen sie sein, wer sie wollen, erzeugen kann. Eine Volksheimat auf altem Boden zu wissen, die Möglichkeit, sich zu einer Nation zu entfalten, wäre doch wohl ein Gefühl der Sicherheit, das nicht gering einzuschätzen ist.

Umsomehr scheint mir, müßte die zionistische Bewegung von allen Juden der Erde gewürdigt werden, so weit sie auch von ihrem Ziel noch entfernt sein mag."

Elazar Benyoëtz, Die Liebe ist eine chinesische Mauer, in: Neue Deutsche Hefte 104 (1965) 58-65.
Der Abdruck erfolgt mit freundlicher Genehmigung des Herausgebers von 'Neue Deutsche Hefte', J. Günther, Berlin.

Heute hätte ich's anders geschrieben. Natürlich. Wer sagt sich das nicht auch immer? Und dann kommt der Tag, da sagt man es zum letztenmal und wird nun für ewig bereuen müßen, daß es sich eben nicht mehr anders sagen läßt. Es bleibt: dieser Haufen Papier, diese ungeheure 'Werkeminenz', dieses Umgehen des Herzens, um nur ja nicht zu sagen: "Ich liebe Dich".
Selbstverständlich, man muß sachlich sein. Die vielgerühmte neue Sachlichkeit - die sich aber von der alten Sachlichkeit wohl kaum irgendwie unterscheiden läßt, wenn man einmal sachlich ist. Doch will mir scheinen, als sei dieser Standpunkt "Ich liebe Dich" ziemlich sachlich, gewiss sachlicher, als ein langes wirres Hin und Her von: Gnädige Frau ... gefälligst ... darf ich wohl bitten ... Blumen und Parfüm schicken ..., um endlich, nach einem ermüdenden Jahr, den banalen Zustand zu erreichen und, erschöpft ans Ziel gelangend, das hohlklingende "Ich liebe Dich" aussprechen zu dürfen. Wie jämmerlich dann! Doch sagt man es sogleich, in den ersten drei, fünf Minuten, dann zeugt das von reiner Sachlichkeit, denn eben in dieser kurzen Zeit weiß man auf das genaueste, wie man dran ist, wo man steht und wo man in der allernächsten Zeit eventuell stranden wird.
Einst sagte mir ein Philosoph: "Wäre es mir vergönnt, noch einmal mein Leben zu leben, dann würde ich alles neu und anders schreiben." Ich weiß nicht, wie viele Philosophen es gab, die in der letzten Stunde ebenso dachten, ich weiß aber wohl, daß es kaum einen ernsthaften Kritiker gibt, der sich das nicht jedes Jahr mindestens einmal sagt - sein ganzes Leben lang. Und wir haben uns nun abzumühen mit einer unendlichen Zahl von Büchern, Aufsätzen, Artikeln, die - eigentlich anders geschrieben werden sollten.
"Ich liebe Dich" ist ein ganz sachlicher, nüchterner Standpunkt,

Kritik kann man von ihm aus vielleicht nicht unbedingt üben, aber doch wohl Schönes, gar auch Vernünftiges sagen, ohne Gefahr laufen zu müssen, es jemals zu bereuen, denn wer bereut schon die Liebe zu einem Objekt, das dieser Aussage und all der innerlichen, häufig nicht umkomplizierten Vorgänge, die ihr vorausgingen, für würdig gehalten wurde. Und ist wohl ein anderer Standpunkt einem Objekt gegenüber würdiger als der, der uns solch eine Aussage abzwingt?

Wir bleiben jedoch bei den Büchern, den Vorstufen der letzten Erkenntnis, die also lautet: Sie müßten anders geschrieben werden.

Dies alles fiel mir ein, als ich von Else Lasker-Schüler sprechen wollte, einen Aufsatz hervorsuchte, den ich vor etwa fünf Jahren über sie geschrieben habe, und daran dachte, ihn noch einmal, dieses Mal deutsch, zu veröffentlichen. "Er müßte anders geschrieben werden" - es ist unumgänglich, daß der Leser dies hört. Bekanntlich lebte Else Lasker-Schüler während ihrer letzten Jahre in Israel, wo sie auch ihren Tod gestorben ist. Das ist vielleicht nicht der einzige Grund, daß man manches in hebräischen Periodica und in der hebräischen Presse über sie geschrieben hat, aber eben weil man sie kannte, war das, was man schrieb, eher schön als wahr oder sachlich. Besonders wäre hinzuweisen auf einen Artikel des heute größten hebräischen Dichters Uri Zvi Greenberg (merke!), der sich mit Else Lasker-Schüler befreundete, als er nach dem Ersten Weltkrieg nach Berlin kam, und der ihr, der weisesten Frau, der er je begegnete, weiterhin Treue und Verehrung bezeugt.

Sein Aufsatz erschien vielleicht vor dreißig Jahren. Er heißt "Deborah in der Gefangenschaft" und wurde an einem ihrer vielen "Jubiläen" veröffentlicht. Was sie ihm denn auch, wie er mir sagte, sehr verübelte, denn jede Erwähnung ihres Alters, mochte man sie auch immer verjüngen, kreidete sie als Verrat an. Nach ihrem fünfzigsten Geburtstag (der nie der fünfzigste gewesen ist), setzte sie ihr Alter endgültig auf fünfzig fest und sagte: "Sonst habe ich keine Chancen mehr. Eine Lyrikerin von hundert Jahren zu sein, das ist einfach geschmacklos."

Durch postume Nachforschungen hat man herausgefunden, daß sie 1869, nicht 1876, geboren ist, und die wissenschaftlichen Schnüffler sind stolz darauf, aber es muß trotzdem als postumer Verrat gelten. Es stimmt möglicherweise, daß sie 1869 geboren ist, aber wahr ist es nicht bei einer Dichterin, die aus dem Herzen der Welt geboren wurde und darum so alt war wie die Welt und ewig jung wie sie.

Höflichkeit Damen gegenüber ist ein gesellschaftliches Gebot; Dichterinnen gegenüber, vor wie nach ihrem Tode, ist die Treue, auch wenn sie nur einer puren Eitelkeit zu gelten scheint, Gesetz, besonders, wenn sie Dichtung schufen, die vom Zauber potenzierter Ohnmacht derart beherrscht ist, daß sie in aller Demut, jedoch anmutig und herzhaft, die Urteile der sie Beurteilenden überdauern muß.

Als der siebzigste Geburtstag der Dichterin bevorstand, erfuhr der verstorbene Dr. Goldschmidt, genannt Frango, ein Redakteur der "Jerusalem Post", davon. Er nahm einen Freund, der damals ein junger Dichter war, und einen Blumenstrauß mit, und so kamen sie angesegelt, klopften bebend an die Kammertür der Dichterin, aber als sie ihr Anliegen vortrugen, flogen sie unumwunden zur Tür hinaus, samt frischem Blumenstrauß und welken Segenswünschen, die auf ihren Lippen sauer vergilbten.

Als einen Tag darauf Professor Kestenberg Else Lasker-Schüler zwei Karten für ein Philharmonisches Konzert verehrte, saß sie mit ihrem Bekannten, von dem ich diese Anekdote hörte, in einer der vordersten Reihen, und wenige Reihen hinter ihr saß Dr. Goldschmidt, genannt Frango, mit seinem jungen Dichterfreund. Der Saal hielt schon den Atem an, der Dirigent wurde in der nächsten Sekunde erwartet, da erhob sich die Dichterin von ihrem Platz, wandte sich nach rückwärts und sprach laut und zornig: "Ja, Herr Dr. Goldschmidt, ich bin siebzig!"

Obwohl, wie gesagt, manches in der hebräischen Presse über Else

Lasker-Schüler geschrieben wurde, glaube ich doch, daß mein Aufsatz der erste gewesen ist, der vielleicht nicht Unerhörtes, aber bei uns noch nicht Gehörtes aussprach. Darum zögere ich auch wohl heute, ihn wieder zu veröffentlichen, darum erkenne ich heute, daß er eigentlich anders geschrieben werden sollte. Er war eben sachlich.

Als Heine sich im Wartezimmer Hegels in Anbetung der Sterne verloren hatte, fühlte er eine Hand auf seiner Schulter und die Stimme Hegels sagte: "Die Sterne sind's nicht, doch was der Mensch hineinlegt, das eben ist's." Und als Gundolf George auf die Sterne ergüßlich aufmerksam machen wollte, wußte der Meister nichts anderes als: "Da läßt sich nur sagen: Es sind ihrer sehr viele."

Das ist wohl der sachliche Standpunkt den Sternen gegenüber und Voraussetzung der Kritik. Das weiß wohl auch mein verehrter Schweizer Freund Max Rychner genausogut, doch vielleicht, weil er ein bedeutender und feinhöriger Kritiker ist, vernimmt er zugleich die Grenzen des Hörbaren. Darum scheut er sich nicht, seinen kurzen Aufsatz über Else Lasker-Schüler, nach einigen kritischen Erörterungen, mit den Worten zu schließen: "In diesem Werk gibt es einige Verse, an denen die Sterne selbst mitgedichtet haben."

Dieses Zitat war auch als Abschluß meines Aufsatzes gedacht, ich habe es dann, nur aus purer Sachlichkeit, doch weggelassen. Daß ich heute nicht mehr gewillt bin, meinen alten Aufsatz zu veröffentlichen oder gar einen neuen zu schreiben, mag auch mit durch dieses Zitat begründet sein, denn ist es auch ein Dichterwort, so läßt sich daraus doch auf einen immanenten Zusammenhang zwischen Sterndeutung und Gedichtdeutung schließen. Vielleicht kommt bald die Zeit, wo man auch die Sterne werk-immanent deutet? Man versucht ja auch schon, den lieben Gott werk-immanent aus seiner Schöpfung heraus zu interpretieren.

Vor einigen Jahren hat mir ein Freund ein intimes Geheimnis abgezwungen; ich ließ es zu, weil in dieser Zeit die Kindheitserinnerung in mir wieder aufgedämmert war und mir großes Glück brachte. Heute bereue ich es doch, aber weil ich es bereue, will ich es, nach den Regeln der Reue, coram publico hier wiederholen: Als ich sechs Jahre alt war, starb mein Vater. Das war der Grund dafür, daß ich zu einem kleinen Landstreicher wurde und manches tat, was ich sonst, als sehr scheues Kind, wohl nicht getan hätte, zum Beispiel, mich in Kinos oder Konzertsäle kostenlos einzuschleichen und mich, als unsichtbares Pünktchen, in irgendeiner Ecke einzumauern.

So geschah es auch, daß ich mich eines Abends in einem kleinen Kinosaal dort am Rothschildpark in Tel-Aviv vorfand und einem seltsamen, furchterregenden Zaubertreiben zusah, das etwa so vor sich ging: Vor einem Tisch, in schwarzer Tracht, zwischen zwei Kerzen abrakadabrierend, aber in sehr veilchenhaften Tönen, von Geldmünzengeklingel begleitet, stand sie - die einzige Hexe, die ich je leibhaft vor Augen gesehen habe. Obwohl sie den Eindruck machte, sie könne jedes Wort in einen Besen verwandeln und flugs durch den Kamin davonfliegen, erweckte sie doch unendliches Vertrauen in mir, so daß ich mich, als die Zaubersprüche verklungen waren, zu ihr schlich. So stand ich vor ihr: in kurzen weißen Hosen, einer rotgetupften Bluse, die meine Mutter mir selbst gemacht hatte, und mit einem kleinen weißen Wollkäppchen, das einen ganz außerordentlichen Spitz hatte, der zu dieser Zeit von meinen Schulkameraden noch nicht lächerlich gefunden und abgeschnitten worden war (was wohl kurz danach, zu meiner tiefsten Empörung, geschah).

So stand ich also vor der Hexe, die mich mit ihrem Dämonenpaar anschaute, als fände sie mich würdig, ihr Spielgefährte zu sein; sie legte ihre zeitlose Hand auf meinen Kopf und sagte: "Kleiner Joseph."

Fünfzehn Jahre vergingen, bis meine Hand ahnungslos aus dem verstaubten Regal eines Antiquariats ein kaum verstaubtes Bändchen hervorzauberte - die hebräischen Balladen der Else Lasker-Schüler. Da wachte alles wieder in mir auf. Ob es wohl wahr ist? Wenn

ich heute darüber nachdenke, kann ich es nicht sagen. Ich war kein Zeuge der Begegnung zwischen einem Waisenkind und einer Hexe, doch daß dieses Kind jetzt vor mir meine unaussetzliche, wenn auch nicht immer bewußte Liebe zu Else Lasker-Schüler bezeugt, ist seltsam, aber auch die Wahrheit.
Es ist eine schlechte Eigenschaft des Schicksals, daß es seine Unterworfenen so kläglich abhärtet. Ein Märchen, ein großes jüdisches Märchen wanderte wunden Flügels in den Straßen Jerusalems. Als sie noch wanderte, hatte man "andere Sorgen", auch dann, als sie mit ihren Plänen kam: "Ich habe einen Millionenplan." Unermüdlich entwarf sie immer neue Pläne zum Sturz des Teufels Hitler, und man hatte nichts als ein müdes Lächeln für sie übrig. Was war da schon zu lächeln bei einem Plan wie zum Beispiel diesem: Man müßte eine Delegation von Afrikanern oder Australiern zum "Führer" schicken (er hatte große Sympathien für Afrikaner und dergleichen!), deshalb wird er sie natürlich empfangen, und bei diesem Empfang wird er ihnen natürlich, wie es üblich ist, die Hand reichen. Und nun, siehe, die Afrikaner und Australier werden eben zwischen ihren Fingern eine vergiftete Nadel halten und so diesem Spuk ein Ende machen. Ein anderer Plan war die Vernichtung Hitlers durch Magie. Als man sie darauf aufmerksam machte, daß magische Kräfte, die ihr Ziel verfehlen, auf den zurückwirken, der sie aussendet, erschrak sie und sagte: "Dann fürchte ich mich." Und ging und murmelte im Gehen: "So? ... So?"
Bei solchen Gestalten, für die die Wirklichkeiten so ineinandergedrungen sind, daß sie kaum noch in Wirklichkeitsbegriffen erfaßbar bleiben, ist ihr wirkliches Leben nur noch Gewebe aus Dichtung und Anekdote. Natürlich läßt sich, besonders jetzt, wo das Interesse für Else Lasker-Schüler erwacht ist (nach dem Kriege suchte der Nachlaßverwalter, wie er mir sagte, vergeblich einen Verlag, bis endlich der Kösel-Verlag die Betreuung des Werkes übernahm), eine Biographie der Dichterin nachzeichnen. Doch auch dabei kann nicht viel mehr als ein anekdotisches Gewebe herauskommen. Ihr Schicksal war Klage und Vorwurf, doch nie im

Bewußtsein der eigenen Person, denn mochte sie auch im Berliner Café des Westens sitzen, sie wanderte dennoch durch Jerusalem, das aber auch nicht Jerusalem war, sondern eher Bagdad oder Damaskus.

Die erste Veröffentlichung des Kösel-Verlages, "Dichtungen und Dokumente", war ein sehr schöner Versuch, durch persönliche Berichte und in Begegnungen das Unwirkliche wirklich nachzuzeichnen. Solche Versuche müßten, solange es noch Zeit ist, bis zum erschöpfenden Vollenden der Darstellung wiederholt werden, denn in diesem Fall ist es nicht nur eine Schwierigkeit, die unwirkliche Wirklichkeit zu verfolgen, dieses Leben ist ja auch mit dem jüdischen und dem Emigrantenschicksal verknüpft.

Erwin Loewenson, ein großartiger und völlig unbekannter Philosoph, der im fünfundsiebzigsten Lebensjahr in Tel-Aviv starb, war nicht nur der Intimus von Georg Heym und Jakob van Hoddis, er war auch einer der wenigen, vielleicht sogar der einzige, dem es erlaubt war, Else Lasker-Schüler seine Ansichten vorzutragen, ohne daß sie ihn sogleich in einen Kalifen verwandelte oder gar nach Theben entführte, ja, gelegentlich durfte er ihr sogar widersprechen. Mit ihm ist ein unersetzbarer Schatz an Weisheit, fruchtbaren Gedanken, Güte des Herzens und Erinnerungen und Anekdoten dahingegangen, die eine ganze Epoche auferstehen lassen könnten. Nur weniges, das ich von ihm hörte, kann ich noch überliefern. Loewenson, der in Berlin zionistisch tätig war, bat Else Lasker-Schüler eines Tages, in einer zionistischen Veranstaltung aufzutreten und ihre Gedichte vorzutragen. Sie sagte: "Für mein Vaterland tue ich alles, seit jeher träume ich davon, im Hemd und barfuß für mein Land zu gehen." Doch dann wurde sie plötzlich mißtrauisch, weil sie dachte, diese Bitte sei nur ein Vorwand, um ihr Geld zu verschaffen. Loewenson beruhigte sie jedoch: "Gewiss werden Sie auch Geld bekommen, da Sie ja Ihre kostbare Zeit opfern müssen!" (Denn in Wirklichkeit wollte man sich mit Ihrem berühmten Namen nur den Saal des Deutschen Theaters für diese Veranstaltung sichern.) Die Dichterin aber sagte dann noch, ganz

aufgeregt: "Ich werde auch sagen und dafür sorgen, daß man uns Jesus zurückbringt!" Als Loewenson diese Worte vernahm, ging er zitternd davon. Kurz darauf erkrankte er, sandte jedoch einen Boten mit einem Schreiben an Else Lasker-Schüler ab: "Ich beschwöre Sie, um Gottes Willen, sprechen Sie nur nicht in dieser Veranstaltung von Jesus, dadurch verlieren wir alle Orthodoxen, die durchschauert werden, wenn sie dieses Wort hören." Als sie diese Zeilen las, verhöhnte sie ihn und mokierte sich bissig: "Er beschwört mich, er beschwört mich", und setzte enthusiastisch fort: "Es muß majestätisch sein!". Am Ende jener Veranstaltung, die glücklicherweise vorbeiging, ohne daß Jesus Unruhe stiftete, überreichte man der Dichterin einen Schein, daß in ihrem Namen zehn Bäume in Palästina gepflanzt würden. Da sagte sie: "Nun weiß ich doch, wo ich mich eines Tages aufhängen werde."
Einmal wandte man sich an Loewenson mit der Bitte, er solle doch mit Paulchen (Else Lasker-Schülers Sohn) sprechen, der ganz in Konflikte und Probleme verwickelt sei, da er nicht mehr wisse, was er eigentlich sei, Jude oder Christ. Loewenson überlegte und dachte dann, dies sei wichtig genug, um damit vor Ihre Majestät zu treten. Als er ihr das Problem auseinandergesetzt hatte, erwiderte sie erregt: "Was ist denn dabei? Es gibt drei Religionen: das Judentum, das Christentum und die Kunst. Paulchen gehört der Kunst an." Als dieser Sohn, an dem sie sehr hing, starb und man ihn begrub, wollte sie sich in das Grab werfen. Nur mit großer Kraft gelang es, sie zurückzuhalten. Sie sagte: "Ich sah Engel über dem Grab aufsteigen." Und einen Tag darauf erzählte sie: "Nachts, in meinem Schlaf, kam der König David zu mir, wortlos saß er neben mir und sah mich mit seinen großen, erloschenen Augen an."
Eines Tages sah man sie vor dem Hauptpostamt in Jerusalem in Ohnmacht sinken. Als sie wieder zu sich kam, sagte sie: "In einem Moment der Schwäche habt Ihr mich ertappt, aber mein Herz ist Eisen." Wenige Tage später starb sie. Ihr Freund, der Architekt und Maler Krakauer, entwarf ihren Grabstein. Als man ihn auf-

stellte, war nichts als "Else Lasker-Schüler" darauf geschrieben. Er wußte, warum nicht mehr.

Elazar Benyoëtz, "Gebet" und andere frühe Gedichte, vgl. Anm. 16.

Und gib mir doch nur in einem kleinen Dorf
neben dem Garten Eden
ein Melonenfeld und auch eine Wächterhütte
und Traumgras
und einen Tropfen Mond
und Segenregen
und auch eine heilsame Sonne
und zwei, drei Geliebte
und einen Nachbarn, der nicht viel fragt.

*

Und jetzt, nicht jetzt, morgen, übermorgen
wird der Abschied erwachen -
ein Kind, das nach der Ferne verlangt
und frühmorgens aufsteht
um sein Papierboot zu prüfen
ob die Segel bereit sind
für den Wind und die Wunderfahrten
zum Asyl seines Traums -
wird der Abschied erwachen
und frühmorgens aufstehn
dein Herz prüfen und meins
ob sie bereit sind für Kälte und Wind
wird das Haar der Einsamkeit kämmen
und prüfen, fragen und forschen
wieweit seine Trauer und Sehnsucht
unsere Füße tragen.
Und nach den Geschichten wird er uns versuchen
im Weinen und Lachen
und uns streicheln, jeden für sich
jeden mit ferner Hand.

*

Laß ab von den Dingen
rühr nicht das Vergängliche an
bleib bei den Namen der Tiere, der Blumen
ein wenig stehn und geh leise weiter
dahin.
Hier ist kein Stein, der einmal dein Haus war
und einen Fleck
am Mantel der Seele
den nanntest du Herz.

*

Dachboden, eine Hand klein,
Spinnennetz fängt ein das Gebälk.
Der es beschreibt, zappelt darin,
treibt seine Seele in Schattenschutz,
zerrissen von Anfang
und bis zum Ende geladen,
unter Geweb und Gewächs dieser Wände
sich zu bezeugen.

MAN MUSS VIELES ÜBERSEHEN, UM SCHAUEN ZU KÖNNEN

Emanuel von Bodman, Mahlzeit mit Gelehrten, in: Sinnsprüche GW 3, S. 200f..

"Gott ist im Guten nur,
Hier zeigt sich seine Spur."
"Gott ist in Gut und Schlecht
Und hat mit beidem recht."
"Gott hat die Welt gemacht
Und dann zuletzt gelacht."
"Gott ist die ganze Welt,
Die nie den Atem hält."
"Ob Gott ist oder nicht,
Wir wissen's alle nicht;
Drum sag ich lieber : nein,
Es wird wohl keiner sein."
Ich werde wie zum Kind,
Wo solche Redner sind,
Schließ meine Lippen zu
Und fühle nur noch: Du!

Emanuel von Bodman, Die Hecke und andere Texte, in: E.v.B., Aus dem Nachlaß, GW 10.

Heut ging ich an der Parkhecke von Gottlieben entlang und hörte einen kläglichen Laut wie von einem großen, jungen Vogel. Ich bog mich unter die Hecke hinein und sah das toderschrockene Auge eines Grasfrosches, den eine Ringelnatter am Hinterbein gefaßt hatte. Ich suchte ihn mit dem Stock von dem Schlangenrachen zu befreien, aber sie kroch hinter den Hag, und da war noch Stacheldraht, so daß ich nicht weiter vorstoßen konnte. Ich bewegte den

Stock, so gut ich's vermochte, hin und her - ob sie aber den Frosch freiließ, bezweifle ich... Da mir beide Tiere lieb sind, Natter und Frosch, wollt ich sie nur trennen, keines töten.... Aber der Klagelaut machte mir Herzweh. Ich hab noch nie solchen Laut gehört... Der wehe Blick des Frosches ging mir so nah, daß ich nachher selbst nicht mehr leben wollte. Er hat mich noch gesehen und vielleicht gedacht, ich könnte ihm helfen... (S. 185)

Besuch in der Irrenanstalt (Münsterlingen) beim "Gartenfest". Ich stehe am Strand, der Wellenschlag mischt sich mit den wehmütig sinnlosen Klängen einer Karussellmusik aus dem Garten der Irrenanstalt am See. Ich lege mich noch in den Sand, höre Schilf und Gräser wehen, dazwischen das Johlen eines Insassen der Anstalt. Dann klingle ich, werde in den Garten gelassen... sehe das Karussell... besetzt mit Irren. Ich stand einen Augenblick, mein Sehen wurde zum Schauen: wie diese Menschen, im großen Spiel Gottes irr herausgespielte, auf dem Karussell saßen und sich wie Kinder drehten. Dann kam der Direktor auf mich zu - und aus dem Schauen wurde wieder ein Sehen. (S. 181)

Menzingen. An einem heißen Julitag, als die jungen Haselnüsse schneeweiß aus ihren Büschen schimmerten. Auf einem runden Hügel stand ein Kreuz... Ein Bauer, der mit Sohn und Knecht, jeder mit einer langen Leiter zur Kirschenernte ausrückte. Der Bauer, der mich aus der vollen Zäune essen ließ und mir dann einen ganzen Zweig voll Kirschen auf den Weg mitgab. Das Bauernhaus, heiß in der Sonne; ab und zu im Stall Stampfen eines Rosses. Auf die weiße Straße warf das Stift seinen Schatten, so daß sie wie in zwei Teile geteilt erschien. Singen und Klavier im Stift. Die eiserne Gartentür fällt ins Schloß. Briefträger mit gelbem Handwagen. Ab und zu Hammer auf Amboß in einer Schmiede irgendwo. Barfüßige Bübchen die Straße vor. Im Hotelgärtchen langweilen sich die Rosen. Drei Uhr nachmittags. (S. 117f.)

Die Stubenfliege. Auf mein aufgeschlagenes Buch setzt sich eine Stubenfliege. Zuerst wollte ich sie verscheuchen; als ich aber sah, wie nett sie Toilette machte, konnte ich es nicht und sah ihr zu. Wer noch nie sah, wie sich eine Stubenfliege putzt, kennt sie nur von ihrer lästigen Seite. Sie rieb sich zuerst ihre Vorderfüße, dann mit ihnen von hinten den Kopf und die riesigen braunen Augen. Dann rieb sie die zwei Hinterfüße aneinander, zuerst vom Oberschenkel zu den Unterschenkeln, dann nur diese, was aussah, wie wenn ein Mensch die Füße aneinander reibt. Dann fuhr sie über die Flügel - zuerst von oben, dann von unten und dann, als sie fertig schien und wirklich einige Staubkörner auf dem Papier lagen, blieb sie ruhig sitzen. Dann blies ich sie freundschaftlich fort und ging an die Arbeit. (S. 144)

Der Traum vom Löwen. Mir träumte, eine Freundin von mir - welche, sag ich auch dem Traumbüchlein nicht - sei in schneeweißem Mantel und großem Hut zu mir gekommen und hätte gesagt: "Jetzt wollen wir uns umarmen." "Ja", sagte ich, "es ist mir recht." Sie: "Es muß aber auf einem Löwenfell sein." Ich: "Es ist gar keines da!" Auf einmal stand ein guter, treuer Löwe, der etwas knurrte, neben mir. Sie: "Den mußt Du schlachten, Emanuel!" Ich sah den Löwen an mit seinem zottigen Fell, klopfte ihm auf die Mähne und sagte zur Freundin: "Ich würde Dich gern auf einem Löwenfell umarmen, aber wegen dieser Umarmung töte ich meinen Löwen nicht!" (S. 187)

Thusis. Die stille Holzbank am gepflasterten Hof neben dem weißen Kreuz. Die heiße Halde mit Erlenbüschen, Farnkräutern, Disteln und Steinen am Fuß des Hohen Rhätien (Bergruine, auf dem rechten Ufer des Hinterrheins), lauschige Wiesenmulden dazwischen. Ein Rosenkäfer, ein Maikäfer folgen - im Juli - in die blaue Luft hinein, ein Aurorafalter, der Apollo an einem Steilhang über dem brausenden Rhein. Silberstriche, Baumweißlinge, mit herrlichem Rot und funkelndem Grün der Jungfernbär (Dominula), also Frühling und Sommer durcheinander. (S. 190)

Emanuel von Bodman, Die alte Holzbrücke, in GW 2, S. 238.

Uralte Brücke überm Stromgebraus,
In deinem Gehölze bin ich wunderlich zu Haus.
Dein Giebeldach, von Lampenlicht erhellt,
Dämpft mir für eine Weile den Lärm der Welt.
Verkehr von Stadt und Menschen überrauscht
Der dunkle Strom, der mit dir Grüße tauscht.
Ich blicke in den ungebundnen weißen Gischt,
Der nächtlich alten Tag mit neuem Tage mischt.
Der Wirbel nimmt von mir die Last der Zeit,
Ich atme wie von je im wilden Schaum befreit.

Elazar Benyoëtz, Annette Kolb und Israel, Heidelberg 1970, S. 85 und S. 89-94.

Annette Kolb hat unzählig viele Reisen in ihrem Leben gemacht, trotzdem wird in ihrer zukünftigen Biographie die Israelreise eine besondere Rolle spielen müssen, weil sie sich von allen anderen unterschied. Vier Jahre lang wurde diese Reise geträumt, besprochen, geplant, sie sollte der Gipfel ihres Lebens werden, aber als sie sie endlich antreten konnte, wurde sie nur noch der Ausklang. [...]

Im übrigen überstand sie alle Strapazen erstaunlich gut. Ich war glücklich, sie dann wohlbehalten wieder hier zu wissen, und sobald ich konnte, fuhr ich nach München, um sie zu sehen. Sie schien sich so zu fühlen, als ob sie eine große Prüfung gerade bestanden habe, und so sah sie auch aus. In ihren Erzählungen hielt sie sich an ihr "Unglück". In den allerletzten Tagen hatte sie sich nicht mehr so gut gefühlt, sie war darum einen Tag früher als ursprünglich geplant zurückgekommen. Nun machte sie sich darüber Vorwürfe.
Ich mußte einsehen, sie hatte zwar die Prüfung glanzvoll bestanden, aber es war auch die letzte gewesen. Sie konnte noch ihren Freunden berichten und erzählen, aber es stand nun nichts mehr bevor, es wurde nichts mehr geplant, und das Erzählen war wie Abschiednehmen. Nach dieser letzten wirklich glücklichen Reise konnte es nur noch die letzte Fahrt geben.
Plötzlich wurde mir klar, wie sehr sie doch auch dieses lange enttäuschungsvolle Hin-und-Her der letzten Jahre gebraucht hatte, wie es ihr Halt gegeben, sie in Spannung gehalten und ihr über das Versagen ihrer Feder hinweggeholfen hatte. Es gab da immer noch ein Ziel, und solange es das gab, gab es auch noch Hoffnung. Nun gab es gar nichts mehr. Was nun. Etwas mußte gefunden werden, etwas ganz Absurdes, das wie selbstverständlich realisierbar erscheinen konnte. Hatte sie sich nicht gut gefühlt in Israel?

Sie hatte doch das Reisen, das Klima glänzend vertragen. Ja. Sie hatte viel gesehen, aber noch nicht alles. Sie hatte nicht nach Jordanien gekonnt, einen Teil des Landes, in dem es soviel Sehenswertes gab, nicht sehen können. Im nächsten Jahr würden wir deshalb gemeinsam nach Jordanien fahren. So verblieben wir. Es war aber nicht einmal ein Strohhalm, den ich ihr damit geben konnte.

Annette hatte noch viel Anteil genommen, als ich während des Krieges in München auf meinen Abtransport nach Israel wartete, sie hatte treulich für mich die Nachrichtensendungen abgehört, sich um mich gesorgt; sie war noch gekommen, um sich von mir zu verabschieden. Aber als ich sie nach meiner Rückkehr dann wiedersah, hatte sie sich seltsam verwandelt.

Sie bestand für mich immer aus lauter Zeichen, die enträtselt werden mußten, doch in dieser letzten Zeit ging ihre Sprache ganz in ihren Zügen auf. Sie hatte immer noch etwas zu sagen, auch wenn sie nichts mehr verlautbaren mochte oder konnte. So wie sie eins mit der Musik war, ohne diese gar nicht vorzustellen, so müßte man sie sich wie ein exakt gestimmtes Klavier vorstellen, das zum Tönen gebracht werden konnte. Sie entging einem, wenn man sie nicht so zu sehen vermochte. Sie mußte gar nichts Aufregendes sagen, sie war stets hochgespannt, das ganze Nervensystem schien sichtbar, kein Nerv versagte, keiner, der nicht prompt reagierte und klare Auskunft gab. Nicht in Reflexen, sondern in höchst verwickelten Gedankengängen reagierte sie. Ihre Nerven reflektierten für sie, als die Denkkraft abzunehmen begann. So wenig Leben zeichnete sich da noch in ihrem Gesicht ab, in ihrem Körper, von dem man nicht mehr wissen konnte, woraus er eigentlich bestand. Und doch war sie lebhaft gespannt. Es schien zuletzt, als ob sie geschlossenen Auges dem Tod ihre Züge übertragen, einprägen, einmeißeln würde. Sie trotzte ihm nicht, sie war ihm ebenbürtig, und es schien, als müsse er ihre Züge annehmen, da er sie anders nicht zu überwältigen vermochte. Sie sah aus wie ein dichtbeschriebenes Pergament, das weder Sterben noch Erlöschen ausdrük-

ken konnte. Sie war nicht alt, sie war so uralt, daß alle Zeiten, von der Urzeit an, sich in ihren Zügen eingenistet hatten, aus ihren Gesichtsfalten zum Entziffern nah hervorschienen.
Ganz Erinnerung war sie und vermochte mit einer Bewegung Jahrhunderte wegzuwischen. Wenn sie da plötzlich mitten im Gespräch in Schlaf versank und plötzlich wieder, nach Sekunden schon, erwachte: das war immer ein Zurückkehren, ein unverhofftes Wiedersehen, ein Aufsteigen aus einem abermals abgelegten Leben mitten in die Gegenwart hinein. So wie sie ihre Zeit durchwachte, die Welt wach und wachend durchschaute, so durchschlief sie Erdschichten, Zeiten, Kulturen. Im Schlaf holte sie sich Nahrung und Orientierung zurück. Er währte immer nur kurz, als dürfe sie ihren Wachposten nicht lange verlassen. Alle Erscheinungen hatte sie in ihrem Netz, ja sie war mit ihnen zu einem Netz verwoben. Und lange bevor andere wahrzunehmen begannen, spürte und verspürte sie. Was sich wie Eigensinn ansah, war rastlose Ortsbestimmung, ein Sichfreihalten, um ungetrübt jeden Bestimmungsort festlegen zu können. So stand sie denn auch nie am falschen Ort, fand sie zu jeder Zeit das richtige Wort und war sich selber unverlierbar. [...]
Sie dachte in ihrer letzten Lebenszeit fortgesetzt an diese Reise, die himmlische, der die Israelreise voraufgegangen war. Und manchmal schien es ihr, als wäre es doch ein und derselbe Weg. Ihre Sprache erfuhr die letzte Verwandlung, sie berührte nicht mehr die Gegenstände dieser Welt, die sie solange in Bann gehalten hatten. Sie sprach aufgeregt mit der Wand, wies auf sie hin; ich konnte nur das Schattenspiel ihrer Finger sehen, sie sah die imaginären Figuren: ihr tiefstes Geheimnis, ihr heimliches Wissen, ein Schattenbilderbuch im Licht der Wandlampe, ihre eigene Welt, an der kein Mensch je Anteil hatte. Wenn sie mir ihren Kopf wieder zuwendete, war das schon ein vergeblicher Versuch zu übersetzen. Diese ihre Sprache war nicht mehr vernehmbar. Die Jungfrau Maria hatte ihre Gedanken, ihre Worte in Besitz genommen und gab sie nicht mehr frei.

Ich erzählte ihr von Jerusalem, immer wieder von Jerusalem: wie schön es jetzt dort wäre, unbehelligt könnte sie überall hin, würde alles viel schöner vorfinden als noch vor wenigen Monaten. Aber Annette war nicht mehr dabei. Nur einmal gelang es mir noch, sie aus ihrer Apathie zu reißen, ihre Selbstgespräche zu unterbrechen und ihr Feuer wie zuvor hell aufzucken zu lassen. Ich sagte: Ich will in Jerusalem ein kleines Häuschen mieten. Es gibt keinen schöneren Ort auf der ganzen Welt als Jerusalem: Lob und Preisung kehren wieder in die Sprache zurück, jedes Erwachen bringt die Dichtung mit sich. Und sie, Annette, wird zu mir kommen nach Jerusalem, dann schreiben wir zusammen ein Buch. "Das tun wir", sagte sie da, so hell und wach wie früher, "das tun wir, ich komme ganz bestimmt zu Dir, und wir schreiben zusammen ein Buch."

Das war unser letzter Plan, und dies wurde auch unser letztes Gespräch. Noch einmal wollte sie mich dann telefonisch sprechen, die Verbindung mit Berlin war auch bereits hergestellt, aber ein Gespräch kam nicht zustande. Sie hatte nicht mehr die Kraft zu sprechen, und ich konnte sie nicht mehr trösten.

Es ging dann schnell abwärts. Sooft ich mich nach Annettes Befinden erkundigte, wurde mir Auskunft, die mich das Ende ahnen ließ. Ein Brief kam noch, der mich vorbereitete, und dann die Todesnachricht. Die letzte Reise - und ich mußte an Peer Gynts letzte Fahrt mit Aase denken:

Doch sie sollt Ihr achten und ehren,
Wie's billig für Leut'ihres Schlags;
Hier wird keine bessre vorkehren
Von irgendwo heutigen Tags.-

...

Hab'Dank für Dein ganzes Leben,
Für all Deine sorgende Art!-
Doch nun laß auch mich Dank erheben -
So - das war der Dank für die Fahrt.

Clara von Bodman, **DAS HAUS UND SEINE BEWOHNER**

Manuel sagte oft, unser Haus sei wie eine gute Amme. Alt und weise ist sie, so viele Menschen hat sie im Lauf der Zeit beherbergt, hat sie auf ihrem breiten, mütterlichen Schoß ihre wunderlichen Spiele treiben und dann gelassen weiterziehen lassen. Oft schien es, als huschten die Erinnerungen an manche seltsamen Gestalten wie ein verschmitztes Lächeln durch das Licht- und Schattenspiel im dämmrigen Stiegenhaus.

Nach dem Auszug unsres Mieters, des Komponisten Ulmer, war es lange still in der untern Wohnung. Manuel machte keine sonderlichen Anstalten, einen Ersatz zu finden, denn eben: es war so schön still im Haus. Es gab immerhin auch andere Gesichtspunkte: der Mietzins begann sehr zu fehlen. Und so hängte Manuel mit Überwindung eine Tafel "Wohnung zu vermieten" zum Fenster hinaus. Nach geraumer Zeit, als wir schon kaum mehr an Erfolg zu glauben wagten, stellten sich die ersten Anwärter ein: ein etwas sonderbares Kleeblatt, zwei Männer, eine Frau. Der eine Mann, der Wortführer und offenbar das Oberhaupt, hatte eine richtige Warze auf dem kahlen Schädel, von der ich kaum das Auge abzuwenden vermochte. - Dennoch waren wir hocherfreut und zeigten es auch. Ein Blumenstrauß in die Stube und ein Körbchen Äpfel in die Küche schien uns das wenigste an Willkommen.

Am andern Morgen, als das Töchterchen des Bauern mir die Milch brachte, sagte ich fast stolz: "Du mußt jetzt auch unsern neuen Mietern die Milch bringen", worauf sie schnippisch sagte: "Sie sind nicht mehr da." "Dummes Zeug, sie sind ja eben erst eingezogen." "Ja, der Landjäger hat sie geholt."

Er hatte zwar nur das Oberhaupt geholt, die Frau und den Kumpanen hatte er uns gelassen. Aber für uns begann nun eine schreckliche Zeit - ich möchte sie die Schlüsselzeit nennen. Man weiß im gewöhnlichen Leben gar nicht, wieviele Schlüssel man hat. Die mußten nun alle umgedreht und versteckt werden. Sogar das unschuldige Schublädchen, in dem das Schuhputzzeug lag, fest ver-

schlossen. Und unser gutes altes Haus ist nicht arm an Verstekken, Ritzen, Fugen, Nestern für Schlüssel. Wir fanden immer neue. Sogar auf die Leiter kletterten wir, um in einer besonders verlockenden Ritze hinter bröckelndem Mörtel einen Schlüssel zu deponieren.
Verstecken ist lustig, aber eine Qual und Not ist es, das Versteckte wieder zu finden. Wenn sie überhand nimmt, kann man den Verstand, nicht nur die Schlüssel verlieren. Noch ehe es ganz so weit war, kamen wir zur Überzeugung, daß die "Einbrecher", wie wir unsere Hausgenossen seit jener schrecklichen Entdeckung nannten, keine so schlimmen Leute waren. Wir ließen die Schlüssel, wo sie hingehörten, und hatten unsern Frieden wieder. Überhaupt fanden wir, daß mit den stillen Leutlein ganz gut zu leben sei, und fast bedauerten wir, daß wir ihnen gleich an jenem denkwürdigen ersten Morgen wieder gekündigt hatten. Die Beziehungen waren nicht unfreundlich. Sie taten uns leid, denn sie waren recht kummervoll. Die Frau sagte weinend: "Wenn er nur grad sterben könnte." Nämlich ihr Mann. Er starb aber nicht, sondern wurde nach zwei Wochen aus der Untersuchungshaft entlassen - sein Vergehen war offenbar nicht schwerwiegend. So kehrte er zu den Seinen zurück, gerade auf einen Sonntag, und machte mit seiner Frau Arm in Arm einen Sonntagsspaziergang. Langsam lief die Kündigungsfrist eines Monats ab, der Tag des Auszugs war gekommen - es war ein richtiger Abschied. Wir standen um den Möbelwagen herum, Manuel verteilte Zigaretten, schüttelte Hände, und immer wieder versicherten uns die Mieter, wie gern sie bei uns gewesen seien, und wie schade, daß "es so gekommen sei."
Nun waren wir also wieder allein. Geduldig wartete das Haus das Weitere ab, und Manuel wartete ebenso geduldig, es eilte ihm nicht, Maßnahmen zu ergreifen, die diesen Zustand verändern könnten. Er genoß die sich ausbreitende Stille, aus der ihm die Gedanken zuströmten. Mir begann wieder je länger je mehr die Miete zu fehlen. Wie sollte ich Manuel von dieser Dringlichkeit überzeugen? Ich setzte eine leidende Miene auf. "Was ist los,

Clärle?" "Ach, denk nur, wieviel Arbeit ich mit ihr hab! Die Böden der sechs Zimmer muß ich sauber halten. Und mit dem Gang und der Küche sind's allein zwölf Fenster, die ich putzen muß!" (Als hätte ich das je getan!) " Ich kann es nicht mehr schaffen, bin ganz erschöpft!" Manuel war einsichtig und hängte wieder die Tafel "Wohnung zu vermieten" vors Fenster.
Einige Zeit darauf läutete die Hausglocke. Im Türrahmen stand ein ältliches Wesen mit blassem, bekümmerten Gesicht, in einen grauen Shawl mit Fransen gehüllt, deren Enden sie ängstlich und fröstelnd mit beiden Händen auf der Brust zusammenhielt. Sie sah aus, als wäre sie vor langer Zeit verlorengegangen und aus irgend einer Tiefe wieder aufgetaucht und suchte nun nach einem Unterschlupf. Und wirklich fragte sie: "Sie haben eine Wohnung zu vermieten?" "Ja, darf ich sie Ihnen zeigen?"
In diesem Augenblick kam Manuel die Treppe hinunter und näherte sich zögernd, unangenehm berührt durch die Störung. "Die Dame interessiert sich für unsere Wohnung", stellte ich sie vor. Da kam aber Feuer in Manuel. Wie eine Rakete schoß er auf sie los: "Das ist aber auch nötig! Sie müssen alle Böden putzen, zwölf Fenster und die Treppe in Ordnung halten und am Samstag die Straße vor dem Haus kehren. Meine Frau kann das alles nicht mehr schaffen, sie ist ganz erschöpft."
Ganz verdonnert und stumm zog das Wesen seinen Shawl noch etwas enger um sich und bewegte sich mit erschrockenen Schrittchen rückwärts über die Türschwelle hinaus, als wagte sie nicht, sich umzudrehen und ihren Rücken dem sie bedrängenden Sklavenhalter preiszugeben. Die Haustür zog sie dabei zu. So standen wir wieder allein im Hausgang und fragten uns, ob das ganze ein Spuk gewesen sei.
Lange meldete sich niemand, auch die Räume im Erdgeschoß standen leer. Um sie bewarb sich schließlich ein Flickschuster. Es schien Manuel einigermaßen sinnvoll, daß künftig Hans Sachs "Schuhmacher und Poet dazu" auf zwei Personen verteilt im Hause ihr Handwerk trieben. Der Rhythmus, mit dem der Hammer des Schusters die Nägel

auf die Sohlen klopfte, begleitete nur leise den der Verse, um den oben der Dichter rang. Der "Tapir", von Manuel so genannt wegen seiner etwas plumpen Gestalt und seinem schwerfälligen Gang, war ein friedfertiger Hausgenosse. Aber sein Handwerk brachte offenbar auch nicht viel mehr Geld ein als das des Dichters. Mit der Miete haperte es: "Ich muß einmal wieder hinunter und dafür sorgen." Ich gespannt: "Wie machst Du das?" Manuel: "Oh, ich stelle mich neben das Fenster, hinter dem er klopft, und schaue ihn von der Seite ganz fest an." "Und dann?" Manuel: "Dann zahlt er entweder oder er kratzt sich im Haar." Meistens blieb es bei letzterem.

Inzwischen war auch in die untere Wohnung eine kleine Familie eingezogen, mit zwei Kindern, einem Buben und einem Mädchen. Sie waren im allgemeinen brav und störten Manuel wenig. Aber bald wurde es sichtbar, daß ein drittes im Anzug war, und Manuel seufzte: "Drei sind eine Horde." Er war nie für Bevölkerungsexplosion. Im Winter wurde die arme Frau von einem argen Husten geplagt. Sie tat Manuel leid, wenn der Husten in den Nächten zu uns heraufklang. Und doch meinte er wiederum: "Vielleicht hat es auch sein Gutes, vielleicht "verteilt" sich das dann wieder." Er konnte sich nicht vorstellen, daß ein werdender Säugling diese Erschütterungen aushalten könnte. Aber "es" verteilte sich nicht. Der Hansli wurde ordnungsgemäß geboren und wurde sogar Manuels ausgesprochener Liebling. Sein Vater war seines Zeichens Schreiner und arbeitete in einer Möbelfabrik in Ermatingen. Neben dieser prosaischen Tätigkeit bastelte er daheim in seiner Werkstatt Möbel nach eigener Inspiration. So erinnere ich mich an einen Stuhl, in dessen Sitz die Eidgenossen des Rütlischwurs kunstvoll eingeschnitzt waren. Ich hätte mich gescheut, mich darauf zu setzen.

Einmal bat er mich auch in die Werkstatt, damit ich sein neuestes Wunderwerk beschaue: eine etwas sonderlich verschnörkelte Kommode. "Es ist so etwa der Übergang von der Renaissance ins Biedermeier", belehrte er mich. Ich weiß nicht, was mich gestochen hatte, zu sagen, da käme noch einiges dazwischen. Da wuchs aber der Mann zu seiner ganzen Höhe und erklärte mir sehr von oben herab: "Oh, ich bin ganz im Bilde! Die Antiege kommt dazwischen!"

DER BETTLER

Ich hab Dir eigentlich nur drollige Manuelgeschichten erzählt bisher. Eine sehr ernste steigt mir nun ins Gedächtnis auf.

Es war an einem naßkalten stürmischen Novembertag des Jahres 1918 - vor mehr als 50 Jahren, aber mir so schmerzlich gegenwärtig als wäre es gestern gewesen. Manuel hatte eben durch die Inflation sein ganzes Vermögen verloren, bisher die Grundlage seines freien unabhängigen Schaffens und Lebens. Wir waren nach Zürich gefahren, uns Hilfe zu suchen. Manuel hatte an diesem Tag drei Absagen - eine davon auf kränkendste Weise - erfahren, von reichen Leuten, an die ihn Freunde gewiesen hatten. Nun lief er, aufgerissen von Demütigung, gehetzt von Angst im peitschenden Regen durch die Straßen Zürichs - Angst nicht um sein bißchen Leben, sondern um sein Werk, das er zur Welt bringen sollte - daß es von gemeiner Not und Ängsten erwürgt, erstickt werde - ich immer hinterher, da ich kaum Schritt halten konnte. In einer halbdunklen Gasse sprach ihn ein Bettler um ein Almosen an, was in jenen Jahren nicht selten war. Manuel in wilder Verzweiflung: "Das kann ich Ihnen sagen, ich hab selber nichts." Er schrie es so laut, daß einige Leute in der Nähe stehenblieben, begierig, was es da gebe. - Der andere Mann aber schaute ihm ins Gesicht mit einem Ausdruck, der mir unvergeßlich ist: in maßlosem Staunen - mit einem aufsteigenden Begreifen, daß ihm hier eine Not anders als die seine entgegenblickte - in das sich etwas wie ehrfürchtiges Mitgefühl mischte. So standen sie eine Weile Aug in Auge. Dann gab Manuel dem Bettler wortlos die Hand, die dieser in seltsamer Verwirrung und Bewegung schüttelte.

Jehuda Halevi, An Zion, in: Franz Rosenzweig, Der Mensch und sein Werk - Gesammelte Schriften IV: Sprachdenken im Übersetzen, 1. Band, S. 250-253.

Zion! nicht fragst Du den Deinen nach, die Joch tragen,
Rest Deiner Herden, die doch nach Dir allein fragen?
West Ost und Nordsturm und Süd, - o laß von ihnen den Gruß
Dessen, der fern ist und nah, von ringsher Dir sagen.
Gruß des, den Sehnsucht umstrickt, des Träne wie Hermons Tau;
O sänk' auch sie doch hinab zu Deinen Berghagen.
Wein ich dein Leid, Schakal werd ich; träum ich Dich fronbefreit,
Bin ich die Harfe, zu Deinen Liedern zu schlagen.
Nach Machanajim, nach Bethel, Pniel hindrängt mein Herz,
Und wo die Deinen noch sonst der Gottesschau pflagen.
Hier kam der Höchste zu Dir herab; und der Dich erschuf,
Brach Deine Tore gemäß den Himmelstor-Lagen.
Und Gottes Lichtglanz umstrahlte Dich, - wie konnten da noch
Sonne und Mond und der Sterne Lichter Dir tagen?
Wie könnt die Seel' ich da auszugießen, wo Gottes Geist
Auf Deine Großen sich goß - wie könnt ich wohl zagen.
Königspalast Du, du Gottesthron, wie dürfen des Knechts
Enkel, zu sitzen auf Deiner Herren Thron, wagen.
O trüge dort mich der Fuß, wo Deinen Sendboten Gott,
Deinen Propheten er Antwort gab auf ihr Fragen.
O hätt ich Flügel, wie wollt ich, mein zerrissenes Herz
In Deinen Rissen zu bergen, hin zu Dir jagen.
Aufs Antlitz sänk ich, auf Deinen Boden, und Dein Gestein
Herzt ich, und liebkoste Deinen Staub mit Wehklagen;
Und stünde dann vor der Ahnen Grüften durchschüttert ganz,
In Hebron vor Deinen stolzesten Sarkophagen,
Durchstrich' dein Waldland, die Traubengärten, und stünd im Süd
Vor Deinen Randbergen, neu erschüttert voll Zagen,
Hor und Abarim, wo sie, Dein großes Doppelgestirn,

Deine zwei Leuchter und Lehrer einst im Tod lagen.
Leben der Seele o Deine Luft! Gewürzduft vor Myrrh'n
Duftet dein Staub, Honig träuft der Welle Anschlagen.
Barfuß und bloß durch die Trümmerwüsten wandern, die einst
Dein Tempel waren - wo gäbs gleich köstlich Behagen.
Dort wo gewohnt Deine Cherubim im innersten Raum,
Dort wo geruht, der entschwand, des Heiligtums Schragen.
Ich schere, werfe des Haupts Schmuck hin; mein Fluch mag die Zeit,
Die Hauptsgeweihte in unrein Land stieß, anklagen.
Wie schmeckte Speise und Trank mir wohl, zur Stund' da ich seh
Hundegezücht Deine Löwen zerren und plagen.
Oder wie wär meinen Augen noch des Tags Leuchten süß,
Muß sehn ich Raben an Deiner Aare Fleisch nagen.
Becher der Leiden, o laß! ein wenig Ruh! denn schon lang
Ist Deines Gifts schwer mein Herz, voll Galle mein Magen.
Vom Schaum zur Hefe ausleer ich Dich, wenn Schomrons ich schau
Und Salems Los im Gewand prophetischer Sagen.
Zion, du Prachtreif, von Huld und Liebe seit je umkragt,
Sieh Deine Treuen mit Dir wie Wall sich umkragen.
Die hell mitjubeln dein Wohlergehn, und tragen den Gram
Deiner Verwüstung, und weinen Deines Ends Plagen;
Hinfalln sie, wo's sei, dorthin gewandt, wo Dein Tor sich hob,
Und fliehn aus Kerkern zu Dir auf Sehnsuchttraums Wagen;
Schar Deiner Herden, vertriebne, irrnd von Bergen zu Tal,
Doch nie vergaß sie der Zeit in Deinen Verschlagen;
Die Deinen Schleppsaum erfassen, die sich schwängen wie gern
Auf Deine Palmbäume, in des Astgezweigs Tragen.
Euphrat- und Nilland - wie klein vor Dir mit all ihrer Pracht!
Wind ward ihr Wissen, wenn Dein Recht, Dein Licht weissagen.
Wo fand dein König, dein Seher, wo dein Priester und wo
Dein Sänger, wo fand er rings noch Sippen, noch Magen?
Wechsel und Wandel umdroht jedwedes heidnische Reich;
Dein Schatz besteht, Deine Kronen ewig-jung ragen.
Dich gehrt zur Wohnstatt er selbst, Dein Gott - und selig der Mensch,

Der nah ihm ruhn darf auf Deiner Höfe Steinlagen.
Selig, wer harrt, und erlebts, und schaut, wie aufgeht dein Licht,
Des Strahlgeschosse die nächtgen Schatten durchschlagen,
Deine Erwählten zu schaun im Glück, zu jubeln mit Dir,
Die neu du jugendlich prangst wie einst in Urtagen.

Jehuda Halevi, Gruß an Zion, in: Seligmann Heller, Die echten hebräischen Melodien, Übersetzungen, aus dem Nachlaß herausgegeben von David Kaufmann, Trier 1893, S. 144f..

Denkst, Zion, du der armen Kinder nicht,
Des kargen Rest's, der nur von Zion spricht?
Von Ost, West, Nord und Süd, von überall
Wie drängen sich die Sehnsuchtsgrüße dicht!
Mein Gruß auch, Thränen, reich, wie Hermons Thann -
O weint' ich sie in deiner Berge Sicht!
Mich Schakal deines Leids macht Hoffnungstraum
Zur Harf' in ew'gem Jubelfestgedicht.
Wie seufz' ich, anzusehen jeden Ort,
Wo deinen Reinen ward ein Gottgesicht!
Dort war er nahe dir, der Gnadenthron,
Dein Thor dem Himmelsthor im Angesicht.
Und Stern' und Sonn' und Mond - was waren sie,
Da Gott allein dir Licht und Zuversicht?
Die Seel' ergöß' ich, wo sich Gottes Geist
Ergoß auf die Erwählten groß und schlicht.
Du Königssitz, du Gottesburg, und wiegt
In deinem Herrscherstuhl sich jetzt ein Wicht?
O schweift' ich dort, wo einst von Sehern klang
Der Gottes-Offenbarungen Bericht!
Zu deiner Berge Klüften flög' ich hin,
Mit einem Herzen, das, zerklüftet, bricht.

Den Boden küßt' ich, herzte jeden Stein,
Drückt' in den Staub mein glühend Angesicht.
Und übt' ich auf der Väter Grüften erst,
Auf Hebrons Gräbern fromm der Andacht Pflicht,
Den Wald durchzög' ich, Karmel, Abarim,
Verklärt von der Erinn'rung Zauberlicht.
Hor, Abarim - wo einst das Lichterpaar,
Wo ihr, ihr theuern Lehrer, ach, erblicht.
O, Leben ist die Luft, die dich umwallt,
Die Ströme Seim, Gewürz des Staubes Schicht!
Barfuß auf deinen Trümmern wallt' ich gern,
Da Tempelschimmer aus den Trümmern bricht,
Wo Cherubin im Allerheiligsten,
Die Lade, die zum Heil uns jetzt gebricht.
Fort, Glanz! und Fluch dir, Zeit, stets zu entweihn
Geweihtes in der Fremde Land erpicht!
Seh ich von Hunden deine Leu'n geschleift,
O wie es tief mir in die Seele sticht!
Und hacken Raben deine Adler todt,
Auf Speis' und Trank und Sein thu ich Verzicht.
Genug, du Leidenskelch, du Bitternis,
Die ihr ins Mark mit Gallengift mir schlicht.
Denk' Ohlahs ich und Ohlibahs, dann ist
Vollendet meines Elends Unterricht!
Du, schönes Zion, knüpfst der Liebe Band.
Das deine Leidgenossen all' umflicht.
Sie freut dein Glück, und sie durchzuckt der Schmerz,
Wenn deine letzte Kraft zusammenbricht.
Gefangen, bücken sie voll Sehnsucht sich
Vorm Osten, wo einst stand dein Tempel licht.
Ihr Heerden, nie vergaßt die Hürd' ihr doch,
Wie ihr zerstreut die Berge rings durchstricht.
Sie fassen deinen Saum, sie streben hin,
Wo in den Aether deine Palme sticht.

Was hätten Nil und Euphrat Großes auch?
Wäs hätt' ihr Wahn, das Urim's Kraft entspricht?
Gesalbte, Dichter, Priester und Prophet -
Was hätte neben diesen noch Gewicht?
O deine Kronen wahren ew'gen Glanz,
Wenn über Götzen flammt einst das Gericht.
Nach dir sehnt sich selbst Gott - Heil Menschen, euch,
Die nimmer ihr aus Zions Nähe wicht.
Heil ihm, der noch erharrt, erlebt die Zeit,
Wo sich durch Nacht dein Morgen strahlend ficht;
Wenn die Erles'nen jauchzen auf vor Lust,
Der Jugend Goldkranz dir ins Haar sich flicht.

Clara von Bodman, Manuels Stöcke.

Manuels Freundschaft mit Dingen, fast eine Freundschaft auf Leben und Tod, war einmalig, bis hinunter zu den kleinsten Geräten des täglichen Lebens. Ein Verlust etwa der täglichen Frühstückstasse oder des blauen Waschkrugs, die durch meine Unachtsamkeit zerbrachen, schien unersetzlich. So ist es nicht verwunderlich, daß ein tief persönliches Verhältnis ihn mit seinen verschiedenen Stöcken verband, den treuen Begleitern nicht nur seiner weiten Wanderwege über die geliebte Erde, sondern auf geheimnisvolle Weise auch der innern Wege.
Dies traf vor allem zu auf den Stock, der den ersten Rang unter all seinen Stöcken hatte. Er hieß "der Kanzler", denn er hatte die Funktion des Ratgebers. Mit ihm besprach er alle tiefinnersten Lebensfragen. Er personifizierte gleichsam seine eigene innere Stimme.
Als einziger hatte er seinen Platz im Arbeitszimmer, in der Ecke bei der Türe, wo er noch heute steht wie ein Wächter. Hab Dank, lieber Kanzler, daß Du Manuel treu durch alle Kämpfe und Wandlungen, auch durch alle Irrungen geleitet hast. Wie alle Dinge, die Manuel für sich mit Bedacht auswählte, ist er bei äußerster Schlichtheit von einer unbestimmbaren Feinheit und Erlesenheit der Form - ein schlanker Weichselstock mit einer schmalen, geraden Krücke, die genau in Manuels schlanke Hand paßte. Seine Oberfläche weist wie alles Gewachsene feine Unebenheiten und Kerben auf, das Weichselholz strömt noch heute einen aromatischen Duft aus. Wie oft in den Entscheidungen, die ich später für Manuels Werk zu treffen hatte, nahm ich selbst Dich, lieber Kanzler, zur Hand, um Deine innere Stimme zu erlauschen.
Ein zweiter Stock von etwas geringerem Rang, auch aus Weichselholz, etwas derber mit gebogener Krücke, hieß der "Feldmarschall". Ihn zog Manuel zu Rate in allen mehr äußern, praktischen Fragen des Lebens. Er hatte seinen Platz im Vorraum zu seinem Schlafzimmer bei den drei Stöcken zu gewöhnlichem Gebrauch aus

hellem Holz. Ich glaube, wenn ich darauf geachtet hätte, hätte ich die Bedeutung eines Gangs genau nach der Wahl des Stockes ermessen können.

Eine besondere Funktion hatte der sogenannte "Ochsenziemer". Er birgt in seinem Innern einen leibhaftigen Ochsenschwanz und gilt als gefährliche Waffe. Er begleitete Manuel darum auf einsamen nächtlichen Wegen. "Mit dem schlag ich jeden tot, der mir zu nah tritt", sagte Manuel in einem Ton, als gehörte das zu seinen beliebten Gewohnheiten.

Ich fragte mich damals oft, ob er Manuel in der Gefahr wirklich beschützt hätte. Aber Manuel war immerhin ein gewandter Florettfechter - ein Sport, den er hoch schätzte, und so bin ich versucht, auch sein Florett in der Reihe der Stöcke zu erwähnen, ist ja doch auch der Stock in der Hand des Mannes ebensosehr Waffe als Stütze.

Daß auch dieser Waffe eine geistige Bedeutung zukam - als Waffe in seinen geistigen Kämpfen, möchte ich daraus schließen, daß das schlanke, edle Gerät seinen Platz im Arbeitszimmer, dicht neben seinem Arbeitstisch hatte, wo es noch heute hängt.

Nun hätte ich beinah den "Herrn Baron" vergessen: So hieß ein eleganter Stock mit Elfenbeinkrücke. Ich hab ihn fast etwas übereilt Karl Preisendanz geschenkt. Nun fehlt er mir eigentlich in der Gemeinschaft der Stöcke. Ihn nahm Manuel zur Hand, wenn er sich "schön machte". Er gehört sozusagen zum weißen Anzug und der blauen Krawatte mit den weißen Tupfen. Er begleitete ihn zu einem offiziellen Besuch oder, wenn er das Abendkonzert im Konstanzer Stadtgarten besuchte.

Was für eine vergangene Zeit, da man, dankbar für die Musik einer mäßigen Musik-Kapelle, auf den verschlungenen Wegen des Stadtgartens schlenderte und den oder jenen der Bekannten begrüßte.

Manuel liebte diese Konzerte, weil sie ihn an seine Jugendzeit erinnerten, als er sie mit seinem Jugendfreund Karlmax Württemberger besuchte und herzklopfend im Vorübergehen einen Blick Flo-

ras zu erhaschen versuchte. So hätte auch der Herr Baron, wenn er noch da wäre, seine Geschichte zu erzählen.
Im Arbeitszimmer neben dem Kanzler steht Manuels Pickel, auch er gewißermaßen ein Stock. Manuel nahm ihn jedes Jahr mit in die Berge, obschon er ihn ja nur bei den höchsten Bergbesteigungen nötig hatte, um Stufen ins Eis zu schlagen. Seinen Ehrenplatz neben dem Kanzler verdankt auch er einer symbolischen Bedeutung, wie sie eins seiner frühesten Berggedichte ausdrückt:

Der Bergsteiger

Der Morgen graut, der Ostwind braust
Und läßt die Wolken treiben.
Mein Pickel wächst in meiner Faust.
Wem vor den Höhn und Tiefen graust,
Der mag im Tale bleiben.

Doch die wie ich vom Steigen heiß
Sehnsucht nach Äther haben,
Hut ab vor euch, beperlt mit Schweiß,
Will ich uns hier im ewigen Eis
Eine neue Stufe graben.

Clara von Bodman, Aus lang vergangener Zeit.

Nun kommt mich heut die Lust an, Dir einmal vom kleinen Fischäuglein zu erzählen und aus dieser Zeit, die so weit vergangen ist. Wir wohnten damals an der Konkordiastraße - tönt das nicht wie ewiger Friede? Es war aber an der Konkordiastraße, wo ich das erste Automobil vorbeirasen sah, und mir war schon damals, als wäre damit der ewige Friede gestört. Es kamen dann noch andere, denen wir atemlos nachrannten. Und es kam zwischen Kindern ein Spiel auf: vier von uns mußten als die vier Räder der Autos wahnsinnig rennen und hupen. "Und was kann dann ich tun?" fragte ich als fünftes Kind betrübt. "Hintendrein rennen und stinken" wurde ich angewiesen. Denn die Abgase jener ersten Autos wurden offenbar damals noch deutlich wahrgenommen. Wenn aber die Autos an der Konkordiastraße noch eine aufregende Seltenheit waren, so waren die Pferde vor ihren Wagen und Droschken um so vertrauter. Es war ein Spiel von uns, die Schimmel zu zählen, denen wir auf dem Schulweg begegneten , und wenn man es auf hundert brachte, bedeutete das Glück. Wer wollte heute hundert Schimmel zählen! Wenn Roß und Wagen vor dem Bäckerladen hielten, konnte man das Roß tätscheln, ihm gar einen Zucker geben, den die Afra spendete. Nur kam man dann nicht nur den Rossen nah, sondern auch den Wagenrädern. Das ergab die strafbaren Flecken von "Karrensalbe". Wenn man Glück hatte, brachte Afra sie durch einen Guß aus einem besonderen Fläschchen zum Verschwinden, bevor die höhere Obrigkeit, die Mutter, sie auf dem Schürzlein entdeckte. Sie, Afra, war schon damals der gute Geist in allen großen und kleinen Nöten - sie auch die Fürsprecherin bei Tönele, die eine lebenslange Freundschaft mit ihm begründete.

Ich war immer erstaunt, wenn ich in späteren Jahren die Konkordiastraße betrat, sie so kurz zu finden, denn damals umfaßte sie so verschiedene Welten. Aus einem der Häuser, die alle leidlich große Vorgärten hatten, tönten an einem bestimmten Wochentag seltsame Gesänge, bei denen mich ein kühler Schauer anwehte. Das waren die Methodisten - ein schwieriges Wort, aber voller Geheimnisse. Ein paar Häuser weiter klangen an einem anderen Wochentag Gesänge anderer Art, aber doch nicht so ganz verschieden. "Das sind die Juden", flüsterten die Kinder. Ich fragte Mama, wer die wären. "Lüüt wie mir" (Leute wie wir), war die Antwort.

Die Konkordiastraße hatte aber noch ein Hintergäßlein. Dort wohnte der Küfer Schweikart. Seine Werkstatt hatte die Anziehungskraft des Halbverbotenen, denn die Schweikartbuben führten eine etwas andere Sprache, als sie bei uns üblich war, und mein Bruder Paul, der immer zum Kräftigen neigte, wiederholte diese Redewendungen mit Wonne. Nie hätte mein älterer Bruder Walti ein solches Wort in den Mund genommen - er neigte von jeher zum Feinen und Eleganten. Ich glaube, ich habe Dir noch nicht viel von ihm erzählt - vielleicht, weil ich die zarte Fürsorge dieses Beschützers meiner Jugend und seinen frühen Tod nie ganz verwunden habe. Er trat aber nicht nur von je und je für mich ein, auf die Gefahr, die Schläge zu bekommen, die mir zugedacht waren - auch für den rauhen Bruder Paul wehrte er sich ritterlich, wenn Mama einmal wieder über seine "Ruchheit" klagte. Da meinte er dann: "Ihr hättet ihn halt nicht sollen bei Herrn Pfarrer Grob taufen lassen. Ich bin halt bei Herrn Pfarrer Schönholzer getauft."

Aber auch der ruche Paul war nicht ohne Ritterlichkeit. Es wurde mir erst später berichtet, wie er, vom Kindergarten heimkommend, das ihm längst versprochene und eben geborene Schwesterlein in seinem Bettlein fand und es soviel kleiner und hilfloser fand, als er sich's gedacht hatte, war sein Spruch: "Will i denn scho Chineli über die Däck täge" (Will ich schon das Kindlein über den Dreck tragen), da er sich nicht vorstellen konnte, wie es allein über die noch keineswegs asphaltierte Straße gelangen konnte. Aber nicht nur der Asphalt war noch in weiter Ferne, auch solche Wunder wie ein Wasserhahnen in der Küche, aus dem sprudelndes Wasser floß, waren noch erst ein Traum. Meine Brüder holten das Wasser in hölzernen "Tansen" auf dem Rücken vom nahen Brunnen und schütteten es in die kupfernen Gelten in der Küche. Als aber der Traum sich erfüllen sollte, die Wasserleitung ins Haus gestoßen wurde, war das ländliche Gemüt meines Vaters für lange erschüttert und verstört. Er sah nur noch Überschwemmung und Sintflut voraus, ja, er begann zu nachtwandeln. Als Mama ihn dabei traf, aufstand, um ihn sanft zu seiner Lagerstatt zurückzuführen, antwortete er auf ihre Frage: "Was häscht denn, Bape?" stöhnend: "I ha e Wasserleitig ganz im Dunkle" - ein Ausspruch, mit dem wir ihn lebenslang neckten. Afra aber meinte gleichmütig: "Jetzt hat er no kaum a Wässerle g'seh und will scho versaufe." Sie gehörte zur Familie und durfte sich eine solche Sprache erlauben. Als aber gar die Gasleitung an die Reihe kam, sah Papa nur Feuersbrunst und Explosionen voraus. Es kam dann noch die Elektrizität, und so rutschten wir langsam in die Neuzeit hinein, wenn auch mit etwas Verspätung.

Aber ach, was war das für ein reiches Leben, für ein reiches Netz von menschlichen Beziehungen. Ich wundere mich nur, wie die Eltern, besonders meine Mutter, das machten, daß sie für jeden Zeit und Anteilnahme fanden, der da an der messingenen Klingel zog. Ob es nun die Gemüsefrau aus Mörschwil war oder der Herr Gretler, der Hüppen feil hatte, oder die Restensusann, die Stoffresten verkaufte, jeder bekam einen Kaffee oder ein Glas Most und Trost, wenn's nötig war. Des letzteren bedurfte vor allem das Sandfräuli, das den Sand für den Boden brachte, ein altes verhutzeltes, kummervolles Weiblein mit einem kleinen, gelben Hund, von dem es sagte: "Wenn i das Hündli nicht hett, hett i kei Mensch meh." Ich seh sie noch deutlich vor mir, auf dem Schemel in der Küche kauernd, ihren Kaffee schlürfend.

Und da war vor allem "der Bettler" - es war einfach "der Bettler", denn einer war immer da um die Mittagszeit und merkwürdigerweise nie mehr als einer. Das mußten sie unter sich ausgemacht haben, durch Zeichen an der Haustür vermerkt, wie es unter dieser Zunft üblich ist. Kann einem denn heute das Essen noch schmecken, wenn kein Armer es mit uns teilt? So ist es mir verständlich, daß im jüdischen Städtel der Schabbatabend nicht voll war, wenn kein Armer zu Gast war, ja daß sie sich miteinander stritten um die, welche sich an der Tür der Synagoge aufstellten, um mitgenommen zu werden, wie Buber erzählt. - Sie sind ausgestorben bei uns, die Bettler, die damals um ein Mittagsbrot baten. Der Bettler aß in dem schmalen Gang, in dem kein Tisch Platz hatte, stehend an einem brusthohen Kästlein, und weil es Mama so beelendete, daß der Bettler stehen mußte, wünschte sie sich zu Weihnachten einen Klapptisch für den Bettler, an den dann ein Stuhl gerückt wurde. Mama gab aber jedem ein freundliches Wort mit auf den Weg, erkundigte sich nach seinem Vorhaben, nach seiner Frau "und kommt nur wieder, wenn Ihr da vorbeikommt". Es waren durchaus nicht immer Landstreicher, sondern meist ehrsame, wandernde Handwerksburschen - aber auch mit den Landstreichern nahm man es nicht so genau, sie gehörten doch auch dazu.

Ich hatte ein ganz besonderes Verhältnis zum Bettler. Denn da ich nie fertig wurde mit meinem gehäuften Teller - besonders das Fleisch blieb mir einfach im Halse stecken - hieß es dann, wenn alle fertig waren und mein Teller noch voll: "Hinaus mit Dir, iß Deine Suppe beim Bettler!" Mir war das mehr als recht, denn ich wußte schon, daß der Bettler, auch wenn er schon satt war, auch meinen Teller noch aufaß, sobald er die Sachlage begriffen hatte. Wenn es aber ganz schlimm war mit meiner Eßfaulheit, mußte ich als besondere Strafe und Demütigung mit dem Latz und dem Teller die ganze Konkordiastraße vor- und zurücklaufen und Bruder Paul mit der Trommel voran. Das artete dann zu einem wahren Fest aus, denn alle Kinder der Konkordiastraße schloßen sich dem Züglein an, es war wie ein Fasnachtsumzug, und ich fühlte mich als Hauptperson der Lustbarkeit. Hie und da wurde ich auch zu Afra in die Küche hinausgeschickt, um dort meine Mahlzeit zu beenden. Auch das schuf mir keinen Kummer, denn, während die Gute mir von Tönele und Franz von Assisi und der heiligen Clara erzählte, ging es ganz wie von selbst mit dem Essen.

Aber auch Mama war eine große Erzählerin. Von ihr hörte ich in jenen frühen Tagen nicht von den Heiligen, sondern aus der biblischen Geschichte. Wenn Du mir nun manchmal von Abraham erzählst, ist es mir, als hörte ich ihre Stimme mit. Jakobs Himmelsleiter stand leibhaft vor uns, und wenn ich zurückdenke, wie sie mir von Jesaias Vision im Tempel erzählte, ist mir wiederum, als sähe ich die Glorie in aller Herrlichkeit. Einmal trat sie an mein Bettlein, weil ich im Traum so schmerzlich geseufzt und gejammert hatte, und auf ihre Frage nach meinem Kummer sagte ich: "Weil der Joseph so ganz allein ist in der Grube." Sie erlaubte aber auch, daß ich Afra zu ihrem Gottesdienst in der Klosterkirche begleitete, ja ein paarmal durfte ich auf unser beider Wunsch mit ihr in die Frühmesse vor Tagesanbruch, die sie jeden Morgen vor ihrem strengen Tagwerk besuchte. Es war von einem Gefühl der Erwählung begleitet, wenn sie mich leise weckte, und ich mich ganz still, ohne die schlafenden Brüder zu wecken, im Halbdunkel anzog und ihr folgte. Einmal, im geheimnisvollen Dämmer des Doms, fragte ich sie, ob wir nicht auch dort hinter das vergoldete Gitter treten dürften, - "Nein", sagte sie, "dort ist das Allerheiligste" - in einem Ton von so unbenennbarer Ehrfurcht, daß es mich durchschauerte - und mich noch heute durchschauert, wenn ich den Klang ihrer Stimme bei diesen Worten wieder im Ohr habe. Hab Dank, liebe Afra, für alles, womit Du meine kleine Seele nährtest, aus der Einfalt Deiner frommen Seele heraus. Später, als die Gute alt und gebrechlich wurde und den Haushalt nicht mehr allein bewältigen konnte, wurden zu ihrer Unterstützung und später auch zu ihrer Pflege ihre verschiedenen Nichten aus ihrem schwäbischen Heimatdorf Neufra geholt, der Reihe nach Laura, die Walpurgis und zuletzt die Marie, die sie überlebte und noch meine Mutter in ihrer Todeskrankheit pflegte. Diese Nichten waren nicht mehr ganz so strenger Lebensart, von täglicher Frühmesse keine Rede. Einmal sagte Marie kopfschüttelnd: "Daß auch die Afra immer noch so büßen muß! Das ist jetzt doch schon lang her seit dem Aferle." Erst da erfuhren wir von dem ledigen Kind der Afra, dem Aferle, das früh verstarb. Und da wurde uns auch verständlich, warum sie es so ungern sah, wenn heranwachsendes Volk beiderlei Geschlechts abends an Straßenecken beisammenstand. "Ma solls s'Fuier und s'Strauh (Feuer und Stroh) net zamme bringe", sagte sie kummervoll. Mit ihrem Heimatdorf Neufra war ich verwachsen, obschon ich nie dort war. Denn dorther brachte sie von ihren jährlichen Ferien Lebkuchenherzen, Hagebuttenhonig und etwa ein Kettlein für mich und allerhand Geschichten vom Erntefest oder etwa einer Hochzeit oder Taufe mit, die sie erlebt hatte. Alle diese Berichte schlossen: "Und noche habe mer no de Grossi Gott g'sunge" (Das Lied: "Großer Gott, wir loben Dich").

Aber welches St. Galler Kind könnte im Gedanken an seine Jugendzeit jenes Höhepunktes jeden Jahres vergessen: des St. Galler Kinderfestes - noch heute berühmt - des sommerlichen Festes, so wie Weihnachten das winterliche, mit allem Drum und Dran, was vorausging, so die Girlandeneinladung. Je zwölf Mädchen trugen am Kinderfestumzug eine Girlande an rosa Schleifen. Die Mutter des Kindes, die die Mühe des Flechtens der Girlande auf sich nahm, was meine Mutter fast jedes Jahr tat, lud die Kinder feierlich zur Girlandeneinladung ein. Da ging's dann am frühen Nachmittag in den Wald, um unter viel Schabernack das Immergrün zu sammeln, jedes Kind mit einem Korb. Zu Hause gab's dann Schokolade und Schlagrahm. Dann wurde das Immergrün in eine große Waschzinne geschüttet, um die herum wir Kinder kauerten, Mama in unsrer Mitte mit einem Waschseil, um das sie die Sträußchen wand, zu denen wir das Immergrün bündelten und ihr abwechselnd reichten. Und was für Geschichten wußte Mama derweil zu erzählen! Andere Vorbereitungen galten der eigenen kleinen Person. Das Feströcklein wurde verlängert, oder es gab ein neues. Das ärmste St. Galler Kind trägt an diesem Tag ein weißes Kleid mit St. Galler Stickerei, denn wohlhabendere Mütter kleideten gleich ein paar Kinder ein. Wie wurde da von den Großen der Barometer geklopft, ob das Wetter

Clara von Bodman im Stickkleidchen mit den Brüdern Walter und Paul

gut bliebe und das Fest nicht verschoben werden müsse. Wir aber richteten die sehnsüchtigen Blicke nach dem St. Laurenzenturm, wo die Fahne flatterte und verkündete, daß morgen Kinderfest sei und bald auch Böllerschüße es bestätigten.
In der Konkordiastraße stand jung und alt auf der Straße und jubelte der Fahne zu. Und erst der Festmorgen, wenn das Feströcklein mit der rosa Schärpe wirklich angezogen wurde! Du siehst mich da vorn auf dem Bild mit dem Blumenkörbchen und zwei Buben von der Konkordiastraße, sie auch in ihrem Feststaat. Dann verschwimmt alles in meiner Erinnerung in Jubel und Glanz. Der Umzug durch alle Straßen und den Rosenberg hinauf, die Menschen, die uns vom Straßenrand und aus allen Fenstern zujubelten, der Kinderfestplatz, vom lichtflimmernden blauen Himmel überwölbt, den ich glaubte, mit meinen kleinen Armen umfassen zu können, die fröhlichen rotweiß gestreiften Zelte, in denen wir den ganzen Tag spielen und tanzen durften, bis wir am Abend glücksmüde mit zerknittertem Feströcklein heimwärts wanderten.
Und dennoch gab es nach diesem Höhepunkt eine Seligkeit im Jahr meiner Kindheit - nicht in einen Tag zusammengedrängt, sondern über Wochen hingebreitet in einer Dauer des Glücks, gegen die der Ablauf des Jahrhunderts zu einem Nichts zusammenschrumpft. Ja, nur ein Paradies kann ich es nennen, das breite behäbige Bauernhaus im Toggenburg, in dem wir alljährlich die Sommerferien verlebten wie im Traum - mit seinem tiefschirmenden Dach, den blitzenden Reihen kleiner Fensterlein überquellend von Blumen, dem Brunnen vor dem Tor, der rauschenden Thur, die unter der Wiese dahinströmte - der Schaukel in der Scheune, die uns himmelhoch trug - dem Heuboden, in dem wir wie in ein Meer von Duft versanken. Und alles vergoldet von der überströmenden Güte unsrer alten Ferienmutter, der Bäurin und Herrin all der Herrlichkeit. Meine eigene Mutter war damals schon nicht mehr so gut zu Fuß. Damit sie uns doch oft auf unseren Wanderungen begleiten konnte, zimmerte ihr Papa schon am Rand des nächsten Waldes ein Bänklein, sogar mit Lehne und Fußschemel, darauf sie eine Weile ruhen könne

- ein zweites auf dem nächsten Hügel und ein drittes schon ganz nah der ersten Sennhütte, wo wir Kinder uns mit den Geißen und Böcklein tummelten und dann uns in der kühlen, wie eine Grotte in den Berg hineingebauten Hütte an der frischen Milch erlabten. Ich erinnere mich noch, wie der Senn von den fülligen Formen meiner Mutter keinen Blick zu wenden vermochte und dann, zu Papa gewendet, stockend die erstaunlichen Worte hervorbrachte: "Ihr hend do e schöns Wib - ase schö g'fleischt wie'n Schof" ("Ihr habt da ein schönes Weib, so schön fleischig wie ein Schaf"). So etwas sah er nicht alle Tage in seiner Bergeinsamkeit, und eineweg waren ihm seine wohlgenährten Tiere das Maß aller Schönheit.
Nach dem Tod der guten Ferienmutter mußte Papa sich nach einem andern Ferienidyll umschauen und fand es in Tschirtschen, einem Bergdörflein in Graubünden. Hier in der bergigen Gegend mit den steilen Hängen war es doppelt schwer, Mama an unsern Wanderfreuden teilnehmen zu lassen. Aber Papa wußte auch hier Rat. Als wir einen Ausflug über die Ochsenalp nach Arosa planten, mietete er einen Planenwagen, und da kein Roß aufzutreiben war, wurde eine Kuh davor gespannt. Auf den Wagen wurde ein Stuhl gestellt, darauf saß die Mama mit einem Kapotthütchen und aufgespanntem Sonnenschirm, von uns Kindern umtanzt und umjubelt. So fuhren wir in das schon damals elegante Arosa ein und nahmen das Mittagessen im Hotel Kulm, vor dessen Tür ein so seltsames Fahrzeug wohl noch kaum je gestanden hatte.

Elazar Benyoëtz, Eingeholt, vgl. Anm. 85.

EINGEHOLT

I

Die Sprache, sich selbst
durchs Wort
suchend

Silbengestöber,
Wortgewurzel

Sprachtrunkenheit:
Nifelheimweh
Verschwindsucht

Worte waren zu ergründen
Dich
ersteigen
mir gegeben
abgeleiert aufgeleitert
Deine Mannschaft mein Verheer
Vater unser
unsereins
im Zwielicht
derer

Ein Wortreich, in Sprache versunken

II

Heiliggesprochene Worte

Ein neues Gehör,
aus altem Sprachgut;
ein leichtes Wort,
nur mit Kunde behaftet,
nach altem Brauch

Zwei Silben,
wortfest gemacht

Das Wort wie Brot brechen

Ein Tropfen Schweigen
in einem kristallklaren Wort,
diesseitsdicht

In Bitterfarben
Dein Wort abwartend
wenn Abwasser dürstend
steigen hinauf
verlangt mich mein Grabbi nach dir

Immer wieder zum Schweigen gebracht,
immer wieder zum Wort geworden

III

Sechs Tage der Schöpfung
vollbracht
sieben der Trauer
vollendet
Wenn das Gewächs
in seinem Aufriss
das Gehäus
in seinem Aufbruch
das Getier in seinem Aufschrei
das Gefisch im Wassergewühr
Wenn abschwörend das Geschöpf aufschreckt
sich zum Urschlund empört der abwortend sich auftut
dann (sagt Achilles) habe ich dich eingeholt

Jede Zeit hat ihre Verspätung

Zeitlos, lieblos

Des Aufhebens zu leicht,
wünscht sich das Wort,
wieder fallengelassen
zu
wer-
den

ICH MUSS IM ANFANG WOHNEN

Emanuel von Bodman, Texte aus den Tagebüchern 1897-1946, in : E.v.B., GW 3.

Der große Künstler schaut die Struktur und das Ornament, der kleinere sieht nur Impressionen.

Der Dichter ist ein Mensch voller Ansätze, die er in seiner Kunst entwickelt. Lebt er sie aus, schafft er sie nicht mehr.

Selbstbespiegelung ist eitel, Selbstschau ein Akt der Weihe.

Das innere und das äußere Ich

Stopf'ich mein äußres Ich
Versäume ich ja mich.
Heiz'ich mein innres ein,
Dann freut mich auch mein Schein.

Um der lebendigen Bewegung willen bauen wir an uns weiter. Daß unsre Seele dadurch immer vollkommener wird, ist nicht gesagt. Unsre Augenblicke höchster Vollkommenheit sind über unser ganzes Leben hingestreut: von unsrer Kindheit bis zum höchsten Alter.

Der Erzähler darf niemals Moral predigen oder moralische Erzählungen schreiben, wenn er nicht aus dem Kreis der Künstler ausscheiden will. Aber es ist nicht gleichgültig, ob er selber eine reife und sittlich hochstehende Persönlichkeit ist oder nicht. Der Leser ahnt es einmal irgendwie wie eine Frau, die das wahre Wesen eines Mannes hinter seiner vielleicht widersprüchlichen Außenseite gewahr wird. Der Leser will sich im Erzähler gesichert, beruhigt fühlen. Dann kann er alles, aber auch alles erzählen.

Je einfacher das der Dichter sagt, was er betont wissen will, und je weniger er's unterstreicht, umso stärker wirkt es, gleichsam aus dem Verborgenen heraus, das in den Tag strahlt.

Beim Künstler kann man geradezu bisweilen von einem Kampf gegen das Glück sprechen. Ich suche oft im Glück die Schmerzen heraus.

Ich gehöre in vergeistigtem Sinn eigentlich zu den Seiltänzern, Zirkusreitern, die ihr Leben fortwährend aufs Spiel setzen. Wenn ich nur Zirkusmusik höre, bin ich in meinem Element.

Wirklicher Geist ist vergeistigter Mut.

Es gibt einen Haß des Guten und eine Gehäßigkeit des Erbärmlichen. Zur Liebe gehört Mut.

Das ist, was den Künstler, der bald mitten im Leben, bald jenseits steht, am meisten schädigt: der Verkehr mit Menschen, die nur im Leben stehen.

Wer die Vergänglichkeit nicht liebt, hat die Schönheit des Lebens nicht begriffen.

Wir Dichter sind Wegweiser, keine Vorbilder.

Mein Weg

Kein andrer auf der Welt,
Kein König, Priester, Held
Weiß, wie ich wandern muß -
Still ahnt's im Gehn mein Fuß.

Unter den "Bürgern" litt ich von je die größten Qualen der Vereinsamung, wo immer ich unter ihnen war. Die Industriellen fangen an, ein neues Patriziertum zu bilden. Es ist mir aber noch zu jung und noch zu bürgerlich, als daß ich mich darin wohlfühlen könnte. Unser Adel hat selten Geisteskultur. Man gehört zu ihm, aber eine Kluft ist zumeist doch da.

Leute, die gegen die Sozialdemokratie schimpfen, die einzige wertvolle politische Bewegung unserer Tage, weil sie für Individuen Bahn frei macht (was kümmern uns ihre Utopien von Gleichheit etc.) - diese Leute, fand ich, schimpfen meist aus Angst um ihr äußeres Hab und Gut. Wenn durch die soziale Bewegung das Niveau erhöht wird, hat die "Tragik" im Menschenleben keine so rohe Form mehr wie jetzt. Bleiben wird sie natürlich. (1906)

Wenn einer sein Kreuz nicht tragen will, muß er sich selber tragen, und es ist die Frage, was schwerer ist.

Traum. Ich sah den Bodensee und ringsum eine Berglandschaft in rosiger Morgenbeleuchtung; alles wunderbar rein in zarten blauen, rosigen Farben, noch wenig Gold: die Sonne war noch nicht sichtbar. Jemand fragte mich, warum ich da wohne. Ich gab zur Antwort: "Ich muß im Anfang wohnen."

Elazar Benyoëtz, Wie es geschrieben steht, vgl. Anm. 100.

Wie es geschrieben steht

Dem Andenken an Max Rychner

I

Er kommt zu deinem Traum
schließt auf deinen Traum
Grab deines Traums
schließt auf deinen Traum:
keiner schläft in all jenen Stunden
beschlossen im Gold
deines Traums vom Grab.
Wird Liebe zählen -
tausend für eine:
die Tode aus Gold
die aus Elfenbein.

II

Des Todes Stunde.
Von tausend eine fandest du nicht
und die einzige fand dich
verschlossen in Gold
begraben in Traum.
Blumen der Angst: Buchstabenblumen
auf der Schriftrolle - deinem Leib.
Wie es geschrieben steht, war, was du sagtest
und auch dein Tod fand sich verzeichnet
auf abgegriffenem Pergament.
Was sagtest Du?

III

Geh über die Brücke aus Pergament
jeder Schritt: Zeit in Buchstabenzahl.
Geh über die Brücke und sieh:
verwandelt das Gesicht der Stadt
die Segel der Boote schwarz
stehendes Wasser im Fluß.
Dieselben Buchstaben
ihre Zahl - die gleiche
doch die Schriftrolle ist geschrieben.
Und die Stadt liegt schon hinter dir.

Personenverzeichnis

Zu den beiden Briefpartnern

Clara von Bodman wurde 1890 in St. Gallen geboren. Sie war das dritte Kind von Berta und Jakob Herzog-Schelling. Sie besuchte die Grundschulen in St. Gallen und ließ sich anschließend am Seminar Rorschach zur Lehrerin ausbilden. Zur Weiterbildung verbrachte sie ein Jahr in Genf, ein weiteres als Lehrerin in Irland. Schon in ihrer Seminarzeit lernte sie den um 14 Jahre älteren Dichter Emanuel von Bodman kennen, den sie 1914, kurz vor Ausbruch des Ersten Weltkrieges, heiratete. Ihren Mann, bereits ein namhafter Dichter, unterstützte sie durch die Kriegsnöte hindurch mit Hingabe und Liebe und begleitete sein Schaffen allerwegs mit größter Aufmerksamkeit. Von 1920 bis zu Emanuels Tod 1946 wohnten Clara und Emanuel im stattlichen Dichterhaus am Dorfplatz in Gottlieben. Nach Emanuels Tod sichtete Clara den dichterischen und literarischen Nachlaß ihres Mannes, entzifferte unzählige Tagebücher und Skizzenhefte. In Jahre dauernder Arbeit stellte sie, mit Hilfe von Professor Karl Preisendanz, das Gesamtwerk Emanuel von Bodmans zur Veröffentlichung bereit, und unter Aufbringen großer finanzieller Opfer gab sie es 1960 in 10 Bänden im Reclam-Verlag heraus. Clara wechselte mit vielen Menschen Briefe, darunter mit bedeutenden Persönlichkeiten aus der Welt der Kunst und Literatur.

Elazar Benyoëtz wurde 1937 in Wiener Neustadt geboren, wanderte 1939 mit Eltern und Schwester in Israel ein. Er wuchs in der hebräischen Sprache auf, studierte an Talmud- und Hochschulen, legte 1959 sein Rabbinerexamen ab. Er übte aber seinen Beruf nie aus. 1957 erschien bereits sein erster Gedichtband, dem weitere folgten. Seit 1959 beschäftigte er sich intensiv mit dem Problemkreis "Der Beitrag der deutschen Juden zur Deutschen Kultur- und Geistesgeschichte". 1963 kam er nach Deutschland, um für eine

Bibliographia Judaica zu werben. Er gründete sie 1964 in Berlin, in Zusammenarbeit mit Renate Heuer. Bis 1968 lebte Elazar Benyoëtz mit Unterbrechungen in Deutschland. Auf einer Studienreise besuchte er Clara von Bodman in Gottlieben. Aus dieser Begegnung entwickelte sich eine Freundschaft durch "dick und dünn", die bis zu Claras Tod währte. 1969 erschien "Sahadutha", Elazars erste Aphorismensammlung in deutscher Sprache. Mit "Einsprüche" begründete er 1973 sein eigenwilliges aphoristisches Werk, für das er 1988 den Adalbert von Chamisso-Preis in München erhielt. Seit 1968 lebt Elazar Benyoëtz als freischaffender Dichter und Schriftsteller in Jerusalem.

Im Personenverzeichnis sind Autoren, deren Werke und Sekundärliteratur darüber Bibliotheken füllen, wie Adorno, Celan, Hesse, Lasker-Schüler, Wittgenstein, um nur einige zu nennen, nicht enthalten; als Ausnahme mag Ernst Bloch hingehen. Ebensowenig wurden Personen berücksichtigt, die mit den Briefpartnern nachbarlich oder verwandtschaftlich verbunden waren und weder literarisch noch im Bereich der bildenden Kunst an die Öffentlichkeit getreten sind. Soweit die Informationen über biographische Daten hinausgehen und inhaltlich Werke der genannten Autoren aufgeführt werden, ist weder eine vollständige noch eine erschöpfende Darstellung beabsichtigt. Der geneigte Leser möge sie als Anregung zu eigener forschender Lektüre verstehen.

Agnon, Joseph Shmuel, 04.08.1888 (Buczacz) - 17.02.1970 (Jerusalem), schrieb zunächst in jiddischer Sprache, entschied sich aber dann in Hebräisch zu veröffentlichen, um der nationalen und geistigen Erneuerung des jüdischen Volkes eine kulturelle Basis zu geben, und schuf so eine Sprache, die verschiedene historische Schichten des Hebräischen integriert. 1907 übersiedelte er nach Jerusalem. 1913 reiste er durch Deutschland, wurde vom Ausbruch des Ersten Weltkrieges überrascht und konnte erst 1924 nach Jerusalem zurückkehren, das er nur noch zweimal in seinem Leben verließ, in den späten dreißiger Jahren, um noch einmal seine galizische Heimat zu sehen, und 1966, um in Stockholm den Nobelpreis für Literatur, den er zusammen mit Nelly Sachs erhielt, entgegenzunehmen, und um eine Reise nach Amerika und England anzutreten. In seinem umfangreichen Werk - vielen Erzählungen und mehreren großen Romanen - greift er immer wieder auf Erinnerungen an seine Jugend in Galizien zurück und beschreibt Lebensgewohnheiten und Milieu der durch Assimilation in ihrer Identität bedrohten und von den Nationalsozialisten schließlich vernichteten Ostjuden. Neben seinem dichterischen Schaffen sammelte Agnon alte jüdische Legenden aus nachbiblischer Zeit; er zählt neben Martin Buber u.a. zu den kenntnisreichsten Bewahrern alt-jüdischer Frömmigkeitsliteratur. Vgl.: Erich Gottgetreu, Der Nobelpreisträger S.J. Agnon 80 Jahre alt, in: Das Neue Israel 21 (1968) 205 u. 207. Tuwia Rübner, Schmuel Josef Agnon, in: Das Neue Israel 22 (1970) 731, 733, 735. Leo Prijs, Hrsg., Hauptwerke der hebräischen Literatur, Einzeldarstellungen und Interpretationen von Bibel und Talmud bis zur Zionistischen Moderne, München 1978, S. 94-99. Gershom Scholem, S.J. Agnon - der letzte hebräische Klassiker?, in Judaica 2, Frankfurt 1970, S. 87-122. Ders., Agnon in Deutschland, Erinnerungen, ebd., S. 122-132.

Ajchenrand, Lajser, 23.09.1911 (Temblin) - 18.09.1985 (Zürich), hat mit 26 Jahren Polen verlassen und in Paris gelebt. 1939 trat er als Freiwilliger in die französische Armee ein. Nach der Kapitulation Frankreichs wurde er interniert und von der Vichy-Regierung den Deutschen ausgeliefert, die ihn 1942 in eines der Konzentrationslager deportieren wollten. Ajchenrand gelang die Flucht in die Schweiz, wo er als Dichter jiddischer Sprache lebte. Er, der sich als Teil der vieltausendjährigen Geschichte des jüdischen Volkes fühlte, der das Leiden, die Verfolgungen und Vernichtungen in sich aufgenommen hatte, aber sich auch der messianischen Aufgabe des Judentums gewiß war, war sich in hohem Maße der historisch-kulturellen Geprägtheit der Sprache bewußt; er verzichtete weitgehend auf eine Übersetzung seiner Gedichte und damit auf Erfolg bei einem breiten Publikum. Er dichtete in jiddisch, in der Sprache, in der ihm die Toten und ihre Leiden am nächsten waren. Elazar Benyoëtz lernte Ajchenrand anläßlich dessen Besuch in Israel kennen, über ihn knüpfte er erste Kontakte zu Margarete Susman. Lajser Ajchenrand, Hörst Du nicht, deutsch von Walter Lesch, Zürich 1945; Abschied von Lajser Ajchenrand, Wortlaut der Rede, gehalten von Alfred A. Häsler, dem Schriftsteller und ritterlich einfühlsamen Freund, bei der Bestattung des Dichters am 18.09.1985, in: Das Neue Israel, 38 (1985) 26-27. Lajser Ajchenrand, Groisam Lebn, ebd., S. 28; ders., Bang werd mir, ebd., S. 28; V. Wyler, Gedenken, Jiscor (Erinnerung), Clara, David und Rafi Ajchenrand gewidmet, ebd., S. 29f..

Benzion, Gottlieb, 10.03.1905 (Dubove) - 27.01.1981 (Tel Aviv), war der Stiefvater von Elazar Benyoëtz. Er besuchte von 1919-1921 die Talmudhochschule in Galanta; er folgte dem Leiter der Schule, Rabbiner Duschinsky, zunächst nach Hust, in den Karpaten, schließlich nach Vischovo, an der rumänischen Grenze gelegen. Die Jahre 1924-1931 verbrachte er in Hamburg an der dortigen Talmudhochschule, ab 1929 belegte er auch Vorlesungen in Physik und Chemie. Danach studierte er Physik und Chemie an der deutschen Universität in Prag. In Pressburg betrieb er ein Bettfederngeschäft, das 1940 im Zuge der Arisierung geschlossen wurde, bis 1944 konnte er dort noch arbeiten. 1944/45 war er in verschiedenen Konzentrationslagern interniert. Seine Familie wurde in Auschwitz umgebracht. Er überlebte und wanderte 1945 von Pressburg nach Israel aus. Gottlieb Benzion ist eine der Hauptfiguren in Simach Bunem Unsdorfer, The Yellow Star, A True Account of a Jewish Boy Who Survived the Horrors of Auschwitz and Buchenwald, London 1961 und New York/Jerusalem ³1983.

Bergmann, Hugo, 25.12.1883 (Prag) - 18.06.1975 (Jerusalem), studierte in Prag bei Franz Brentano und in Berlin. Von 1907-1919 war er, mit Ausnahme der Jahre des Ersten Weltkrieges, Bibliothekar an der Prager Universität. Noch als Student schloß er sich der zionistischen Bewegung an und war eines der führenden Mitglieder der zionistischen Arbeiterbewegung in Westeuropa. 1920 wanderte er nach Palästina aus, er arbeitete dort als Bibliothekar und Direktor der Universitäts- und heutigen Nationalbibliothek in Jerusalem, bis er 1935 - er hatte sich 1928 habilitiert - zum Professor für moderne Philosophie an der Hebräischen Universität in Jerusalem ernannt wurde. Im selben Jahr wurde er Rektor seiner Universität, deren philosophischer Fakultät er bis zu seiner Emeritierung 1955 angehörte. Neben seiner universitären Lehr- und Forschungstätigkeit trat Hugo Bergmann stets aktiv für seine politischen Überzeugungen ein. So leitete er 1943 die israelische Delegation bei der panasiatischen Konferenz in Neu-Dehli und gehörte zu den Gründungsmitgliedern des "B'rit Shalom", einer Organisation, der auch Martin Buber beitrat und die einen bi-nationalen arabisch-jüdischen Staat auf bürgerlicher Grundlage anstrebte. Elazar Benyoëtz lernte Bergmann, der seinen literarischen Werdegang und die Konzeption der Biographia Judaica mit Interesse verfolgte, 1958 kennen. Professor Shmuel Hugo Bergmann achtzigjährig, in: Das Neue Israel 16 (1963) 465 u. 467.

Bloch, Ernst, 08.07.1885 - 04.08.1977 (Tübingen), lebte nach dem Studium der Physik und Philosophie als freier Schriftsteller in München, Bern und Berlin. 1933 emigrierte er in die Tschechoslowakei, 1938 nach Amerika. Von 1949 bis zu seiner Zwangsemeritierung war er Professor für Philosophie in Leipzig. 1961 folgte er einem Ruf als Gastprofessor nach Tübingen. Der zentrale Gedanke der Philosophie Ernst Blochs war der Messianismus. Er erweiterte den religiös-geschichtsphilosophischen Begriff zu einem metaphysischen Prinzip, das zugleich als ideologiekritisches Bedeutung hat. Blochs Messianismus ist nicht auf jenseitige Transzendenz gerichtet, sondern fordert seine Realisierung im Diesseits, in der Herstellung menschenwürdiger Verhältnisse überall auf der Welt. Insofern meint seine Rede von "Heimat" auch nicht die Rückwendung zum Althergebrachten, zum Ursprung, sondern ein in der Zukunft zu erreichendes Ziel. Den Spuren dieser Utopie geht Bloch überall nach, nicht nur, aber auch immer wieder in der Bibel, die er nicht nur als handlungsorientierenden Text liest. Vielmehr kommen in ihr auch andere Stimmen zu Wort, wenn auch durch priesterliche Reaktion entstellt, die von einer irdischen Verwirklichung gerechter Verhältnisse nicht zugunsten einer jenseitigen Verheißung absehen wollen. In seiner Rede "Widerstand und Friede", die er 1967 anläßlich der Verleihung des Friedenspreises des Deutschen Buchhandels hielt, nahm er dieses Thema in politischer Absicht erneut auf. Elazar Benyoëtz lernte Ernst Bloch durch Vermittlung von Margarete Susman kennen. Von ihr stammt die erste Rezension zu Blochs "Geist der Utopie", sie ist unter demselben Titel in der Frankfurter Zeitung und Handelsblatt am 12.01. und 17.04.1919 erschienen. Über die Freundschaft zwischen Margarete Susman und Ernst Bloch, vgl.: Margarete Susman, Ich habe viele Leben gelebt, Erinnerungen, Stuttgart 1964, S. 79-81, S. 86-89.

Bodman, Emanuel von, Freiherr, 23.01.1874 (Friedrichshafen) - 21.05.1946 (Gottlieben). Eine ausführliche Biographie verfaßte der Herausgeber seiner Werke Karl Preisendanz in: Emanuel von Bodman, Die Gesamten Werke, im Auftrag von Clara von Bodman, hrsg. von Karl Preisendanz, Stuttgart 1960, Bd. 1, S. 14-202. Ebd., S. 203-220 eine Bibliographie seiner in Buchform erschienenen Werke, seiner Vorlesungen, vertonten Lieder, kleinerer Schriften und Essais, sowie einige Beiträge aus der zeitgenössischen Literatur über Emanuel von Bodman.
Neben der streng formgebundenen Lyrik seiner Sonette schuf Emanuel von Bodman aus der romantischen und klassizistischen Tradition heraus eine Reihe von Dramen, deren häufig stilisierter, tragischer Konflikt sich in strengen Jamben entfaltet. Emanuel von

Bodman fühlt sich dem literarischen Kreis um Paul Ernst verbunden, dem es in der Tragödie um die Darstellung überzeitlicher sittlicher Werte geht, die sich in "hohen" edlen Menschen verkörpern. Nicht die Einsicht in die Bedingtheit sittlicher Werte ist das Thema, sondern die Vergegenwärtigung sittlicher Werte an sich und ihrer Rangordnung, vgl.: Robert Faesi, Erlebnisse - Ergebnisse, Erinnerungen, Zürich 1963, S. 147f.; ders., Paul Ernst und die nachklassischen Bestrebungen im Drama, Leipzig 1912.

Buber, Martin, 08.02.1878 - 13.06.1965. Nach dem Studium in Wien, Leipzig und Zürich, vertieft sich Martin Buber in die Erforschung des chassidischen Schrifttums. Ein weiterer Schwerpunkt seines religionsphilosophischen Denkens gilt dem Problem des dialogischen Prinzips. 1923 erhält er einen Lehrauftrag an der Universität Frankfurt a.M.. 1925 beginnt er zusammen mit Franz Rosenzweig an der Verdeutschung der hebräischen Bibel zu arbeiten. Auch hier manifestiert sich die Lebensaufgabe Bubers, im Wort, in seinem Gesprochensein, die Brücke zum Anderen, zum Mitmenschen zu finden. 1930 erhält er eine Honorarprofessur für Religionswissenschaft und jüdische Ethik in Frankfurt, die er 1933 niederlegt und damit einem offiziellen Entzug seiner Lehrbefugnis von seiten der nationalsozialistischen Machthaber zuvorkommt. Zwei Jahre später wird ihm jegliche öffentliche Betätigung untersagt. 1938 emigriert er nach Jerusalem, wo er einen Lehrstuhl für Sozialphilosophie innehat. 1953, bei der Verleihung des Friedenspreises des Deutschen Buchhandels, spricht er über "Das echte Gespräch und die Möglichkeiten des Friedens". In seiner Rede verdeutlicht er seine Hoffnung, in einem echten Gespräch, einem Gespräch, in dem jeder den anderen trotz tiefgehender Gegensätze annimmt und anhört, die Bedingung für die Möglichkeit der Überwindung von Gegensätzen und damit für Frieden zu schaffen. Vgl. Michael Landmann, Martin Buber, in: Michael Landmann, Jüdische Miniaturen, Bd. 1, Messianische Methaphysik, Bonn 1982, S. 147-160, ebd., S. 183-188, 188f..
Über Elazar Benyoëtz' Verhältnis zu Martin Buber gibt sein Gedicht "Blauer Brief am 1. Mai, An Martin Buber" Auskunft, in: E.B., Variations on a Theme Lost, Poems, Jerusalem/New York 1961, S. 47f.. Deutsch von Jacob Mittelmann in: Das Neue Israel 15 (1963) 673. Über Buber handelt häufig der in Vorbereitung befindliche Briefwechsel zwischen Elazar Benyoëtz und Margarete Susman. Auszüge daraus wie aus seinen Tagebüchern in Benyoëtz' Beiträgen über Margarete Susman, vgl. Anm. 66..

Elster, Hanns Martin, 11.06.1888 - 17.11.1983, begann seine erste Karriere 1907 mit einer Arbeit über Adolf Bartels; er schriftstellerte unter dem Pseudonym Hans Bruneck, befaßte sich mit Literatur-, Kultur- und Militärgeschichte. Von 1933-1934 war er Schriftleiter von "Das Dritte Reich" und der "NS-Beamtenzeitung". Gleichzeitig fungierte er als Führer der Reichsschrifttumskammer und vertrat als Delegierter des deutschen PEN-Clubs auf der internationalen Tagung des Klubs in Ragusa die Belange des nationalsozialistischen Kulturstrebens. Vgl. Joseph Wulf, Literatur und Dichtung im Dritten Reich, Eine Dokumentation, Frankfurt, Berlin, Wien 1983. Nach dem Krieg trat er u.a. mit einer Arbeit über Heinrich Heine und der Herausgabe der Werke Fritz von Unruhs hervor.

Engelmann, Paul, 1895 (Olmütz) - 1965 (Tel-Aviv), war von Beruf Architekt und folgte zugleich seiner Berufung, dem Nachdenken, dem Nachsinnen über Sprache, den unterschiedlichen Gebrauch, der von ihr gemacht wird in propagandistischer, dichterischer und philosophischer Rede. Er war Schüler von Adolf Loos, mit Ludwig Wittgenstein und Karl Kraus verbunden, für deren Werke und Verständnis er sich einsetzte. Er sagte von sich: "Ich hatte das große Glück, in der Nähe von drei Genies zu leben, das hat es mir erspart, mich selbst für genial zu halten". In seinem Nachlaß fand sich eine umfassende Anthologie deutscher Lyrik. Vgl.: Paul Engelmann, Letters from Ludwig Wittgenstein, With a Memoir, ed. by B.F. McGuiness, Oxford 1967. Ders., Dem Andenken an Karl Kraus, hrsg. von Elazar Benyoëtz, Wien 1967. Dem Buch ist eine Erinnerung von Elazar Benyoëtz beigegeben, die er unter dem Titel: Ein Freund der Motten und Genies, Gedenken an Paul Engelmann, in der Frankfurter Allgemeinen Zeitung vom 02.06.1967 veröffentlicht hat. Elazar Benyoëtz, Yahafat, Poems, In memoriam Paul Engelmann, Jerusalem 1965.

Halevi, Jehuda (arab.: Abu al-Hasssan al-Lawi oder Abul Hassan ibn Allawi - die Schreibweisen variieren), wurde um 1080 in Toledo geboren und gilt als einer der bedeutendsten jüdischen Dichter und Religionsphilosophen des Mittelalters. Er verließ das christliche Spanien, um in Granada Philosophie und Medizin zu studieren. Später kehrte er eine Zeitlang nach Toledo zurück, führte ein wechselvolles Wanderleben durch die iberischen Provinzen, seinen Lebensunterhalt als Arzt bestreitend. Um 1140 brach er zu einer Pilgerreise in das Heilige Land auf, die er in Ägypten unterbrach. Dort starb er vermutlich 1141. Zu seinem dichterischen Werk zählen Liebesgedichte, aber auch Klagelieder, liturgische Dichtungen, Bußgebete und schließlich seine Zionslieder, in denen er die Sehnsucht nach dem Gelobten Land in Verse setzte. In seinem arabisch geschriebenen religionsphilosophischen Hauptwerk legt Jehuda Halevi seine theologische Überzeugung dar. Anknüpfend an die Geschichte der Bekehrung des Chasaren Königs Bulan II (um 740) zum jüdischen Glauben läßt er einen aristotelischen Philosophen, je einen christlichen, jüdischen und muslimischen Theologen über ihre Religionen disputieren. Für ihn hat die Offenbarung, die göttliche Inspiration vor dem verstandesmäßigen Begreifen Gottes Priorität. Vgl.: Hans Georg von Mutins, Jehuda Halevi, in: Theologische Realenzyklopädie, hrsg. v. Gerh. Müller, Berlin, New York 1987, Bd. 16, S. 554f., dort auch die neuere Literatur über Jehuda Halevi. K. Schubert, Jehuda ben Samuel Ha-Levi, in: Die Religion in Geschichte und Gegenwart, 3. Auflage, Handwörterbuch für Theologie und Religion, hrsg. v. Kurt Galling, Tübingen 1959, Sp. 575f..

Hippel, Theodor Gottlieb von, 31.01.1741 (Gerdauen) - 23.04.1796 (Königsberg), aus ärmlichen Verhältnissen, von Kindheit an eigenbrötlerisch und lesehungrig, begann mit 15 Jahren in Königsberg das Studium der Theologie, hörte auch ein Semester lang bei Kant, mit dem er Jahre später freundschaftlich verkehrte. 1761 nahm er überraschend an einer Rußlandreise teil, die sein Leben grundlegend veränderte. Mittellos, ohne Unterkunft, war er entschlossen, das Theologiestudium aufzugeben. Stattdessen begann er Jura zu studieren, 1765 schon ließ er sich als Rechtsanwalt nieder. Während der Studienzeit begann er Gedichte zu schreiben, auch Theaterstücke von ihm wurden aufgeführt, die unterschiedlichen Erfolg beim Publikum fanden. 1774 erschien die erste Auflage seiner anonym veröffentlichten Abhandlung "Über die Ehe", der ein großer Erfolg beschieden war. Er wurde noch verstärkt durch das Rätselraten um den Verfassernamen. Ab 1778 wurden die Bände des "Lebensläufe nach Aufsteigender Linie nebst Beylagen A, B, C" dem Publikum vorgestellt, 1793 folgte der erste Band der "Kreuz- und Querzüge des Ritters A bis Z, von dem Verfasser der Lebensläufe nach aufsteigender Linie". Die anfänglich misogyne Einstellung der ersten Auflage eines Ehebuches war einer aufklärerischen Haltung gewichen, die für Frauen Gleichberechtigung auf vielen Gebieten des öffentlichen Lebens forderte. Die humanistische Form seiner Werke - von Jean Paul vervollkommnet - ihr ungewohnter epischer Aufbau, die inhaltliche Auseinandersetzung mit je aktuellen Problemen und kenntnisreiche Anspielungen auf Königsberger und Kurländische Verhältnisse sicherten ihm ein großes Lesepublikum. Ein Grund für die Geheimniskrämerei um seinen Namen mag sein berufliches Fortkommen gewesen sein, das zwar nicht immer den gewünschten, aber stets einen erfolgreichen Gang nahm. Der 1771 zum Hofgericht zugelassene Advokat wurde 1773 königlicher Kriminalrat, 1778 außerordentlicher Stadtrat und Richter, 1780 Kriminaldirektor. Im selben Jahr wurde er zum Dirigierenden Bürgermeister und Polizeidirektor von Königsberg ernannt. Vgl.: Joseph Kohnen, Theodor Gottlieb von Hippel, Eine zentrale Persönlichkeit der Königsberger Geistesgeschichte, Biographie und Bibliographie, Lüneburg 1987.

Kesheth, Jeshurun, 29.11.1893 (Nowominsk) - 1977 (Jerusalem), ließ sich 1911 in Palästina nieder, er besuchte die Universität in Rom und Berlin. Neben Lyrikbänden und kulturkritischen Essays veröffentlichte er eine Monographie über Ben Borion und zahlreiche Übersetzungen europäischer Literatur. Mit Elazar Benyoëtz verband ihn eine lange und spannungsreiche Freundschaft.

Kolb, Annette, 02.02.1870 (Badenweiler) - 03.12.1967 (München), war die Tochter eines Gartenbauarchitekten am Botanischen Garten in München und einer französischen Pianistin. Sie fühlte sich beiden Kulturen verbunden und setzte sich für eine Verständigung zwischen Frankreich und Deutschland ein. Während des Ersten Weltkrieges wandte sie sich heftig gegen nationalistische und chauvinistische Strömungen in beiden Ländern. 1931 veröffentlichte sie einen vehementen Artikel gegen den Faschismus. 1933 emigrierte sie nach Paris, 1940 über die Schweiz nach New York, von dort kehrte sie nach dem Krieg nach Europa zurück und lebte abwechselnd in Badenweiler und Paris. In allen ihren Veröffentlichungen, den Essays zu kulturellen, politischen und gesellschaftlichen Problemen, den Übersetzungen und ihrem erzählerischen Werk, das oft autobiographische Züge trägt, kommen ihre humanistischen und pazifistischen Überzeugungen zum Ausdruck. Richard Lemp, Annette Kolb, Leben und Werk einer Europäerin, Mainz 1970, enthält eine ausführliche Bibliographie. Elazar Benyoëtz, Annette Kolb und Israel, Heidelberg 1970.

Kraft, Werner, 04.05.1896 (Braunschweig), studierte in Berlin, Freiburg und Hamburg Germanistik, Französisch und Philosophie, war ab 1927 Bibliotheksrat in Hannover. 1933 erhielt er Berufsverbot. Er emigrierte nach Israel und lebt seit 1934 in Jerusalem; dort arbeitete er bis zu seiner Pensionierung am Centre de Culture Française, am Rockefeller Museum und im Department of Antiquities der Regierung. Sein Interesse galt vornehmlich der Literatur, seine literaturwissenschaftlichen Arbeiten, seine Essays, Aphorismen, Gedichte und Kritiken, obwohl meist in Jerusalem verfaßt, schrieb er in deutscher Sprache. Werner Kraft erlag nie der Versuchung des unverbindlichen Literatentums, des bloß ästhetisierenden Umgangs mit der Sprache; er blieb "Selbstdenker", wie er es nannte, und maß als solcher sein literarisches Können an dem moralischen Urteil von Vernunft und Sitte.
Kraft, Werner, "Ich bin an meinen Punkt gebannt", Werner Kraft im Gespräch mit Jörg Drews, München 1978. Ders., Spiegelung der Jugend, Frankfurt 1973. Ders., Österreichische Lyriker von Trakl bis Lubomirski, Aufsätze zur Literatur, Wien 1984, mit bibliographischen Angaben. Joachim Günther, Chronik, Werner Kraft, 85 Jahre, in: Neue Deutsche Hefte 28 (1981) 444f..

Landauer, Gustav, 07.04.1870 (Karlsruhe) - 02.05.1919 (München), studierte in Heidelberg, Straßburg und Berlin Germanistik, Philosophie, Literaturwissenschaften, schloß sich 1893 der anarchistischen Bewegung an. Seine politische Tätigkeit machte ihn bei der staatlichen Obrigkeit mißliebig und handelte ihm wegen Aufforderung zum Ungehorsam gegen die Staatsgewalt und Aufreizung der Staatsgewalt eine fast einjährige Gefängnisstrafe ein. Sein Eintreten für seine politischen Überzeugungen brachten ihn immer wieder mit dem politischen Paragraphen des Strafgesetzbuches in Konflikt und ihn und seine Familie auch an den Rand ihrer wirtschaftlichen Existenz. Während eines erneuten Gefängnisaufenthaltes 1899 übersetzte er einige Schriften des Mystikers Meister Eckhart und arbeitete an den sprachkritischen Arbeiten seines Freundes Fritz Mauthner. Von September 1901 bis Juni 1902 lebte er vorübergehend in London. Er übersetzte zusammen mit seiner Frau Hedwig Lachmann Novellen Oscar Wildes, lernte Peter Kropotkin kennen, dessen Schriften er ins Deutsche übertrug und dessen Überzeugung einer gewaltfreien Durchsetzung des anarchistischen Sozialismus er sich zu eigen machte. 1901 veröffentlichte er

anläßlich des Attentats eines Anarchisten auf den amerikanischen Präsidenten seinen Essay: "Anarchistische Gedanken über den Anarchismus", in dem er seine schon 1895 vorgelegten Überlegungen zu einem gewaltlosen Anarchismus vertiefte. 1908 gründete Landauer den "Sozialistischen Bund", eine lose Vereinigung Gleichgesinnter, zu denen auch Martin Buber zählte. Mitte November 1918 wurde Landauer von Kurt Eisner aufgefordert, an der Realisierung einer revolutionären sozialistischen Gesellschaftsordnung "durch rednerische Betätigung an der Umbildung der Seelen" mitzuarbeiten. Am 07.04.1919 wurde die erste Räterepublik in München ausgerufen, deren Regierung Landauer als Provisorischer Volksbeauftragter für Volksaufklärung der Räterepublik Bayern angehörte, schon wenige Tage später wurde der revolutionäre Zentralarbeiterrat von gegenrevolutionären Rechtssozialisten für abgesetzt erklärt. Am 1. Mai wurde Landauer verhaftet, tags darauf brutal erschlagen.
Die weitgefächerten literarischen Interessen Gustav Landauers trugen ihm auch die Bekanntschaft Emanuel von Bodmans ein, dessen Geist und Wesen, bei allen Differenzen in der Beurteilung der gesellschaftlichen Ordnung, er schätzte. Er würdigte dessen formstrenge Lyrik, sein stilbewußtes Drama und erkannte in ihm einen Menschen und Dichter, der "die Freiheit des Empfindens von den Herkömmlichkeiten und dem gesellschaftlichen Zwang" mit einem "starken sozialen Gefühl und der Sehnsucht, menschenvorbildlich, menschenaufrüttelnd ein Freier zu sein" verband. Nach Landauer nahm Emanuel von Bodman in seinen Gedichten und Dramen vorweg, woran es der gegenwärtigen Gesellschaft noch mangelt: "eine von einem Geiste erfüllte Volksgemeinschaft" zu sein. Gustav Landauer, Emanuel von Bodman, in: Das literarische Echo 10 (1907/8) Sp. 1045-1051. Gustav Landauer, Sein Lebensgang in Briefen, hrsg. v. Martin Buber unter Mitwirkung von Ina Britschgi-Schimmer, 2 Bde., Frankfurt 1929. Gustav Kalz, Gustav Landauer, Kultursozialist und Anarchist, Meisenheim 1969. Siebert Wolf, Gustav Landauer, zur Einführung, Hamburg 1988.

Landmann, Michael, 16.12.1913 (Basel) - 1984 (Haifa), studierte Philosophie, Psychologie und Germanistik bei Herman Schmalenbach, Paul Häberlin und Walter Muschg in Basel. Dem George-Kreis eng verbunden, betrachtete er das Musische als einen anderen Aggregatzustand des Metaphysischen und sah in der Kunst ein Gegengewicht zur sich immer mehr ausbreitenden Rationalität. In Fortführung des Gedankenguts von Georg Simmel und Herman Schmalenbach, unter dem Einfluß der Lektüre Nicolai Hartmanns entwickelte er den Gedanken einer alle Kulturäußerungen umgreifenden Stilgeschichte, der sich auch die Philosophiegeschichte verpflichtet weiß. Nach dem Krieg kam Michael Landmann durch Karl Jaspers mit der psychologischen Sichtweise in Berührung und interpretiert mit dieser Methode griechische Philosophie, die "mit ursprünglichem Blick auf eine noch unvorinterpretierte Welt schaut". Über die Phänomenologie, die das "noch unverstellte menschliche Bewußtsein, wie ihm die Welt und wie es sich selbst gegeben ist", erforscht, kam er zur Philosophischen Anthropologie. Kulturanthropologie war für ihn die Grundlagendisziplin der Geisteswissenschaften. Zentrales Anliegen der Philosophie Landmanns war es, bei allem Pluralismus der Kulturwisschenschaften die ihnen je gemeinsame "Gestalt" zu eruieren, den morphologischen Zusammenhang einer Epoche herauszuarbeiten. Michael Landmann lehrte und forschte seit 1951 an der Freien Universität Berlin, seit 1959 hatte er dort ein volles Ordinariat inne. Ab 1975 baute er im Auftrag der Universität Haifa das dortige Departement für Allgemeine europäische Geistesgeschichte auf. Vgl. Michael Landmann, Materialien zur Selbstdarstellung (nach einem Entwurf von 1967) in: Festschrift für Michael Landmann, Zum 60. Geburtstag am 16. Dezember 1973, Der Mensch als geschichtliches Wesen, Anthropologie und Historie, mit einem Geleitwort von Heinz Heimsoth, hrsg. v. Klaus-Jürgen Grundner, Peter Krausser, Heinrich Weiss, Stuttgart 1974, S. 266-278. Daselbst eine vorläufige Bibliographie der Arbeiten Michael Landmanns.

Mauthner, Fritz, 22.11.1849 (Horwitz) - 29.06.1923 (Meersburg), verbrachte in Prag seine Schul- und Studienjahre. Eine schwere Krankheit veranlaßte ihn, das Studium der Jurisprudenz aufzugeben und sich der freien Schriftstellerei zuzuwenden. 1876 übersiedelte er nach Berlin und wurde dort einer der führenden Theaterkritiker und Feuilletonisten. Neben seinen journalistischen Arbeiten veröffentlichte Mauthner eine Reihe von Parodien, Erzählungen, historischen und zeitkritischen Romanen. Bemerkenswert, daß sein schriftstellerisches und feuilletonistisches Werk von seinen sprachkritischen Bemühungen weitgehend unberührt geblieben ist. Seit 1875 widmete er sich intensiven Sprachstudien, die er selbst als von der Vielsprachigkeit seiner Prager Jahre induziert ansah, die aber wohl auch der allgemeinen Sprach- und Literaturkrise jener Zeit zugerechnet werden dürfen. 1893 begann er mit der Niederschrift seines Buches, das 1901/1902, von Gustav Landauer redigiert, unter dem Titel "Beiträge zu einer Kritik der Sprache" erschien. 1905-1909 wohnte er in Freiburg im Breisgau, ab 1909 in Meersburg. Mauthner hatte sich gänzlich aus dem literarischen Leben Berlins zurückgezogen, Belletristisches schrieb er nur noch sporadisch; ein "Wörterbuch der Philosophie" veröffentlichte er 1909/10. Während des Ersten Weltkrieges enthielt er sich aus "Solidaritätsgefühl" mit dem deutschen Volk jeglicher politischer und philosophischer Kritik. Nach dem Krieg schrieb er an einer Geschichte des Atheismus im Abendland - vgl.: Walter Eschenbacher, Fritz Mauthner und die deutsche Literatur um 1900, Eine Untersuchung zur Sprachkrise der Jahrhundertwende, Frankfurt a.M. 1977.

Métavel, Künstlername von Renée, der Lebensgefährtin von Elazar Benyoëtz. Der von Elazar Benyoëtz gewählte Name bedeutet: "wohltätig ist Gott." Clara von Bodman hat ihre von alttestamentlicher Religiosität inspirierten Miniaturen sehr bewundert. Ihre Aquarelle knüpfen an die Tradition der alten Buchmalerei an; die feinen Bilder , die Genesis, Jakobs Traum, die Psalmen Davids gestaltend, scheinen weniger für die Blicke eines kunstsinnigen Betrachters gemalt als der frommen Meditation zugeeignet. Erinnert sei hier an die Ausstellung im Rosgartenmuseum in Konstanz 1980. Weitere Präsentationen in der Bibliothèque Nationale in Paris, in der Ariela-Bibliothek in Tel-Aviv und 1985 im Wolfsohn Museum in Jerusalem. Die Haggada schel Pessah, Schocken Verlag Tel Aviv 1986.

Mittelmann, Jacob, 11.05.1909 (Leipzig) - 06.01.1975 (Tel Aviv), studierte in Leipzig Jura und war als Rechtsanwalt in Haifa, Jerusalem und Tel Aviv tätig. Mittelmann war sehr um die frühen Gedichte von Elazar Benyoëtz bemüht und übersetzte einige von ihnen ins Deutsche. Er besorgte auch die Auswahl und Übersetzung hebräischer Erzählungen der Gegenwart, um sie einem des Hebräischen unkundigen Publikum zugänglich zu machen.
Jacob Mittelmann, Hrsg., Hebräische Erzähler der Gegenwart, Zürich 1964.

Molodowsky, Kadja, 1894 (Litauen) - 1975 (New York), besuchte das Lehrerinnenseminar in Warschau. 1935 emigrierte sie nach New York. Ihre frühe Lyrik sang von der tröstenden Kraft, die kleinen Kindern eignet. Die Verse ihrer "Kindermasselech" wurden in den jüdischen Schulen Osteuropas gesungen, bis diese zu existieren aufhörten. Ihre späte Lyrik thematisiert das tiefe Leid der Überlebenden des Holocaust, denen in Jerusalem Trost und Hoffnung zuteil werden wird.

Pagis, Dan, 16.10.1930 (Radautz) - 29.06.1986 (Jerusalem), wuchs im Haus seiner Großeltern in der Bukowina auf, er überlebte die Haft in einem deutschen Konzentrationslager. Seit 1946 lebte er in Israel, seit 1972 bekleidete er eine Professur für mittelalterliche hebräische Literatur in Jerusalem. Sein letztes Werk befaßte sich mit hebräischer Rätseldichtung des Barock in Italien und Holland, einer Gattung von Dichtung, die das Verbergen zum Prinzip erhebt. Neben der Erforschung einer Dichtung, die durch streng formalistische und ornamentale Kriterien gekennzeichnet ist, schuf Dan Pagis sein dichterisches Werk, dessen Themen er aus seinem eigenen Erleben schöpfte, seiner Kindheit, dem Holocaust, dem Unerträglichen des täglichen Lebens. Wie Clara von Bodman in Gottlieben begleitete er das aphoristische Werk von Elazar Benyoëtz in Jerusalem Sein Gedichtband "Points of Departure" erschien hebräisch-englisch 1981 in Philadelphia. Die Übertragung ins Englische besorgte Stephen Michel. Seine oben erwähnte Forschungsarbeit ist unter dem Titel "A Secret Seald, Hebrew Baroque Emblem-Riddles from Italy and Holland", Jerusalem 1986 veröffentlicht worden. Ins Deutsche übersetzte Gedichte finden sich in: Panorama moderner Lyrik, Gedichte des 20. Jahrhunderts in Übersetzungen, Gütersloh 1960, S. 489; in: Akzente, Zeitschrift für Literatur 32 (1985) 483-488 und in: Ariel, Berichte zur Kunst und Bildung in Israel 66 (1986) 27-31, vgl. auch Schimon Sandbank, Abschied von Dan Pagis, ebd., S. 22-26.

Rosenzweig, Franz, 25.12.1886 (Kassel) - 10.12.1929 (Frankfurt). Elazar Benyoëtz nennt ihn "das letzte jüdische Ereignis in der noch deutschen Philosophie". Aufgewachsen in der weltoffenen und emanzipierten Atmosphäre eines fast völlig assimilierten Elternhauses, war sich Franz Rosenzweig der christlichen Prägung der europäischen Kultur stets bewußt. 1905 beginnt er, Medizin zu studieren, wandte sich aber bald historischen und philosophischen Studien bei Heinrich Rickert und Friedrich Meinecke zu. Vor dem Hintergrund eines allgemeinen Kulturpessimismus, der Einsicht in die Unverbindlichkeit des philosophischen Idealismus und des Historismus für eine verbindliche Haltung im konkreten Lebensvollzug, sowie der ständigen Auseinandersetzung mit dem Glauben seiner christlichen Freunde, stand Franz Rosenzweig kurz vor dem Übertritt zum Christentum, den er dann aber doch nicht vollzog. Was als Abkehr vom jüdischen Glauben begonnen hatte, führte zu einer intensiven Beschäftigung mit der jüdischen Geschichte und dem jüdischen Glauben und deren bewußter Aneignung, ab 1913 zunächst im intensiven Dialog, dann von 1917 an in systematischer Absicht niedergeschrieben in seinem Hauptwerk "Der Stern der Erlösung". Rosenzweig sah in dem Buch "ein Geschenk, das der deutsche Geist seiner jüdischen Enklave verdankt", und beantwortete die Frage, ob der Stern der Erlösung als jüdisches Buch zu gelten habe, mit dem Hinweis auf das unverwechselbare personale Bestimmtsein eines Werkes: "Einem Christen wären ... statt der meinen [der alten jüdischen Worte] Worte des Neuen Testaments auf die Lippen gekommen."

Der theoretischen Durchdringung der jüdischen Tradition folgte ihre Umsetzung im täglichen Leben. Für den persönlichen Alltag bedeutete das die Einhaltung der orthodoxen jüdischen Vorschriften und Feiertage, die mit einer gleichzeitigen Offenheit nach außen einherging und den Haushalt nicht zu einem Ghetto werden ließ. Beruflich entschied sich Rosenzweig für die jüdische Erwachsenenbildung und übernahm 1920 die Leitung des von ihm gegründeten Freien Jüdischen Lehrhauses in Frankfurt. Schon zwei Jahre später mußte er diese Tätigkeit aufgeben, von 1922 an fesselte ihn eine unaufhaltsame Lähmungskrankheit, der er 1929 erlag, ans Bett. Bei aller körperlicher Hinfälligkeit blieben Franz Rosenzweig die geistigen Fähigkeiten erhalten. Martin Buber, dem er die Übersetzung der Hymnen und Gedichte von Jehuda Halevi gewidmet hatte, forderte ihn 1925 auf, an einer Neuübersetzung der Bibel mitzuarbeiten, an der sie gemeinsam bis zum Lied vom leidenden Knecht arbeiten konnten. Sowohl die Tätigkeit am Lehrhaus wie die Übersetzung der Bibel zielten nicht auf politischen Einfluß. Dennoch kamen ihnen in einer Zeit, in der das Judentum in seiner Substanz bedroht war, politische Bedeutung zu. Schuf erstere mit an den geistigen Voraussetzungen des späteren Widerstandes eines Teils der deutschen Juden gegen den Nationalsozialismus, so brachte letztere angesichts kirchlicher Bestrebungen, das Alte Testament als "jüdisch" aus dem biblischen Kanon zu entfernen und damit die gemeinsamen Wurzeln von Christentum und Judentum zu zerstören, in Erinnerung, daß ein Angriff auf das jüdische Erbe ein Angriff auf die deutsche Kultur überhaupt war.

Franz Rosenzweig, Der Stern der Erlösung, Erstausgabe, Frankfurt 1921; ders., Die Schrift, Aufsätze, Übertragungen und Briefe, hrsg v. Karl Thieme, Königstein 1984; ders., Jehuda Halevi, Fünfundneunzig Hymnen und Gedichte, deutsch u. hebräisch, hrsg. v. Rafael Rosenzweig, The Hague-Boston-Lancaster 1983 (= Franz Rosenzweig, Der Mensch und Sein Werk, Ges. Schriften IV, Sprachdenken im Übersetzen, 1. Bd.: Jehuda Halevi. Margarete Susman, Franz Rosenzweig, in: dies., Gestalten und Kreise, Stuttgart/Konstanz 1954, S. 287-331. Elazar Benyoëtz, Ein Mensch in vollkommener Deckung, in: Jahrbuch 1, 1985, Probleme deutsch-jüdischer Identität, hrsg. v. Norbert Altenhofer und Renate Heuer, Archiv Bibliographia Judaica e.V., Frankfurt a.M., Bad Soden 1986, S. 124-126. Reinhold Mayer, Franz Rosenzweig, Eine Philosophie der dialogischen Erfahrung, München 1973, mit Bibliographie.

Rübner, Tuvia, 30.01.1924 (Pressburg) gelangte 1941 als einziger Überlebender seiner Familie nach Israel. Im Kubbuz Merchavia, wo er heute nocht wohnt, lernte er Hebräisch und nahm am landwirtschaftlichen Aufbau Israels teil. Später unterrichtete er Literatur an der örtlichen Mittelschule, dann an einem Lehrerseminar, heute lehrt er vergleichende Literaturwissenschaft an der Universität Haifa. Seine ersten Gedichte schrieb er in Deutsch, später veröffentlichte er ausschließlich hebräisch, Gedichte, Essays, eine Monographie, und übersetzte literarische Werke vom Hebräischen ins Deutsche und vom Deutschen ins Hebräische. Seit 1987 ist Rübner korrespondierendes Mitglied der Deutschen Akademie für Sprache und Dichtung.

Rychner, Max, 08.04.1897 - 10.06.1965 (Zürich), aufgewachsen in dem alten Städtchen Lichtensteig im Toggenburg, besuchte in Zürich und Bern das Gymnasium. Ab 1918 war er an der Universität Zürich eingeschrieben und hörte dort u.a. bei Robert Faesi, Adolf Frey und Emil Ermatinger. Noch während der Studienzeit veröffentlichte er kritische Essays in der Zeitschrift "Wissen und Leben", die er von 1923 an als verantwortlicher Redaktor herausgab und ab 1926 unter dem Titel "Neue Schweizer Rundschau" weiterführte. Unter seiner Federführung wurde die Zeitschrift bald zu einem internationalen Forum von hohem literarischen Niveau. Texte von Valéry, Pirandello, Eliot, Ortega y Gasset wurden zum ersten Mal dem deutschsprachigen Leser vorgestellt. Er würdigte Joyce, Giraudoux, Gide, Eliot, Claudel, um nur einige zu nennen, als einer der ersten. Mit Ernst Robert Curtius verband ihn eine enge Freundschaft, die bis zu dessen Tode am 15.04.1956 währte. Max Rychner verfügte über ein geschliffenes literarisches Urteil, das ein diffuses Unbehagen an der Kultur als ebenso ungerechtfertigt zurückwies, wie er eine genaue Begründung einer literarischen Kritik einforderte. 1931 mußte die Zeitschrift ihr Erscheinen aus wirtschaftlichen Gründen einstellen, 1932 nahm Rychner die Stelle als Feuilletonchef der Kölnischen Zeitung an, die er schon ein Jahr später wieder aufgeben mußte. Als Schweizer galt er als nur unzureichend in der Lage "dasjenige Schrifttum [zu] pflegen, das das besondere Gepräge des deutschen Wesens wiedergibt". (Kurt Neven DuMont am 29.03.1933 an M.R.). Als Sonderkorrespondent der Neuen Zürcher Zeitung blieb Rychner noch bis 1937 in Deutschland.

Nach einer einjährigen Anstellung als Leiter des Literaturteils beim "Berner Bund" wurde ihm die Aufgabe übertragen, das 1935 gegründete Wochenmagazin "Die Tat" in eine Tageszeitung umzuwandeln. Am 2.10.1939 erschien die erste Nummer; Max Rychner blieb dieser Zeitung bis zu seinem Tode eng verbunden. Neben seinem journalistischen Tagwerk schuf er ein vielseitiges literarisches und literaturkritisches Oeuvre, dessen Lektüre einen brillanten Kenner und subtilen Interpreten der zeitgenössischen wie der Weltliteratur erkennen läßt. Vgl. Max Rychner, Bedachte und bezeugte Welt, Prosa, Gedichte, Aphorismen, Aufsätze, Darmstadt 1962, das Buch enthält eine Biographie der Werke Rychners. Hans Egon Holthusen, ordo amoris, in: Merkur 19 (1965) 760-766. Zuletzt: Gottfried Benn/Max Rychner, Briefwechsel 1930-1956, hrsg. von Gerhard Schuster, Stuttgart 1986.

Scholz, Wilhelm von, 15.07.1874 - 29.05.1969(Konstanz), war der Sohn des letzten Finanzministers Bismarcks; mit Emanuel von Bodman war er seit seiner Schulzeit befreundet; er studierte Literaturwissenschaft und Philosophie und begann seine dichterische Laufbahn mit Gedichten, die von der Lyrik Detlev von Liliencrons beeinflußt sind. Von 1898 an gehörte sein Interesse dem Drama, zunächst dem Verfassen von Tragödien, schließlich seiner theoretischer Begründung. Konstitutive Begriffe seiner Überlegungen sind "Notwendigkeit" und "Konflikt", dieser mehr inhaltlich, jener zunächst mehr formal verstanden; beiden eignen begriffliche Schwächen, die durch Rückführung auf anthropologische Konstanten noch verstärkt werden. Im Konzept des "Willens" findet Wilhelm von Scholz die Kategorie, in der die Bestimmung des Dramas mit der Disposition des Rezipienten zusammenfällt. Mit "Wille" ist nun stets der "Wille zum Zwang" gemeint; selbst das Ringen nach Freiheit erweist sich in Wahrheit gegen "die mangelnde Notwendigkeit alles bedingten Zwanges um des unbedingten willen" gerichtet. Die Konflikte, denen sich die Helden der Dramen Wilhelm von Scholz' ausgesetzt sehen, entstehen nicht durch gesellschaftliche Konstellationen, sondern entfalten sich in ihnen selbst. Diese gewollte gesellschaftliche Abstinenz wird durch die reaktionären Implikationen des auf Unterwerfung gerichteten Menschenbildes allerdings kompensiert und schließlich 1933 im politischen Bekenntnis zum neuen Deutschland zurückgenommen. Vgl.: Andreas Wöhrmann, Das Programm der Neuklassik, Die Konzeption einer modernen Tragödie bei Paul Ernst, Wilhelm von Scholz und Samuel Lublinski, Frankfurt, Bern Circencester, 1979, S. 63-76. Joseph Wulf, Literatur und Dichtung im Dritten Reich, Eine Dokumentation, Frankfurt, Berlin 1983, S. 110f.

Susman, Margarete, 14.10.1872 (Hamburg) - 16.01.1966 (Zürich), begann sehr früh zu dichten. Schon 1901 lag ihr erster Gedichtband "Mein Land" vor, dessen 2. Auflage ein Jahr später sie verhinderte, nachdem ihr die Gedichte Stefan Georges vorgelegt worden waren. Als sie die Schule verließ, war ein Studium für Frauen noch undenkbar, so daß sie zunächst die Akademien für Malerei in Düsseldorf und Paris besuchte und sich später als Gasthörerin bei

Georg Simmel und Theodor Lipps einschrieb. Wohl blieb Margarete Susman ihrer lyrischen Begabung treu - sie veröffentlichte immer wieder Gedichtbände -, aber der Schwerpunkt ihres Arbeitens neigte sich immer mehr der kritisch reflektierenden Prosa zu. Dichten galt ihr als eine persönliche, eine auf innere Befreiung gerichtete Kunst, die angesichts vordringlicherer Aufgaben, die durch die historische und gesellschaftliche Entwicklung gegeben waren, zurückstehen mußte. 1907 begann sie ihre bis 1932 dauernde Mitarbeit bei der Frankfurter Zeitung mit einer vehementen Stellungnahme gegen die These von der Auflösung des Judentums, die in dem von Jakob Fromer geschriebenen Buch "Vom Ghetto zur modernen Kultur" vertreten wird. 1926-1935 war sie Mitarbeiterin der Zeitschrift "Der Morgen", aufgrund deren Lektüre Jahrzehnte später Elazar Benyoëtz ihre Bekanntschaft sucht. 1934 flieht sie in die Schweiz, wo über sie 1939 ein Rede- und Schreibverbot verhängt wurde. Vor dem Hintergrund der Erfahrung des Ersten Weltkrieges und der Machtergreifung Hitlers in Deutschland, im Angesicht der Leiden, denen das jüdische Volk ausgesetzt war, arbeitete Margarete Susman an ihrem 1946 veröffentlichten Werk "Das Buch Hiob und das Schicksal des jüdischen Volkes". Sie interpretierte das Buch Hiob als Allegorie des jüdischen Volkes; hier fand sie vorgezeichnet, was sich in den Jahren 1933-1945 abspielte, und zugleich die messianische Hoffnung, als das Geheimnis der Lebenskraft des jüdischen Volkes. Sie lebte bis zu ihrem Tod in Zürich, zuletzt fast völlig blind. Vgl.: Hermann Levin Goldschmidt, Erinnerungen an Margarete Susman. Zum 100. Geburtstag der Denkerin, in: Neue Zürcher Zeitung 22.10.1972, S. 53; Michael Landmann, Margarete Susman, 1874-1966, in: Michael Landmann, Figuren um Stefan George, Zehn Porträts, Amsterdam 1982, S. 29-35; ders., An Margarete Susman, in: Jüdische Miniaturen, Bd. 2, Israelische Streitschriften und Tagebücher, Bonn 1982, S. 243 f.; Margarete Susman, Ich habe viele Leben gelebt, Erinnerungen, Stuttgart 1964; Für Margarete Susman, Auf gespaltenen Pfad, Zum neunzigsten Geburtstag von Margarete Susman, hrsg. von Manfred Schlösser, Darmstadt 1964. Die Festschrift enthält eine Bibliographie aller gedruckten Schriften Margarete Susmans.

Zeller, Bernhard, 19.09.1919, trat am 1. November 1953, nach Nachkriegsstudium und kurzer Tätigkeit in Schuldienst und Ministerium, als Archivar in das Schiller-Nationalmuseum ein, dessen Museumsdirektor er bald wurde. 1956 wurden die Pläne, ein überregionales deutsches Literaturarchiv zu gründen, verwirklicht. Die Aufgaben des Archives sind vor allem, dichterische und schriftstellerische Nachlässe und Handschriften, auch die in privater Hand, zu verzeichnen und zu sammeln. Der Schwerpunkt des Archivs liegt auf der deutschen Dichtung der Jahrhundertwende, der Literatur der zwanziger Jahre, des Expressionismus und der im Exil entstandenen Werke, wobei die Arbeit des Archivs sich schon bald nicht mehr auf archivalisches Interesse beschränkte, sondern in internationale Forschungstätigkeit eingebunden wurde. Clara von Bodman nahm seinerzeit mit Bernhard Zeller Kontakt auf, um sich mit ihm wegen des Nachlasses von Emanuel von Bodman zu beraten.

Bernhard Zeller, überreicht von seinen Mitarbeitern, Aus dem Marbacher Magazin gehobene Daten und Fakten, Reden, Verlautbarungen und Veröffentlichungen, Zur Geschichte der Deutschen Schillergesellschaft, des Schiller-Nationalmuseums, des Deutschen Literaturarchivs und der Sammlungen in den Jahren 1953 bis 1979, Marbacher Magazin zum 19. September, Extra-Ausgabe, Deutsche Schillergesellschaft Marbach am Neckar, Stuttgart 1979.

Zweig, Max, wurde am 22.06.1892 in Prossnitz/Mähren geboren. Er studierte in Wien Jura. Darüber schreibt er: "Meine Wiener Studienzeit verbrachte ich zum geringsten Teil an der Universität, viel mehr in Theatern, Museen, Bibliotheken; immerhin brachte ich das juristische Studium mühselig zu Ende". Während des Ersten Weltkriegs diente er mehrere Jahre in einem Epidemiespital. Von 1920-1934 lebte er als freier Schriftsteller in Berlin. Als Jude in Deutschland bedroht, kehrte er wieder in seine Heimatstadt Prossnitz zurück. 1938 verließ er rechtzeitig die Tschechoslowakei und reiste nach Israel, wo er bis heute lebt. Seine nächsten Angehörigen, die Mutter, die Brüder und viele Freunde, wurden in den Vernichtungslagern umgebracht. Zweig sagt: "Ich habe die Heimat verloren, mein Vermögen, einen Teil meiner Manuskripte, und vor allem den Bereich meiner Muttersprache, in der ich lebte und schuf, und die Hoffnung, mich hörbar zu machen. Trotz allem bin ich mir dessen bewußt, daß ich zu den ganz besonders und ganz verdienstlos Begnadeten unter den europäischen Juden meiner Zeit gehöre, weil ich vor dem Entsetzen des Dritten Reiches rechtzeitig einen Hafen fand". Mit 93 Jahren faßte Max Zweig den Entschluß, seine Lebenserinnerungen niederzuschreiben. Bei ungewöhnlicher Kraft und Lebendigkeit seines Gedächtnisses schloß er diese bereits ein Jahr später ab. Max Zweig, Lebenserinnerungen, mit einem Vorwort von Hans Mayer, Gerlingen 1987. Vgl.: Max Zweig, Der Generalsekretär und andere Dramen, hrsg. v. Elazar Benyoëtz, Tel-Aviv 1979. Der Band enthält Essays über Max Zweig von Max Brod, Israel Mehlmann, Walter Schmähling und Elazar Benyoëtz, daneben eine Bibliographie der Dramen von Max Zweig, Angaben zu Erstaufführungen und Theaterkritiken.

Zur Entstehungsgeschichte des Briefwerks

Am 7. Juli 1982, drei Wochen vor ihrem Tod, schreibt Clara von Bodman an Elazar Benyoëtz: "Lieber, das Schreiben fällt schwer, wenn die Gedanken immer um das Eine kreisen (= der Krieg im Libanon). Da tut es doppelt gut, manchmal in den glücklichen Zeiten zu leben - in Deinen Briefen, und von morgen an auch in den meinen aus der gleichen Zeit Deiner Jugendjahre - kann es kaum begreifen, daß es so lang her sein soll - so gegenwärtig scheint noch alles".

Das war Claras letzte Beschäftigung vor ihrem Tod.

Ihrem letzten Wunsch gemäß, wurden Elazars Briefe nach ihrem Tod an ihn zurückgeschickt. Sie trugen Spuren einer intensiven Beschäftigung mit ihnen. Clara muß sich früh schon mit dem Gedanken einer möglichen Publikation befaßt haben, denn sie korrigierte orthografische Fehler, die in früheren Briefen vorkamen, schlug Verbesserungen vor und legte manchem handschriftlich hingeworfenen Brief eine schöne Abschrift von ihrer Hand bei. All das beweist, daß sie vielen Briefen eine Bedeutung beimaß, die über deren Beweggrund und den konkreten Mitteilungswert hinausreichte.

Clara ist seit sechs Jahren tot. In ihrer unmittelbaren Umgebung verwischt sich ihre Spur. Was nach ihr bleibt und ihr Bild treulich bewahrt, sind ihre Briefe an Elazar. Sie zeigen sie in der Vollendung ihrer Jahre, vollendet auch darin, daß frühe und früheste Erinnerungen in erstaunlicher Jugendfrische festgehalten sind. Erhalten ist hier das Bild einer hochbegabten und ungewöhnlichen Frau, die über das neunzigste Lebensjahr hinaus ihren Alltag ohne Hilfe bestritt. Dabei war und blieb sie auf Geistiges gerichtet und schöpfte unermüdlich Kraft aus ihrem Liebes- und Denkvermögen.

Zwei Jahre lang war Elazar mit der Sichtung ihrer Briefe beschäftigt. In der Absicht, eine Auswahl veröffentlichen zu können, vertraute er sie mir zur Durchsicht an, bat um eine erste Kritik und wünschte, sie möglichst verschiedenen Kritikern zu unterbreiten. Diese Arbeit, in ständiger Auseinandersetzung mit der Kritik, dauerte weitere zwei Jahre. Die erste Auswahl umfaßte rund 400 Briefe Claras. An ihnen wurde die Problematik einer Veröffentlichung ausgiebig diskutiert. Als erstes wurde der Wunsch nach der Stimme des Briefpartners laut. Elazar befürchtete aber, seine Briefe könnten Claras Briefe erdrücken; sie sind fast durchwegs umfangreich, oft bekenntnishaft, eindringlich, zuweilen von einem belehrenden Unterton getragen. Tatsächlich stellte sich bald heraus, daß die Herausgabe eines Briefwechsels im üblichen Sinn und in übersichtlichem Ausmaß aus verschiedenen Gründen nicht durchführbar war. Clara und Elazar schrieben einander allwöchentlich, in gewissen Perioden mehrmals in der Woche. Clara zumal war bedacht, daß ein Brief Elazar zu Sabbat erreiche - ein fromm gefaßter Vorsatz, der zur Routine führen mußte. Auf die sehr liebenswürdigen Sabbatbriefe gab es oft nichts zu antworten. Elazars Briefe waren von Anfang an gegen die Routine gedacht und geschrieben. Sie berichten von seiner Arbeit, seiner Forschung, seiner Begegnung mit Menschen, vor allem und immer wieder von Büchern. Oft schweifen sie tagebuchartig in Erinnerungen und Reflexionen aus. Auf solche Briefe finden wir selten eine Antwort. Rede und Gegenrede lassen sich derart nicht gut gegenüberstellen. Von Elazar maßgeblich bestimmt, wurde eine Auswahl aus seinen Briefen so getroffen, daß sie Claras ehrendem Gedenken dienen, zugleich aber auch eine erste Vorstellung vom Werdegang und von der Umwelt des Dichters vermitteln, dessen Werk fern von der literarischen Szene Deutschlands entsteht, und der selbst in Zurückgezogenheit in Jerusalem lebt. In diesem Briefwechsel angetönte Probleme zu seiner Poetik, zum Judentum und zur Bibliographia Judaica, zu Begegnungen mit Michael Landmann, Margarete Susman, Ernst Bloch u.a. werden in einem gesonderten Band erscheinen. Seine Briefe im vorliegenden sollen Claras Anteil als Beraterin und Mitarbeiterin an seinem aphoristischen Werk unterstreichen, auf das nun eine breitere Öffentlichkeit durch den ihm

zuerkannten Chamisso-Preis aufmerksam gemacht worden ist.
In allen Phasen der Auswahlarbeit stellten sich Mißverständnisse in bezug auf den einen Brief vom 19.11.66, den 'Rilkebrief', ein. Er hat einen wichtigen Stellenwert nicht wegen des ihm zugrunde liegenden Motivs, sondern er wurde in der Absicht geschrieben, klare Verhältnisse in geistiger Richtung, im literarischen Geschmack zu schaffen. Von hier aus kann man sehen, wie sich Claras Freundschaft mit Elazar entfaltet. Zuerst ihre schockierende Begegnung mit dem jungen Juden - eine Gelegenheit, die sie wahrnimmt, um das auf ihrem Herzen lastende Dunkel im Gespräch zu erhellen. Bald erkennt sie den Dichter in dem jungen Mann und hofft, in ihm dem 'unbekannten Freund' zu begegnen, den Emanuel von Bodman in einem Sonett beschwor (Brief vom 29.12.1979). Mit ihrem großen Ernst und ihrer Anmut sollte sich in dieser Begegnung auch ihr großer Eifer für Emanuel bewähren. Hier stieß sie aber auf harten Widerstand. Sie gab sich nicht geschlagen, sondern übernahm ganz natürlich die Rolle der 'kleinen Großmutter'.
Durch alle Briefe hindurch zieht die Gestalt Emanuel von Bodmans. Im Anhang sind wenige Auszüge und Zitate aus seinen Werken abgedruckt. Es kann niemals die Absicht sein, ihm oder seinem Werk damit gerecht zu werden. Die getroffene Auswahl entspricht Elazars Intention, die Auseinandersetzung mit den Schriften des vergessenen Dichters, von denen in vielen Briefen die Rede ist, aufs neue anzuregen.
Die Briefe in diesem Band sind durchgehend kommentiert, soweit es uns zu einem besseren Verständnis als nötig erscheint. Manche Anmerkung geht über unentbehrliche Daten hinaus, dem asymmetrischen Briefwechsel entsprechend. Zu diesem Zweck stellte Elazar Teile seiner sonstigen Korrespondenz zur Verfügung. Einige Schriften, die uns als Ergänzungen interessant erscheinen, sind im Anhang zu finden, hebräische und jiddische Ausdrücke in einem Glossar übersetzt. Anmerkungen zu den Personen finden sich in einem separaten Verzeichnis. Claras Briefe wurden in ihrer eigenwilligen Schreibweise belassen; eine Anpassung an die gebräuchli-

che Interpunktion dagegen wurde da vorgenommen, wo ihre sinnstörend wirkte.
Allen Kritikern, die das Entstehen dieses Buches begleiteten, sei hier mein Dank ausgesprochen: Hanna Delf, Frankfurt a. Main; Rufus Flügge, Hannover; Lia Franken, Meilen/ZH; Albrecht Goes, Stuttgart; Jens und Jutta Haasen, Schwerte-Villigst; Lore Hartmann von Monakow, Zürich; Halina Kappeller, Hergiswil; Rafael Merlin, Jerusalem; Heidi Müller, Gent; Beate Orland, Berlin; Margarita Pazi, Tel Aviv; Irene Raffel, Meitingen; Ulrich Schelling, Winterthur; G. Schueler, Zürich; Brigitte Sonnemann, Gudensberg; Clemens Thoma, Luzern; Erhard R. Wiehn und H. Mirjam Wiehn, Konstanz; Manfred Winkler, Jerusalem; Mary Zilzer, Jerusalem. Dankbar gedacht sei der drei Begleiter des entstehenden Buches, die sein Erscheinen nicht erlebten: Georg Baltensperger, Wald/ZH; Dan Pagis, Jerusalem; Christoph Schlotterer, München.

Ich danke Herrn Max Zweig in Jerusalem für sein Geleitwort in Erinnerung an seine Freundin Clärle. Ich danke Renate Gorre für Ihre Mitarbeit am Personenverzeichnis. Meiner Freundin, Brigitte Wielinga, die das Entstehen des Buches von Fassung zu Fassung durch endlose Korrekturen begleitete, danke ich herzlich.

Gottlieben, Ende Dezember 1988

Hilde Schultz-Baltensperger

Bibliographie der Werke von Elazar Benyoëtz

1) In Memoriam Paul Engelmann, in: Dem Andenken an Karl Kraus von Paul Engelmann, O. Kerry Verlag, Wien 1967.

2) Für meine Freunde, Gedichte, Anonymer Privatdruck.

3) Sahadutha, Aphorismen, Paian Verlag, Berlin 1969.

4) Annette Kolb und Israel, Literatur und Geistesgeschichte, Lothar Stiehm Verlag, Heidelberg 1970.

5) Max Zweig, Eine Bibliographie, in: Max Zweig, Davidia, Schauspiel in drei Akten (als Manuskript fotomechanisch vervielfältigt), München 1972.

6) Hugo Wolfgang Philipp, Leben und Werke, hrsg. von Renate Heuer. Mit einer Bibliographie von Elazar Benyoëtz, Franke Verlag, Bern und München 1973.

7) Einsprüche, Aphorismen, Gotthold Müller, München 1973.

8) Einsätze, Aphorismen, Gotthold Müller, München 1975.

9) Worthaltung, Sätze und Gegensätze, Hanser Verlag, München 1977.

10) Eingeholt, Neue Einsätze, Hanser Verlag, München 1979.

11) Wort in Erwartung, Aphorismen, Gottlieben 1980.

12) Vielleicht-Vielschwer, Aphorismen, Hanser Verlag, München 1981.

13) Fraglicht, Aphorismen, Gottlieben 1981. Zweite Veröffentlichung der Gottlieber Dichterfreunde.

14) Im Vorschein, Gottlieben 1982.

15) Nahsucht, Gottlieben 1982.

16) Andersgleich, Gottlieben 1983.

17) Für- und Gegenwart, Gottlieben 1984.

18) Treffpunkte, Woywod, Bad Soden am Taunus 1985.

19) Weggaben, Aphorismen, Wolfau-Druck Rolf Mühlemann, Weinfelden 1986.

20) Treffpunkt Scheideweg, in: Jahrbuch I - Probleme

deutsch-jüdischer Identität, Bibliographia Judaica E.V., Frankfurt 1986.

Hebräische Bibliographie (phonetisch umschrieben)

Baejni Lewaejn Atzmi, Schirim, Tel Aviv 1957.

Reut Ruach, Schirim, Jerusalem-Tel Aviv 1959.

Variatziot al nosse awud, Schirim, Jerusalem-New York 1961.

Chalom haokjanos umischbaraw, Jerusalem-New York 1961.

Schiraj hajafim bejoter, Jerusalem-New-York 1962.

Scheijihje lanu kmo babajit, Schirim, Tel Aviv 1963.

Yahafat, Schirim, Jerusalem 1966.

Sahadutha, Kowetz al-sifruti, Jerusalem 1966 (Zeitschrift, zweites Heft nicht erschienen).

Gedudim chaluzaej Ssaejwah, Schirim, Jerusalem 1967.

Mischpatim, Sentences, Jerusalem/Tel Aviv 1980.